本书获教育部人文社会科学研究一般项目资助，项目名称和编号：
交往理论视阈下青少年"非主流"行为文化研究（12YJA710074）

交往理论视阈下青少年非主流行为文化研究

吴学兵 ◎著

厦门大学出版社　国家一级出版社
XIAMEN UNIVERSITY PRESS　全国百佳图书出版单位

图书在版编目(CIP)数据

交往理论视阈下青少年非主流行为文化研究/吴学兵著.—厦门:厦门大学出版社，
2019.8
ISBN 978-7-5615-7533-8

Ⅰ.①交… Ⅱ.①吴… Ⅲ.①青少年－社会行为－研究 Ⅳ.①C912.68

中国版本图书馆 CIP 数据核字(2019)第 152291 号

出 版 人	郑文礼
责任编辑	许红兵

出版发行 *厦门大学出版社*

社　　　址	厦门市软件园二期望海路 39 号
邮政编码	361008
总　　　机	0592-2181111　0592-2181406(传真)
营销中心	0592-2184458　0592-2181365
网　　　址	http://www.xmupress.com
邮　　　箱	xmup@xmupress.com
印　　　刷	厦门市金凯龙印刷有限公司

开本	720 mm×1 000 mm　1/16
印张	12.25
插页	2
字数	208 千字
版次	2019 年 8 月第 1 版
印次	2019 年 8 月第 1 次印刷
定价	48.00 元

本书如有印装质量问题请直接寄承印厂调换

厦门大学出版社
微信二维码

厦门大学出版社
微博二维码

摘　要

　　交往是与个体及人类社会相伴而生的社会性活动,涵盖人类社会生产、生活以及其他社会性活动的所有领域,人类社会的每一活动甚至每一进步,均为交往的结果;质言之,人类社会生活的本质当属交往,交往与人及人类社会具有内在统一性。这意味着交往不仅是个体生存境遇的标示,关乎个体的生存与发展,而且关乎人类社会整体的发展进步。从这个意义上说,纷繁多样的当代青少年非主流行为文化现象的发生、发展,也不外乎是交往的结果。因此,现代意义的交往理论内在地构成了理解和把握当代青少年非主流行为文化的理论框架,也是本研究的一个视角,显著区别于其他类型研究的范式。

　　从社会总体文化结构来考量,无论就其地位还是其影响效应而言,青少年非主流行为文化当属一种亚文化类型。所谓青少年非主流行为文化,是指部分青少年群体在日常生活、人际交往、娱乐活动以及网络空间活动中直接或间接反映出来的与社会主流文化等所倡导和期望的行为、态度、价值有所偏差甚至是对立的诸行为方式的总和。青少年非主流行为文化固然与青少年身心变化和社会化过程有密切关系,但终究是青少年在社会的、公共领域的文化实践。青少年非主流行为文化一方面与他们的生物性、认知性、社会性特质相关;另一方面,更取决于青少年与特定时代的经济、政治和社会文化的互动过程。这种"互动过程"蕴含着深刻的交往实践性。青少年非主流行为文化主要体现在青少年的生活、学习、休闲、娱乐、消费、社会交往等领域,具有不同于其他形式文化的鲜明特征,这些鲜明特征由他们特有的生活方式、行为方式和交往方式所表征,已形成独特的文化风格。究其根本,青少年非主流行为文化是青少年内在精神发展诉求和个性发展需求的表征,实质是部分青少年群体不满足于社会主流文化的单向灌输,追求和创造能满足自身独特价值观念的、风格化的、展现个性的行为方式,以释放成长压力,获得精神慰藉及群体认同。所以,青少年非主流行为文化满足了当代

1

青少年自我情感表达、展现自我、个性独立的诉求,不仅是他们自我主体性的自觉与提升,也是自我身份认同的确证与建构。

本书围绕"什么是青少年非主流行为文化、如何有效引导青少年非主流行为文化"这个核心主题,遵循"理论—现实—实践"的逻辑路线,运用理论思辨法、比较分析法、跨学科研究法等研究方法,按照由理论及实践、从现象到本质、由问题到对策的内在理路展开研究。首先,通过对马克思交往理论和哈贝马斯交往行为理论的核心观点阐析,系统梳理和比较了这两种交往理论的不同意义域,且关注了当代交往的新发展,旨在阐明交往理论是理解和把握青少年非主流行为文化问题的理论框架,即交往是青少年非主流行为文化产生的基础和前提,同时青少年非主流行为文化本身丰富和深化了现代交往关系,拓展了对现代交往视域的新认识。其次,通过理论解析和论证,阐发了"青少年非主流行为文化"内涵的核心要义,厘清了与其他相关范畴的关系,进而以交往理论为研究支撑,透过纷繁的青少年非主流行为文化现象,勾勒了青少年非主流行为文化在现实场域和虚拟空间所展现出的多种形态,概括了其抵抗性、边缘性、逃离性、娱乐性等鲜明特征,反映了当代青少年主体性提升和身份认同建构的本质诉求,由此阐明了"什么是青少年非主流行为文化"这个基本问题。再次,基于马克思交往理论以及社会学、心理学等相关理论,从客观基础的四个层面和主观条件的四个维度探析了当代青少年非主流行为文化兴起的根源和条件;根据青少年非主流行为文化对主流文化以及青少年自身的现实影响,阐析了其非主流行为文化的多重效应,并指出青少年非主流行为文化主要有抵抗、风格化和收编等三种发展趋向,从而阐明了青少年非主流行为文化产生的根源,初步把握了其影响机理及发生、发展规律。最后,结合当代境遇探讨"如何有效引导青少年非主流行为文化"——这是研究的落脚点:先是明确青少年非主流行为文化的引导目标,包含引导青少年非主流行为文化的健康发展以及满足青少年内在精神需求和人格完善这两个方面;然后根据引导目标提出了要遵循扎根生活世界、坚持以人为本、树立价值导向等三项基本原则,在前述基础上,从加强核心价值观引领、重视人文价值关怀、构建良好校园文化境遇、提升媒介素养等路径探讨了有效引导的主要策略,意在引导青少年树立正确的人生观、价值观,培育其积极的文化素养、人文情怀和健康人格,以促进当代青少年在文化价值多元的境遇下健康成长、成才。

目　　　录

导 论

一、研究的缘起与研究的意义

对文化问题的思考和选择在一定程度上表征着我国社会转型的理论自觉,也关涉当代人们的生存状态,从最核心层面展示和引导着人们的精神追求与价值指向。[①] 那么,关注当代青少年非主流行为文化问题,从根本上来说,旨在帮助当代青少年确证、践行正确的文化精神追求与价值信仰。

(一)研究的缘起

青少年是祖国的未来与希望,青少年成长问题是现代社会头等重要的大事,该领域任何动态或动静都会引起社会的高度关注、关切。事实上,党和国家历来高度重视和关心青少年成长。中国特色社会主义进入新时代,党和国家提出了担当民族复兴大任的时代新人的育人新目标,对培养当代青少年成长的任务赋予了新要求。党的十九大报告指出:"青年兴则国家兴,青年强则国家强。青年一代有理想、有本领、有担当,国家就有前途,民族就有希望。"[②]

在现行教育体制和制度安排下,职能部门和社会其他领域分工协作,整合全社会资源和力量,从宏观指导和微观保障等层面以确保当代青少年顺利成长。饶是如此,虽然当代青少年系统接受了社会主流文化的熏陶和洗礼,他们的思想行为明显带有核心文化的精神烙印,但透过规制的宏观领域不难发现,当代青少年在成长过程中问题仍然层出不穷。由于青少年群体处于特殊年龄阶段,其生理、心理发展处于突变期,加之大众文化、消费文化、时尚文化的吸引和影响,致使在青少年群体中形成了独有的亚文化现

---

① 戚万学.道德教育的文化使命[M].北京:教育科学出版社,2010:代序.

② 习近平.决胜全面建成小康社会 夺取新时代中国特色社会主义伟大胜利:在中国共产党第十九次全国代表大会上的报告[N].人民日报,2017-10-28(01).

象。这些围绕青少年自身而兴起和衍生的诸多文化现象属于绕不开的成长问题,而且文化问题日益成为青少年健康成长的重要变量,持续成为理论关注的热点。

首先,当代青少年文化问题所呈现出的"乱花渐欲迷人眼"的盛景是研究的前置性条件。

本论题研究起始于20世纪90年代初,彼时"非主流"现象开始在80后人群中悄然兴起,"非主流"装扮、"火星文"一度在小众化群体内部盛行,因其影响有限,并未引起广泛关注。近年来,随着90后、00后一代进入公众视野,其"非主流"现象愈演愈烈,掀起一次次波澜,使其逐渐成为网络和媒体探讨的热点话题。学术界也对这一现象给予了一定的关注,但尚未成为学术研究的焦点,未形成系统的研究,没有出现有影响力的研究成果。个中原因较为复杂,有学者认为:"长期以来,主导文化对青年亚文化的忽视以及理论研究导向的主流意识形态化,导致国内青年亚文化研究作为学科极度边缘化,缺少经典,没有传承。具体说来,缺乏应有的学科规范和学术共同体,高质量的研究成果寥寥可数,理论研究资源严重匮乏。"①

当代青少年文化问题集聚在青年亚文化这个视域②内。青年亚文化是指青年群体基于共同兴趣和价值创造性表达自我的文化实践,它与社会主导文化既相异又互动,是社会总体文化不可或缺的组成部分。③ 青少年文化问题总是与其他社会文化密切互动,并构成社会总体文化的一部分。2017年11月,"佛系"流行语刷遍朋友圈,火遍网络。"佛系"代表着一种"一切随缘、与世无争、按照自己意愿生活"的人生态度,其所理解和奉行的"怎么都行,即有也行,没有也行"。"佛系"词语引发"人人自称佛系青年"的网络传播现象,并最终形成复杂、流动的"佛系"亚文化。稍早于"佛系"文化的是青年"丧文化"。"丧文化"是以90后为主的青少年群体在网络空间中通过多媒体符号,营造出的一种集体消极、颓废、自我否定、自我解嘲的文化

---

① 马中红,陈霖.无法忽视的另一种力量:新媒介与青年亚文化研究[M].清华大学出版社,2015:19.

② "视阈"和"视域"这两个术语,是有明确的意义指向的。"视阈"强调"从某个理论视角下分析现实问题",如本书书名(以与课题项目相对应);而"视域"的使用意在突出"地理空间上的范围"或标示为"社会背景"。鉴于已有研究文献较多使用"视域"一词,为保持与已有文献的一致,因此,我们在接下来的行文中,采用"视域"一词。

③ 马中红.脱逸:青年亚文化的美学趣味[J].探索与争鸣,2013(06):26.

形式,它是青少年亚文化在网络时代的新表达,与港台地区的"卢瑟"文化相呼应,反映出当前青少年群体中普遍存在的焦虑情绪和戏谑心态。搜索近十年来相关青年(亚)文化热词,可谓五花八门。近年来,变化多端的青少年亚文化层出不穷:热衷于自嘲自娱的"屌丝"文化;带着恶趣味的"恶搞"文化;以"留着奇异发型、衣着夸张、搭配古怪、气质诡异、浓妆艳抹,来自农村或城乡接合部的 90 后青年"为主体的"杀马特"文化;从日本渗透进来的"御宅族"文化;清新脱俗而自居的"小清新"文化等。尽管这些青年亚文化风格繁多,彼此具有明显的差异性,但这些差异性内在地凸显了它们之间的共性,具有别开生面、特立独行、远离俗套的特征,往往开创自己的不屑于世俗的独特风格,更多带着一种抵抗的姿态。

青少年亚文化的流行并不是简单的文化传播现象,它其实折射出当代青少年在巨大的社会压力下改变人生态度,在逐渐开放的社会环境中摆脱传统主流价值观的束缚,敢于追求自己真正喜欢的对象的新趋势。面对这种趋势,无论是机制化教育部门、社会组织、媒介系统还是家庭都应及时解决青少年所遭遇的成长和社会发展问题,给予他们自由发展的空间与机遇,在开放包容的同时适当引导他们树立正确的人生观与价值观。

其次,透过青少年亚文化问题探究其成长仍然是当下青少年理论研究与实践的必要选择。

生活世界的文化抑或文化的生活世界,已然成为现代境遇下当代人生存状态的一种重要表征。毋庸置疑,青少年文化问题的凸显,不单单是青少年成长状态的显示(生动、立体地展现了他们成长的冲动和活力),也是他们内在精神发展诉求的标显,透露着发展的价值取向。运用文化范畴和视角进行观察、概括与再现,这说明青少年文化问题不再是其发展状态的一种修辞或隐喻;尽管该范畴极富张力,但是这种状态说明青少年文化问题是充满矛盾的现实。所以,不同学科范式、不同研究方法介入青少年文化问题研究,成为当下理论研究关注的焦点,自在情理之中。近年来,青少年研究视域的开放、思维的转换以及范式的变革,已使当下的研究不再囿于归属在主流意识形态认同范畴内的部分青少年群体,更多的青少年边缘群体、更多的青少年亚文化群体进入了研究者视域,青少年与主导社会群体的关系、青少年与主流文化的关系、青少年自身的话语已经成为重要的研究路径。青少年文化问题研究的意义不仅仅在于通过青少年自己的声音了解青少年自身,还在于通过青少年问题和青少年眼光反映社会、介入社会。这本该是青少年研究和青少年亚文化研究具有的学术理路和学术境界。学术理路是学术研究得以顺利发展的必要条件,但现实环境中所产生的问题总是具体的和结构性的,正如有学者指出的那样,"长期以来,我们研究青年问题(从文化的角度理解,所谓青年问题,大多可以归结为与主导文化不相一致的青年亚文化)的学术体系和学术话语来自于官方和主流文化,并以此建构青年亚文化"。① 这种研究惯性和研究理路仍在持续。青少年文化问题研究还需要在学理方面不断开掘深度,揭开热点、新潮背后涌动的暗流,为青少年文化参与社会文化价值建构创造和提供丰富的实践启示和理论资源。

最后,青少年非主流行为文化研究是弘扬和培育青少年社会主义核心价值观的重要探索。

弘扬和培育社会主义核心价值观是新时代固本强基的文化战略工程和铸魂工程。当下中国正进入经济转轨和社会转型的关键时期,弘扬和培育社会主义核心价值观能够最大限度地形成和凝聚全体社会成员的价值共识,规范和引导人们的价值观念。所以,包括青少年在内的全体社会成员都必须内化核心价值观于心,外化其于行,为自己学习、工作、生活以及社会交往等提供行动指南和价值指向。需要指出的是,弘扬和培育社会主义核心价值观,是在价值观多元、多样、多变的社会境遇中进行的,需要面对价值观的代际、阶层等诸多差异问题。青少年的核心价值观培育明显不同于成人和其他代际和阶层。客观分析青少年价值观的代际差异,理性对待这种差异,是本研究的应有之义,对最终形成彰显普遍性、一致性、统一的社会主义核心价值观并使之代代相传,具有现实的必要性和研究的价值性。

具体言之,青少年非主流行为文化背后的本质问题在于其价值观。其非主流行为文化中的价值观未必与社会主义核心价值观性质相一致,甚至产生激烈冲突或重大偏向。对青少年个体而言,价值观是一个人安身立命之本,直接影响他们个人的理想追求、信仰信念、生活工作目标取向和未来发展方向。价值观无时无刻不在引导青少年思考成长和发展问题,从而做出必要的人生选择。习近平总书记用"人生的第一粒扣子"来比喻价值观的极端重要性,告诫青少年"从一开始就要扣好"。价值观这个"人生的扣子"扣好了,个体的人生就有了方向和保障。在核心价值观的引领下,个体不但可以积极行善,向善向上,而且能够感染他人,影响社会,形成和谐相容的人

---

① 马中红.2012 年中国青年亚文化研究论略[J].青年探索,2013(06):11.

际氛围,推动形成社会以及个体正向发展的良好环境。鉴于此,探讨青少年非主流行为文化问题不能仅停留在文化形式和文化外在特征的认识和把握上,更要深入其本质,廓清其根本的价值观问题。从这个意义上来说,关注和研究青少年非主流行为文化问题,其实也包含其核心价值观培养问题,意味着要用社会主义核心价值观引导他们健康成长。如此看来,探讨青少年非主流行为文化,有助于拓展社会主义核心价值观培育的思路和行动选择,从而显示了本研究的现实价值性。

(二)研究的意义

1.理论意义

其一,研究视角创新。本研究是以马克思交往理论为指导,合理借鉴哈贝马斯的交往行动理论作为理论支撑,即从交往理论视角探究青少年非主流行为文化问题。这不但凸显了研究视角的创新,有别于其他研究路径和研究范式,也有助于深化对青少年非主流行为文化的本质认识。本研究以交往理论为分析框架,综合运用社会学、文化学、传播学和心理学等相关理论,认为青少年非主流行为文化生成于交往,其行为文化表现是自身交往的结果,揭示了青少年非主流行为文化与其社会交往之间存在互动发展的密切关联;同时,非主流行为文化的发展也深化了对当代交往现象的本质认识。

其二,研究认识创新。本研究运用亚文化、社会学、心理学传播学等理论,进一步厘清了其内在理路,对青少年非主流行为文化给予全方位透视、观照,并以"非主流"这个核心范畴概括和界定了当代青少年新异的思想行为及其特征,确立了研究对象和研究边界,阐明了"什么是青少年非主流行为文化、青少年非主流行为文化何以兴起、如何有效引导非主流行为文化"等基本问题,构建了青少年非主流行为文化现象研究的框架。在此基础上,不仅界定了青少年非主流行为文化的内涵,归纳、概括了其类型及特征,揭示了青少年非主流行为文化的本质,而且进一步阐明青少年非主流行为文化发生、发展的动因,总结了青少年非主流行为文化的双重效应及发展趋向,最后提出了对青少年非主流行为文化进行引导的根本目标、基本原则及行动策略。从某种程度上说,本研究最突出的理论贡献在于揭示了青少年非主流行为文化的本质和发生、发展规律。

总之,本研究将青少年非主流行为文化归结为社会交往的中介、符号表征、动因及其结果,不仅深化了对交往理论的认识,而且以"非主流"这个核心范畴拓展了对青少年行为文化内涵的认识。由此可见,本研究既要通过交往理论深化对青少年非主流行为文化的认识,又反过来用青少年非主流行为文化深化对交往理论的认识,二者相互促进,共同指向研究任务。

2.实践意义

一是有助于树立理性认识和对待青少年非主流行为文化的立场和态度,尤其是青少年教育工作者既不要妖魔化青少年非主流行为文化现象,摒弃原罪的反应思维模式,也不要忽视其现实的发展动向,而要高度重视和关注其本身对青少年成长的影响。二是有助于增强青少年非主流行为文化引导的针对性和实效性。本研究旨在通过对青少年非主流行为文化进行较为系统的研究,设计和构想相应的引导对策,即基于前述的研究认识和青少年交往行动的特点,揭示其发生、发展的过程规律,把握其实质,以开阔青少年教育工作者的视野,增强其引导的针对性和实效性,明确和把握新时期青少年工作的中心任务,从而正确疏导、引导青少年非主流行为文化的发展,使之接受和内化主流的核心价值体系,从而促进青少年健康成长、成才。三是为探讨青少年其他成长问题提供了借鉴和参考。本研究所提出的解决问题的理路及基本框架有一定的典型性,可以提炼、提升为可复制、可推广的经验模式,为新时代青少年教育工作提供借鉴和参考。

二、国内外研究综述

通过学术搜索和期刊论著查阅可知,现有文献中,直接以"青少年行为文化"为关键词的论文有 23 篇,以"大学生行为文化"为主题的论文有 68 篇;以"青少年"和"非主流"为主题词的论文有 170 余篇,而直接将"青少年"和"非主流行为文化"这两个关键词组合起来进行研究的论文仅 3 篇;从交往理论视角论析青少年"非主流"行为文化的成果尚未发现;目前没有查找到与本论题相同的学术专著。综合分析来看,上述文献有诸多共同特点,如:运用思想政治教育或德育学科的范式进行研究的占比极高;这类作者中从事学生或青少年教育工作的居多,资深学者阙如;这些论文鲜有在专业知名度高或高等级学术期刊上发表。若以更开放的、接近本论题的关键词来查找,则以"亚文化"或"青年亚文化"为关键词的论文有 5784 篇,其中学位论文 34 篇;学术专著 21 部,其中系列著作 8 部,翻译类著作有 6 部。这说明目前学界对"青年亚文化"论题研究具有持续性,涵盖范围极为开放、开阔,从青少年亚文化延伸至青少年思想行为,涉及多学科领域,方法多样,成果丰硕,理论建树卓著。总的来看,宽泛意义的、相关的间接研究成果为本研究提供了丰厚的文献基础,具有启发意义。

(一)国内研究综述

近十年来,青年亚文化逐渐成为人文社科领域关注的热点。以 2008—2018 年中国知网(CNKI)资源库(期刊、学术辑刊、报纸、国内外会议、硕博士学位论文)为范围进行检索,发现以"青年亚文化"为主题词的记录约 3000 条,对青年亚文化理论来源、青年亚文化研究与伯明翰学派之间关系阐释方面的论文,在文化研究论文中的比重较大,当前持续热门的"青年亚文化与影视、音乐等文艺发展""新媒介与青少年亚文化""后亚文化"等相关文献与日俱增,研究者大多从亚文化理论入手,由对伯明翰学派亚文化理论译介开始,逐渐运用其亚文化理论来分析、探讨我国转型时期青少年思想行为发展状况,研究视域和研究范围也随之不断拓展。目前我国青年亚文化现象研究已进入细致化、系列化阶段,而且亚文化本土化理论问题也有所讨论,以试图构建反映当代中国国情及中国特色的青年亚文化研究范式和理论框架,这是理论与实践发展的必然结果和学术自觉的彰显。综合目前国内的青年亚文化研究成果来看,当下的研究多以亚文化研究范式为主,涉及传播学、社会学、心理学等多学科,由长期致力于青少年亚文化研究学者推进该论题不断深化,像《中国青年研究》《青年探索》《青年研究》《青年学报》等主流专业类期刊不仅登载相关论文,还定期推介专题性研究成果。基于目前的研究文献,本研究以"青少年非主流文化"、"非主流行为文化"和"交往理论"为核心范畴进行梳理、概括,力图为本研究奠定必要的理据和学理支撑。

1.关于青少年非主流文化现象的研究

最初主要是介绍西方青年亚文化理论和翻译相关著作,如系统介绍伯明翰学派青年亚文化理论,涵盖其核心理论范畴及观点、理论发展的谱系、理论渊源、理论派别等较全面的内容。随着研究的深入,学界越来越不满足于以翻译域外相关理论并加以研究的"纯学术"话语方式,而更为自觉地将国外的理论运用于对本国青年亚文化现象的观察、研究和批评之中。[①] 譬如,从文化环境与人的关系角度,探讨不同类型青年亚文化及其青年群体的影响,尤其关注校园亚文化表现、特征及其影响。当前国内的青年亚文化研

---

① 陈霖.文化关系场域中的青年亚文化批评[J].中国图书评论,2017(07):90.

究,以针对每个时期特定的新兴青年亚文化现象进行分析研究的居多。

(1)关于青年亚文化的界定。学界虽然对青年亚文化内涵的界定有细微差异,但还是共识性地将其置于当代中国整体的文化形态和格局之中加以考察,尤其是参照主导文化对青年的期待来厘定青年文化的存在,从而区分出青年认同文化、青年亚文化、青年反文化、青年负文化。依据其与主导文化的距离来区分青年文化,这就凸显了青年文化与主导文化的关系状态,认为亚文化是一种依赖文化、通过风格和另类符号挑战主流文化,从而建立身份认同的附属性文化,具有抵抗性、风格化、边缘性等特征。[①]

(2)关于青年亚文化的地位和作用。青年亚文化多样性而非一体性的存在充分表征了社会主导文化对异质文化的宽容,这充分显示了主流文化的自觉与自信。具有典型后现代特征的网络青年亚文化以"恶作剧者"的身份进入社会总体文化,其不确定性和可变性将对社会主流文化之间的裂隙进行有效的修补。青年亚文化的实践活动还不断地创生文化符号资源并向社会总体文化的其他类型输送这些资源,在共享中丰富现有的文化样态及存在方式;与此同时,青年亚文化以其自身的创造性存在和文化活力不断地刺激和推动着社会主流文化的创新与前行。[②]

(3)关于传播学视野下的青年亚文化研究。当代青年亚文化产生、发展和传播都与新媒介有密切关联,因为"媒介技术在递嬗更迭之中,总是作用于社会整体的文化面貌的构成"[③],所以新媒体与青年文化关系的研究正日益受到学者的重视。从相关统计中可以看出,2000 年以前,以"新媒体"和"青年文化"为关键词的相关文章基本上寥若晨星,而此后却大量出现,研究者主要从青年群体视角特别是被边缘化的群体视角,看待他们对新媒体技术的使用。"一方面,新媒介正在历史性地改写着青年亚文化与主流文化之间的关系;另一方面,新媒介对青年亚文化构成要素的技术重组和创建,催生了新型的表达方式。"[④]尤其是 Web 2.0 时代以降,催生了一系列以青年群体为主体的新文化类型。马中红主编的"新媒介与青年亚文化丛书",以

---

① 胡疆锋.中国当代青年亚文化:表征与透视[M].北京:中国电影出版社,2016:7.

② 马中红,陈霖.无法忽视的另一种力量:新媒介与青年亚文化研究[M].北京:清华大学出版社,2015:100.

③ 马中红.青年亚文化:文化关系中的一条鱼[J].青年探索,2016(01):74.

④ 马中红.新媒介与青年亚文化转向[J].文艺研究,2010(12):105.

多重视角探讨当代青年中存在的诸如恶搞亚文化、粉丝亚文化、自拍亚文化、黑客亚文化、御宅亚文化、网游亚文化、Cosplay亚文化、字幕组亚文化、耽美同人亚文化等文化现象。这些青年亚文化现象表现出与社会主导文化、精英文化、大众文化大相异趣的价值取向、风格取向、审美取向和实践意义。

（4）关于青年亚文化的研究方法。虽然青少年亚文化研究的整体范式和方法论没有根本性的突破，但令人欣喜的是，近年来，同一议题下不同研究者从不同侧面加以讨论，运用不同学科的理路，有的甚至还形成了截然不同的看法，使青年亚文化研究呈现出学术观点争锋且充满张力的局面。这些研究采用了理论思辨法、实证研究法、质性研究等多学科或跨学科研究法，主要从勾勒青年亚文化研究的总体情况入手，从社交媒体与青少年生活方式转变、青年亚文化的叙事策略和审美风格、青年族群的多元性别研究、新经济模式中粉丝主体的多元性、重返"阶层—结构"的亚文化理论研究模式等五个方面展开述评，尽力概括和提炼青年亚文化研究的特征，品评其间的得与失。不得不指出的是，目前对于青年亚文化现象的研究多以迁移嫁接国外的青年亚文化理论为主，使青年亚文化理论先行，造成了青年文化实践研究滞后于亚文化理论的情形，致使青年亚文化的研究更多带有理论生搬硬套实践的情形。

2.关于非主流行为文化的研究

"行为文化"是文化的子系统的构成部分，目前行为文化研究范围涉及校园中的行为文化以及社会组织如企业的行为文化，其中校园中的行为文化研究占比极大。检索发现，直接以"非主流行为文化"为主题的论文有400余篇，无相关论题的学术专著；更为突出的是，论及大学生行为文化的论文最多，这些论文主要是运用思想政治教育学科范式，偏于对策性研究分析。综合来看，该论题的研究呈现零星、分散的特点，无独创性、成熟性的研究认识，研究论述、研究结构和研究方法等高度同质化，重复性研究居多；即使借鉴其他学科范式和方法，其研究的呈现和阐述也显得不伦不类，思辨研究部分高度上不去，实证研究内容也不接地气，凸显出该论题研究的学术品质不高，研究能力不逮，亟待深化、拓展。

3.关于交往理论的研究

交往是最基本、最普遍的社会现象，更是时代所提出的重要理论问题和实践问题。交往理论是随着实践与主体性问题的研究进入国内学者的研究视野的。自 20 世纪 90 年代始,哲学领域的交往理论研究影响逐渐扩大,其他领域也开始关注和跟进研究交往理论问题,为交往理论研究注入了动力。在不同的理论背景下,各学科基于时代的要求对交往问题给了不同程度的关注,研究成果主要集中在马克思的交往思想、交往实践观,主体间性交往,哈贝马斯等西方哲学思想家的交往思想以及网络交往、交往心理等方面,并对"交往"这一核心范畴给予理论上的阐析和论证。国内学者还将交往理论的研究成果广泛应用于哲学、社会学、心理学、教育学等学科领域,形成了不同学科背景下较为丰富的理论研究成果。所涉及的诸多问题如下:

(1)关于马克思交往理论、交往实践观的研究。近年来,国内学者就马克思经典文本中关于交往范畴的界定、交往理论的思想渊源及内容体系、交往与唯物史观其他范畴的关系等问题进行了系统的研究,认为交往"概括了全部社会物质生活和精神生活中人与人之间的物质的和精神的变换过程,是人与人之间交换其活动、能力及其成果的过程,是人与人之间以一定的物质或精神的手段为媒介的互为主客体的相互作用过程"①。交往也是实践范畴在社会历史领域的延伸,马克思的交往内涵只有在实践、生产、生产关系等概念的比较中进行理解,才能准确把握。这是把马克思的交往理论牢固确立在唯物史观的基础上加以理解,显示了深刻的理论洞察力。

(2)关于主体间性交往问题的研究。学界关于主体间性交往问题的研究呈现不断深入的态势。有学者提出了主体和主体性概念,分析了主体性的矛盾内涵,论述了人生的阶段和个人主体性的演化,进而探讨了主体间性或交互主体性问题,以及信息与网络时代人的主体性问题。② 也有人从理论形态的角度对主体间性进行多维度、具体化的研究,提出了整合性的主体间性理论思路③,并对人的主体间性发展阶段和特征进行了划分,指出数字化时代主体间性处于主体间性异化状态向理想化状态过渡的阶段④。

(3)关于哈贝马斯交往行为理论及其借鉴的研究。国内学界从哲学、政治学、伦理学、社会学、美学、语言学等学科视角,对哈贝马斯的交往行为理

① 刘奔.刘奔文集[M].北京:中国社会科学出版社,2008:207.

② 郭湛.主体性哲学:人的存在及其意义[M].北京:中国人民大学出版社,2011:236-237.

③ 王晓东.西方哲学主体间性理论批判:一种形态学视野[M].北京:中国社会科学出版社,2004:36.

④ 高鸿.数字化时代主体间性问题研究[M].上海:上海社会科学院出版社,2008:67.

论进行了深入研究,研究成果系统而又丰富。很多学者从不同视角和语境,将马克思交往理论与哈贝马斯交往行为思想进行比较研究。有学者将哈贝马斯交往行为理论引入教育的研究视域,研究的内容主要集中在哈贝马斯交往行为理论中主体间性、语言有效性、生活世界对教育转型的启示,对教育交往以及师生交往关系的影响,对教育沟通的影响,对教育实效性的影响等几个方面,并有系统化的研究成果。

(4)关于交往与人的发展的研究。有研究者从交往形式的历史演进与人的全面发展关系角度,探讨了人的发展理论。也有学者研究了人类社会交往与人的本质及人的发展之间的关系,阐述了生产、交往与人的发展。近年来,更多学者从交往形式及其形成依据出发,对人的发展等具体问题做了一些有益的探讨。值得一提的是,刘明合的《交往与人的发展:基于马克思主义的视角》一书,从交往是人的发展的重要基础和条件、交往的历史形式与人的发展的历史形态、网络交往与人的发展、全球化与人的发展、制度与人的发展、我国现阶段的交往与人的发展的若干问题六个方面进行阐述,从交往视角研究人的发展,其对人的发展的研究是一种研究视角转换的新尝试。

(5)关于虚拟交往、网络交往的研究。国内关于虚拟交往、网络交往的研究成果如下:一是关于网络交往心理的研究。研究者认为互联网是一种新兴媒体,互联网使用对人心理及行为发展变化的作用日益明显,并指出了未来研究应注意的问题和未来研究可以拓展的领域。二是运用哲学理论对网络交往行为进行了研究,也有人对网络文化、网络交往与心理健康的关系进行了探讨。近年来,学者围绕虚拟交往环境、"虚拟社区"对个体的影响及对策研究等主题,开展虚拟交往与人的虚拟生存,"现实的人"在虚拟生存视域中的主要规律及其实现途径等相关研究。[①]

总的来看,国内哲学界、教育学界、新闻学界、社会学界、历史学界、心理学界、文艺学界等诸学科领域都有以交往理论为研究视角的论著发表,但是专门从交往理论视角来探讨青少年文化或亚文化的论著尚不多见。这些理论研究还处于引进、消化阶段,模仿、移植倾向还较浓重,研究范式渐趋一致,相关研究文献日益增多。值得注意的是,在教育领域,交往的研究是从

---

①　孙余余.人的虚拟生存与思想政治教育创新研究[D].济南:山东师范大学,2011.

教育者的立场出发,探讨如何处理和平衡教育者与受教育者之间的关系,以及个体之间要在通过相互理解基础上的交往达成对道德规范的认可和维护等。有学者认为:"交往不仅是人的思想品德形成的基础,也是人的思想道德观念得以表现和检验的场所。"①这与本研究的视角和认识有所差异。

(二)国外研究综述

就目前所掌握的资料来看,国外没有与本论题相同的研究,但相关的研究如青年亚文化和交往理论方面的成果却无比丰厚,成为本研究的理论支撑和思维启迪。国外相关研究集中如下:

1.关于青少年群体非主流现象的研究

国外主要是从青年文化或亚文化角度探讨青少年群体非主流现象的。"亚文化"术语正式出现于 20 世纪 40 年代中期,最早来源于芝加哥学派。随后的历史可追溯到 20 世纪五六十年代,由于那时青年亚文化在西方的盛行,欧美学界引发了一场亚文化研究的浪潮;在英国甚至形成了一个以青年亚文化为研究核心的学派——伯明翰学派,其代表作有《仪式抵抗》《世俗文化》《亚文化:风格的意义》《共同文化》《女性主义与青年亚文化》等多部专著,现已成为社会文化理论研究的经典。与此同时,美国社会学家 T.帕森斯、丹尼尔·贝尔等人也提出"青年文化"之说,并称之为"反文化"(counter culture),即把 20 世纪六七十年代发生在美国社会政治、文化领域的青年人抗议运动称为"反文化";同一时期加拿大学者迈克尔·布雷克在其所著的《越轨青年文化比较》中也专门探讨了青年的亚文化现象。国外这一研究势头持续到 20 世纪 90 年代,其研究取向基本未有大的改变,研究对象仍是青年的非主流现象,后期代表性学者主要有杰克·克鲁亚克、艾伦·金斯堡、威廉·博罗斯等人,其成果卓著,影响面甚广。

从纵向发展脉络来看,20 世纪 50 年代起,艾伯特·科恩(Albert K. Cohen)基于"问题解决"(problem-solving)理论假设,在其《越轨男孩:帮伙文化》(*Delinquency Boys:The Culture of Gang*)一书中指出青少年亚文化尤其是青少年犯罪文化,就是越轨青少年群体对主流体面社会的反叛性回应,此时他已经开始注意到现代城市社会当中各种亚文化群体身份认同的问题。霍华德·贝克尔(Howard Becker)坚持芝加哥学派关注"越轨人

---

① 张耀灿,郑永廷,吴潜涛,等.现代思想政治教育学[M].北京:人民出版社,2006:220.

群"的传统,于 1963 年在其著作《局外人:越轨的社会学研究》(*Outsiders*:
Studies in the Sociology of Deviance)中提出了"标签理论"(labeling theo-
ry),指出越轨人群不是天生就有的,而是社会人群互动的产物,尤其是由强
势人群造成的。他的理论虽然有些极端,但从某个侧面反映了越轨行为的
社会成因。英国学者斯坦利·科恩(Stanley Cohen)正是受到他的标签理
论的启发,于 1972 年出版了《民间恶魔与道德恐慌》(*Folk Devils and
Moral Panics*),研究英国主流传媒对摩登族和摇滚乐迷两类青年亚文化反
叛群体的"妖魔化"描绘,揭示了青年亚文化群体被贴上"民间恶魔"的标签
与成人主流社会"道德恐慌"之间的联系。

　　20 世纪 70—80 年代,青年亚文化研究的中心转移到了英国伯明翰大
学,该校 1964 年成立的"当代文化研究中心"(CCCS)开创了具有政治实践
指向的文化研究事业。该中心创始人斯图加特·霍尔(Stuart Hall)及其学
生陆续发表了一系列研究青年工人阶级文化和亚文化的著作,如《学习劳
动》等,形成了迄今为止亚文化研究领域成果最丰富、影响最大的伯明翰学
派。伯明翰学派在借鉴芝加哥学派文化研究的立场与方法(如标签理论、问
题解决理论等)的基础上,尤其继承了英国本土马克思主义理论家雷蒙·威
廉斯(Raymond Williams)所开创的从社会历史语境分析文化现象的"文化
与社会"传统,研究了 20 世纪 50 年代以来几乎所有的英国青年亚文化现
象。如果说芝加哥学派青年亚文化研究的核心词语是"越轨"的话,那么伯
明翰学派的青年亚文化研究的核心词语就是亚文化的"符号化"表现形
式——"风格"。[①]

　　伯明翰学派考察了二战后的甲壳虫乐队、嬉皮士、流行音乐、摇滚音乐、
足球流氓等风靡英国的青年亚文化现象,这些青年亚文化现象伴随着全球
化中的文化交流交锋交融,继而对全世界产生影响。伯明翰学派的学者们
把青年亚文化置于青年人自身所属的更大系统(文化与阶级)中考察,他们
提出了新闻媒体和公众"只是从音乐、风格、休闲消费等最为常见的现象方
面来界定青年",没有深入揭示青少年市场工业、时尚工业和公众对青年的
利用甚至剥削,因而"缺乏或没有阐释的力量"。到 20 世纪 70 年代中期,伯
明翰学派的部分学者运用葛兰西的文化霸权理论、阿尔都塞的意识形态主
体建构理论等分析青年亚文化,他们将青年亚文化看作某些小众的青年社

---

　　① 　陆玉林.当代中国青年文化研究[M].北京:人民出版社,2009:9.

群展现(represent)日常生活的"有意味的形式",视为一套构成青年小众群体特定生活方式的符号系统——"风格"(style),并努力从风格中发掘那些处于弱势的青年亚文化群体所蕴藏的"仪式抵抗"潜能。伯明翰学派认为二战后到 20 世纪 70 年代,英国出现的各种青年亚文化群体和亚文化现象,基本上都具有明确的"仪式抵抗"意识和身份认同诉求。在对"仪式抵抗"进行充分肯定的同时,他们还提醒要警惕主流强势群体和商业文化对青年亚文化风格的"收编"企图。70 年代末,伯明翰学派代表性人物迪克·赫伯迪格(Dick Hebdige)在其《亚文化:风格的意义》(*Subculture: The Meaning of Style*)一书中不无遗憾地承认:现在所有亚文化风格的抵抗性,最终都会被时尚工业收编或商品化,都会失去战斗锋芒而变成折中的东西。①

20 世纪 80 年代以来,新自由主义在英美盛行,阶级和政治对立在全球日渐消退,同时符号消费和全球互联网文化日益勃兴,新的媒介传播和消费时代出现了各种更富流动性、虚拟表现性以及混杂性的青年亚文化风格,亚文化研究的后伯明翰时代来临。在一定意义上,置于后现代情境中的青年亚文化出现"碎片化"趋势,不再呈现某种主体风格如"越轨""抵抗"等,更多的是身份(包括虚拟身份和现实身份)多元呈现,就像德里达(Derrida)所说的"踪迹"(trace)一样时隐时现、飘忽不定。

从芝加哥学派到伯明翰学派,再到后亚文化研究,国外的青年亚文化凸显出个人与社会的关系是由文化连接而成的,国外主要将青年置于人与社会的关系之中给予关怀,利用宗教、社区等社会化组织形式潜移默化影响青年,对青年的教化方法也具有隐蔽性。总的来看,国外对青年亚文化的研究比较直接地从社会文化环境的角度介入。

2.关于青年文化理论的核心观点

西方学者所提出的青年文化理论,有青年亚文化说、越轨或问题文化说、过渡期文化说、建构性文化说和时尚或消费文化说等。青年文化主要是指青年亚文化,即 youth culture,等于 youth subculture(亚文化或次文化),是比较经典也比较常见的观点。② 这是由伯明翰文化研究中心的学者们提出的。在《通过仪式反抗》(*Resistance Through Rituals*)一书中,约翰·克

---

① 迪克·赫伯迪格.亚文化:风格的意义[M].陆道夫,胡疆锋,译.北京:北京大学出版社,2009:96.

② 本书编写组.青年文化:理论与实践[M].北京:中国青年出版社,2007:6.

拉克、斯图尔特·霍尔等借助马克思主义的阶级分析理论和葛兰西的文化领导权理论,认为在一个复杂的社会中,占统治地位的文化并不是一个霸权结构,不同年龄、性别、种族、阶级、地域的都可能形成特殊的团体,这些或松散或紧密的小团体为了解决其所面临的问题而形成自己的、可辨识的、有别于占统治地位文化的亚文化。若这些小团体文化是以年龄或代际而结成的,就可以说是"青年(亚)文化""越轨(问题)文化"。它们出现在伯明翰文化研究中心的青年亚文化理论之前,是美国芝加哥学派所提出的,但从理论逻辑上讲,可以视为一般意义上的青年亚文化理论的一部分。青年文化是过渡期文化的观点,是从代际角度研究青年文化的学者所强调的非常有影响的主张。它的理论基础是曼海姆(Mannheim)等人的代际理论、帕森斯(Parsons)等人的社会功能理论和心理学的成长理论,认为青年处于一个不确定的成长时期,需要不断向成人社会学习以适应和融入社会秩序。青年文化是青年在学习和成长过程中不成熟性的产物。建构性文化说认为,青年文化就是过渡期文化的变种。这种主张同样认为青年处在过渡时期,同时由于现代性或者说剧烈的社会变迁带来了青年危机,表现为社会心理失常、身份认同迷茫、酗酒、吸毒以及犯罪率上升等;青年文化一方面构建起通向独立性的成人世界的桥梁,另一方面则使青年能够获致身份、角色和群体的认同。时尚消费文化说强调青少年文化的时尚性、消费性、享受性,认为这是青少年文化区别于主导文化或成人文化的主要特征。[①]

西方学者提出的各种观点基于西方不同时期的青年文化现象,既具有西方性或社会制度性,也具有历史性。这些观点虽然能够给我们提供有益的借鉴和参照,但不能完全借用或"拿来"。我国的青年和青年文化发生和发展过程有其特殊性,青年文化和社会文化的关系也不同于西方,从党和政府到一般民众看待和处理青年和青年文化的方式也与西方不同。

3.关于交往理论的研究

现代交往理论肇始于胡塞尔(Husserl)的现象学研究,其后存在哲学、分析哲学、解释学等流派均给予论析,但其中集大成的研究当属哈贝马斯,影响深远。哈贝马斯的交往行为理论是以交往理性为起点,倡导交往行为的合理化,强调主体之间平等自然的对话,特别注重"主体间"对话与话语的分析;但他把交往活动仅仅理解为人与人之间达到了解和承认的水平,把交

---

① 陆玉林.当代中国青年文化研究[M].北京:人民出版社,2009:13-14.

往异化归结为主观心理体验和情感反应或语言符号的虚假应用。这些论述虽对青少年交往行为的认识有启迪,但其交往行为理论过于抽象而脱离了客观现实基础,有唯心主义倾向,须从理论上加以自觉辨析和廓清。

总的来看,国外这些研究的特点有:一是研究所涉及的领域主要为哲学、社会学、心理学、文化学等学科;二是研究方法主要是运用哲学、社会学和文化学等经典理论思辨方法、比较研究法以及实证研究法;三是研究成果理论性、系统性较强。随着经济全球化、网络化、信息化的纵深发展,国外对本论题方面的研究势必会进一步拓展、深化。

综上所述,当下几乎没有直接以青少年非主流行为文化为核心范畴的研究成果,目前研究所存在的问题有:一是尚未形成明确的核心范畴,即目前研究文献中少有涉及"什么是青少年非主流行为文化"这个核心问题,更谈不上对非主流行为文化的含义、形态、特征及其本质的阐发和概括。二是研究视角的惯性强。当下研究主要局限于社会文化的维度,而未能立足于交往理论的视角,综合运用社会学和心理学相关理论给予多角度透析。三是研究方法单一。其研究视角和研究范式还处于跟踪和借鉴国外阶段,未有本土化的独创性的研究范式,目前有关非主流行为文化的研究在整体思路上仍然多以抽象思辨为主,如主观推断型思维居多,空泛理论分析多,或是停留在描述现象的层面,缺乏对事实的精准概括和深入分析,比较研究法、量化研究法和质性研究法的运用相对较少。基于此,本研究依据研究目的和研究任务进行多方面开拓,不但在理论上回答什么是青少年非主流行为文化,形成独立的研究视域和研究边界,构建起青少年非主流行为文化研究的基本理论框架,提升到学术研究的维度;而且要根据所形成的理论认识指导实践,树立"因事而化、因时而进、因势而新"的"三因"理念,从理论和实践维度合力探索,探讨如何有效引导青少年非主流行为文化发展,以期因势利导,从而促进当代青少年顺利成长、成才。

三、研究思路

本书围绕"什么是青少年非主流行为文化、如何有效引导青少年非主流行为文化"这个核心主题,遵循"理论—现实—实践"的逻辑路线,运用理论思辨法、比较分析法、跨学科研究法等方法,按照由理论及实践、从现象到本质、由问题到对策的内在理路展开研究。全书主体内容如下:

首先,通过对马克思交往理论和哈贝马斯交往行为理论核心观点的阐析,梳理、比较了这两种交往理论的不同意义域,还关注了当代交往的新发展,旨在阐明交往理论是理解和把握青少年非主流行为文化问题的理论框架,即交往是青少年非主流行为文化产生的基础和前提,同时青少年非主流行为文化本身丰富和深化了现代交往关系,拓展了对现代交往视域的新认识。

其次,通过理论解析和论证,阐明了青少年非主流行为文化内涵的核心要义,厘清了与其他相关范畴的关系,进而以交往理论为研究支撑,透过纷繁复杂的青少年非主流行为文化现象,勾勒了非主流行为文化在现实场域和虚拟空间所展现出的多种形态,概括了其抵抗性、边缘性、逃离性、娱乐性等鲜明特征,反映了当代青少年主体性提升和身份认同的建构的本质诉求,由此阐明了"青少年非主流行为文化是什么"这个基本问题。

再次,基于马克思交往理论以及社会学、心理学等相关理论,从客观基础的四个层面和主观条件的四个维度探析了当代青少年非主流行为文化兴起的根源和条件;且根据青少年非主流行为文化对主流文化以及青少年自身的现实影响,阐析了青少年非主流行为文化的积极效应和消极效应,并指明了青少年非主流行为文化主要有抵抗、风格化和收编三种发展趋向,从而阐明了青少年非主流行为文化产生的根源,初步把握了其影响机理及发生、发展规律。

最后,结合当代境遇探讨"如何有效引导青少年非主流行为文化",这也是研究的落脚点。先是明确青少年非主流行为文化的引导目标,该目标包含引导青少年非主流行为文化的健康发展以及满足青少年内在精神需求和人格完善这两个方面;然后根据引导目标提出了要遵循扎根生活世界、坚持以人为本、树立价值导向等三项基本原则,在前述基础上,从加强核心价值观引领、重视人文价值关怀、构建良好校园文化环境、提升媒介素养等路径探讨了有效引导的主要策略,意在引导青少年树立正确的人生观、价值观,培育其积极的文化素养、人文情怀和健康人格,以促进当代青少年在文化价值多元的背景下健康成长、成才。

四、研究方法

基于研究目的和研究内容,本研究坚持马克思主义理论的指导,合理借鉴文化学、社会学、传播学、心理学和教育学等学科的理论知识拓展研究,在坚持哲学思辨方法的基础上,综合运用了下列研究方法:

1.文献分析法

通过查找图书、网络资料、学术论文、报纸等各种文献,全面搜集资料,在文献分析过程中运用历史考察与逻辑分析的思维方式,对与青少年非主流行为文化相关的概念以及发生发展的理据进行辨析,了解不同理论立场和视角对青少年非主流行为文化的阐释。

2.跨学科研究法

在综合心理学、社会学、传播学、亚文化理论等相关理论的基础上,运用跨学科的方法论视角,针对青少年非主流行为文化的现象、类型、特征等内容进行论证和阐释,对青少年非主流行为文化生成和发展进行透彻研究,以期正确阐明当代青少年非主流行为文化的形态、特征、成因、影响机理、发生及发展规律等,从而揭示青少年非主流行为的实质。

3.比较研究法

青少年非主流行为文化与其他类似文化形态如青年亚文化、大众文化、时尚文化等存在诸多内在联系和区分,运用该方法进行对比、辨析,把握青少年非主流行为文化的实质,进而把握青少年非主流行为文化的本质特点。

4.价值分析法

坚持人文关怀,关注和促进青少年顺利成长是本研究的初衷和主旨,因而立足于马克思主义人学理论和价值论,正确分析青少年非主流行为文化的本质,全面阐析其生成的现实动因和主观因素,客观分析其影响,永葆理论关怀的现实温度,引导青少年健康成长。

第一章　交往理论:青少年非主流行为文化的理解框架

　　交往是与个体及人类社会相伴而生的社会性活动,涵盖人类社会生产、生活的所有领域,人类社会的每一活动甚至每一进步,均为交往的结果;质言之,人类社会生活的本质当属交往,交往与人及人类社会具有内在统一性。这意味着交往不但是个体的生存境遇的标示,关乎个体的生存与发展,更关乎人类社会整体的发展进步。从这个意义上说,当代纷繁多样的青少年非主流行为文化现象的发生、发展,也不外乎是交往的结果。由于经济社会的深刻变动与发展,人们的交往活动日益复杂多元,对交往社会现象的认识和研究日益深化,因而形成了理论谱系繁密的交往理论学说。在诸多交往理论中,马克思交往理论与哈贝马斯的交往行动理论对交往问题的阐释与论证,无论是在其理论框架的严谨性还是在其研究阐发的深刻性层面上殊为透彻和典型,这对于阐析和理解当代青少年非主流行为文化问题无疑有重要的指导意义和参考价值。

第一节　理论内核:马克思交往理论

　　马克思主义理论的生命力,在于"她善于将自己的理论之维深植于专属于自己时代的问题谱系或时空结构中,成为时代性的问答逻辑;在于她总是能够不断地正确指认时代本质,及时解答时代问题,科学拓展时代视野,总体把握时代方向,从而'充分地适应自己的时代'"[①]。这一观点对于研判马克思交往理论富有启迪意义。纵观宏大的马克思主义理论体系,不难发现,

---

　　① 任平.交往实践的哲学:全球化语境中的哲学视域[M].昆明:云南出版社,2003:135.

马克思并无"交往"或"交往理论"的系列专论,但在其所创立的唯物史观中有明确的"交往"论说,内在地构成了完整的丰富的交往理论。马克思唯物史观认为,从现实的人的交往活动出发,把"交往"这个概念作为分析社会历史发展和人的发展的起点,作为构成社会有机整体的重要线索和社会历史发展的重要动力。因此,人类社会是在实践活动与交往活动的共同促进下,不断发展而形成的一个辨证有机的整体。

一、马克思"交往"的核心意涵

毫无疑问,"交往"范畴是马克思交往理论的核心和关键,对其准确理解是进一步把握马克思交往理论精髓的基础和前提。从词源学角度看,马克思在其不同时期的经典著作中,对交往问题有不同角度、不同侧面、不同程度的表述,将"交往"界定为"交换""交互活动""交往关系"等较为普遍。这源于马克思对"交往"以及与"交往"有关的各种概念持宽泛理解态度有关。对"交往"含义的明确阐述始见于《马克思致帕·瓦·安年科夫》一文中:交往最广泛的意义是德文中的 Verkehr,有"交流、交通、交换、货币流通和通信"等含义;英文中的 commerce,有"商业、贸易"的含义,或指大规模的商品买卖。这说明马克思从商品和贸易的角度考察了人与人之间的交往关系。在《1844 年经济学哲学手稿》中,马克思并未直接、明确地表述交往的概念,但他认为理想的交往关系是人与人之间真正自由、自觉、平等的交往,这种理想交往关系只有在消除了劳动异化和交往异化之后才能实现,是真正意义上的"社会交往"、"人的交往"和"类的交往"。在该文中,马克思还提到了社会交往的异化形式,认为在私有制条件下,"交换或物物交换是社会性的、类的行为"[①],以私有制为基础的交换属于交往的异化。马克思由此进一步深刻分析:"不论是生产本身中人的活动的交换,还是人的生产产品的交换,其意义都相当于类活动和类精神——它们的现实的、有意识的、真正的存在是社会的活动和社会的享受。"[②]马克思在此把交往理解为"类活动和类精神",认为人的社会本质是在交往或交换中创造或实现的。

其一,马克思提出了人的本质是在交往活动及其实践中形成的真正的社会联系,这些联系本身就是"人们交互活动的产物",即交往是人的本质。

---

① 马克思.1844 年经济学哲学手稿[M].北京:人民出版社,2000:173.
② 马克思.1844 年经济学哲学手稿[M].北京:人民出版社,2000:170-171.

这个论断早在《关于费尔巴哈的提纲》中提及,马克思在这里揭示了人的本质,为建构科学的交往理论提供了实践基础。马克思对交往认识的深刻性还在于:他是从人与人交往关系的异化这个基点切入,对整个资本主义社会存在扭曲形式的交往进行批判,进而阐明了人与自然的交往、人与人的交往以及异化交往、理想交往。

其二,马克思从多方面阐述了交往的丰富含义和交往的形式,并结合唯物史观诸多范畴的关系等问题详细阐述了交往范畴。这些思想主要集中在《德意志意识形态》中,有六个方面内容。一是具体细化了人的本质的思想,阐明社会关系在交往中生成,也是一种交往关系,现实的人都生活在一定的交往关系和交往形式中。二是物质生产在交往中进行,并建立了生产者之间的联系和关系,交往是物质生产的前提,也必然成为人的存在方式。三是明确了"物质交往"和"精神交往"两个概念及其相互关系。四是提出了"交往形式"的概念,指出"一切历史冲突都根源于生产力和交往形式之间的矛盾"①,并对交往形式与生产力、生产方式之间相互的矛盾运动、交往形式的发展、新交往形式的产生等内容进行广泛而丰富的论述。五是阐述了交往与分工的关系。社会分工是社会发展到一定阶段产生的,是生产力发展的标志。分工引起了人们交往方式和交往关系的变化,而交往形式的多样化对分工有一定的促进作用。人类社会经历的农业、工业、商业几次大的分工出现了不同的所有制形式,交往形式更加多样和复杂。因此,交往与分工虽有区别却又相互联系、相互促进,交往的发展促进分工的发展,分工有力地促进了民族之间和民族内部的整合,使民族、国家的交往更加密切,也推进国家、民族内部交往向外部交往的拓展,并产生了新的历史阶段上的产物,即"世界交往"。六是从交往的角度考察共产主义问题,对未来社会交往形态进行预测和展望,阐明共产主义社会是现实普遍交往的社会,社会的有序发展也促进交往程度的进一步提高,交往的历史必然是形成各个国家相对独立的世界交往。

其三,马克思阐述了交往与历史发展的重要关系。"迄今为止的一切交往都只是一定条件下的交往,而不是单纯的个人交往。"②这里的"一定条件",是指任何交往都不是偶然的,而是与其所处的社会历史时代有关,这就

---

① 马克思恩格斯选集:第1卷[M].北京:人民出版社,2012:196.
② 马克思恩格斯全集:第3卷[M].北京:人民出版社,1985:74.

决定了随着人类历史的不断发展,交往的表现形式也必然随之构成一个有着内在联系的和由低级向高级发展的序列。譬如,在资本主义上升期,交往在社会发展变革中起到重要作用。资本主义社会两大对立阶级和阵营的正式确立,以及资本主义社会本身出现的严重问题和危机就是生产方式和交往方式综合作用的结果。工人阶级因大工业发展获得越来越广泛的联合,从而获得解放自身的现实条件,无产阶级获得解放的首要条件的形成就是交往方式发展的结果。在未来理想社会中,将以交往新形态和交往共同体的形成替代旧的交往。交往新形态是人的自由发展的形态,交往共同体是一个"每个人都实现自由发展"的联合体。马克思交往理论的价值旨归是人的全面自由发展,从而形成"自由人的联合体"及共产主义的社会形态,这充分证明了交往对社会力发展的重要作用。

其四,马克思考察和论证了资本在资本主义社会交往中的特别意义。在《1857—1858 年经济学手稿》和《资本论》这两部著作中,马克思将交往具体运用于对资本运行形态的分析与考察,对资本主义社会交往状况进行探讨和分析,认为资本是一种特殊的交往媒介,人与人的交往关系随着资本的产生和流动发生物化和异化。在资本主义生产方式产生以前,个人在一定的自然联系中发展,随着商品的交换和流通产生了资本,人与人之间的交往关系表现为纯粹的物的关系。资本是一定社会形态中的生产关系,虽有贪婪的标签,但在推动社会生产力的发展、促进人的全面自由发展方面更有其积极意义和作用。资本是资本主义社会生活广泛交往形式的现实基础,也是资本主义社会一切交往活动的核心。

综上,马克思从宏阔的社会意义上阐释了交往的含义,认为交往涵盖政治、经济、文化等人类生活的一切领域,涵盖一定生产阶级的一切社会形式和社会关系。由此可以界定马克思对"交往"的含义:交往是指在一定社会历史条件下交往主体之间的相互联系和交互活动,既指交往活动,也指交往关系;主体间交往既有物质性的交往,也有精神性的交往,物质交往是最基本的交往活动。交往是包含自然和社会双重关系的实践活动,生产的前提是交往,人们在进行生产的过程中既改造自然界,也产生社会关系。人类社会的历史既是生产的历史,又是交往的历史,交往活动和实践活动共同促进人类社会的发展,促成人与人之间的有机联系。

二、马克思交往理论的核心要义

虽然马克思对其交往理论无专门的、系统的论述,而是分述于不同发展时期的思想中,但马克思交往理论的核心要义充分反映了其辩证唯物主义和历史唯物主义思想的精髓,是一个有着完整的、严谨的、内在逻辑关联的系统,成为马克思宏大思想体系的组成部分。

(一)交往是个体存在与社会存在的统一基础

马克思认为,人不是离群索居、固定不变的,而是在交往中存在的类个体和群体,是交往的主体。他们是"以一定的方式进行生产活动的一定的个人,发生一定的社会关系和政治关系"①。只有在人与人之间才能发生交往,存在交往关系,人也只有生活在一定社会关系之中才能成其为人,因而是交往性存在的。人的交往性存在使人摆脱了纯粹的自然属性,人在交往关系中存在并成为真正的、具体的、现实的人。人作为交往活动的主体,组织、实施、参与交往活动,通过一定的交往活动获得相应的主体性地位。交往的主体不仅仅指个体,也包括通过现实的物质和精神交往活动产生出交往的主体,譬如一定的阶级、民族、社会集团、国家等共同体。所以,人的交往性存在是马克思交往理论的本质。

人是从事物质资料生产的人,构成历史发展的主体。现实的人是自然界的一部分,是经过进化逐步生成的生物有机体;现实的人是从事物质生产的人,离开了物质资料生产的人也就不再是现实的人。一方面,生产的前提是进行交往活动和建立交往关系,物质生产的过程、商品的流通、技术的交流都是在交往中进行的;另一方面,"交往的形式又是由生产决定的"②,生产的进步也推动着交往向前发展。因此,生产和交往是人的生存、存在和发展的重要条件。

人是个体存在和社会存在的统一,在交往中实现发展。人因具有不同于他人的个性特征而以个体的形式存在,通过与其他的现实的人的物质交往与精神交往活动,产生了人与人之间的各种社会关系,也结成了整个社会关系,使现实的人成为一种社会性存在。因此,人的存在是个体存在和社会存在的统一。个体处在由人所构成的社会之中,无论人的生活实践,还是人

---

① 马克思恩格斯选集:第1卷[M].北京:人民出版社,2012:151.
② 马克思恩格斯选集:第1卷[M].北京:人民出版社,2012:147.

与人之间的沟通交流,都离不开交往。交往是人与人、人和群体之间活动和关系的具体体现,既满足了人的发展的内在需求,也为人的发展提供了现实条件。人在交往中存在,并形成了共同活动的集体,使交往从个人主体向共同体主体拓展。在这个交往共同体中,人们在与他人的交往中进行比较,在接受别人传递的思想和理念中受到启发,把个体的碎片化的、片面的个体认识汇聚、凝结成有机的、集合的、全面的群体认识或社会共识。交往主体通过交流和沟通各取所需、互为补充,从而达到新的平衡,即个人的活动和行为能力得到交换,社会个体的理智和情感的相互影响、相互作用得以实现,最终达到相互理解,获得自身的发展。

马克思认为人的交往活动是交往主体基于自身的需要和目的而积极参与的实践活动,是平等交往主体之间的物质和精神的相互影响、相互作用,并在交往过程中不断形成和发展自身的需要和目的。这种自身需要不仅有物质方面的,还有精神方面的。人的交往活动就是从物质交往和精神交往开始的,由此产生出人类社会丰富的社会关系,使人类的交往活动向纵向演进和横向拓展,在社会和人的发展中起到重要作用。

(二)交往是人类社会发展的主要动力

人类社会是"是一个能够变化并且经常处于变化过程中的机体"①,以生产和交往为基础,生产、生产力、生产关系等各种要素有机联系、相互制约,构成一个运动发展着的完整体系。交往与生产相互促进、相互联系,个体发展统一于人类社会的发展进程中。

人在自然交往中获得征服自然和改造自然的物质力量和精神力量,在人与人的交往中获得智力和其他能力的发展,从而构成现实的生产力,也促进生产力的发展。生产力的发展不断拓展交往的范围,使交往从"个人交往"到"普遍交往",从"地域性交往"到"世界性交往"——交往的深化是随着生产力水平的不断提高而实现的。生产关系是以物质生产为基础、以物质交往为中介的,它是在物质交往中形成的。交往活动是生产关系产生和存在的前提,生产关系制约着交往关系;交往关系是整体,生产关系是部分,社会是各种社会关系的总和。生产关系决定着社会形态的发展,也制约着交往形态的更替。马克思在《德意志意识形态》中将交往关系和生产关系的概念一并提出,在其交往理论形成的过程中使生产关系的概念逐步成熟和明

---

① 马克思恩格斯全集:第23卷[M].北京:人民出版社,1985:12.

晰,从而为发现生产力和生产关系的辩证运动规律,奠定了唯物史观基础。在此,马克思还阐述了交往与分工之间的紧密联系和交互作用,推动着社会形态的更替和人类社会历史发展。分工是社会生产力发展的标志,社会分工的演进引起了人们交往方式、交往关系的变化。马克思还从分工是产生异化的根源出发,科学预见了未来的人类实现自由、全面发展的社会是消灭旧式分工的社会形态。

　　社会是人的真正的共同体,社会和人的发展是人们相互交往的结果。交往与社会进化互为表里,交往的演进决定了人类社会形态的历史发展。社会形态的发展是人类社会交往形式的有规律更替,特定历史阶段上的交往形式表征了社会历史发展的连续性。马克思以物质生产活动为出发点,以交往形式的矛盾运动为依据,界定出人类社会形态更替的三个阶段。人与自然的交往阶段是原始自然经济状态下的一种社会形态,建立在生产力极不发达、生产方式比较落后、生存条件相当严峻的社会条件下,此时个体与社会群体之间的矛盾关系尚未成熟,交换主要是人和自然之间的交换,即以人的劳动换取自然的产品,人在生产实践活动中表现出的是以血缘关系和亲族关系为代表的原始的丰富性的基础的交往关系,具有自然性、原始性、平等性和依附性的特点。在"以物的依赖性为基础的人的独立性"阶段,生产方式的变革带动了人们交往形式的变化,交往工具和交往媒介的变革把原始社会中毫无关联的地区、民族和国家联系起来,完全否定了原始血缘共同体时期的狭隘交往。货币作为交换的需要产生,作为资本的需要发展,一切都要经过交换才能实现社会价值。人与人的交往即人的社会联系以商品、货币为媒介,人与人建立的交往关系以商品交换为主要形式,是典型的资本主义交往关系。在"建立在个人全面发展基础上的自由性"社会形态阶段,人与人联合起来实行对生产力总和的占有,也把每个人的才能集聚起来;他们在改变世界面貌的同时也改变着自己,在普遍联系中获得人的自由而全面的发展。马克思认为随着社会化大生产的高度发展,各民族、各国家之间在各方面的互相往来和互相依赖日益增多,狭隘的个人成为世界历史性的真正的普遍联系的个人;这种社会形态既造就人的自由个性,又造就了普遍交往的社会结构,"是以物质生产和精神生产条件、水平高度发展为基础、每个人作为'自觉的共同成员使共同体从属于自己'的主体际社会"①。

---

　　①　任平.交往实践与主体际[M].苏州:苏州大学出版社,1999:178.

马克思认为,从历史发展趋势上来看,随着交往范围的不断扩大,某一地域的交往打破了地域的限制,逐步获得广泛联系,并实现从地域性交往走向世界性交往。在这个过程中,交往的横向拓展与纵向演进相互交融,为社会生产力的继承和发展以及广泛传播提供了契机,为社会发展和人的发展提供了基础。交往的拓展推动了生产力的发展,生产力也推动着交往实现普遍化发展;社会制度的变革推动社会中生产关系的进步和人与人交往关系的完善,最终使阶级和国家走向灭亡,从而建构有利于人的全面发展的普遍交往的世界。

(三)交往促进了人的发展及人的社会关系的发展

人类社会发展是在交往推动社会形态更替与实现——"交往—普遍交往—世界交往"的相互交织中向前推进的。交往是人的存在方式,现实的人是交往的主体。不论是个体,还是家庭、社会组织、民族、国家等共同体,都是在交往中存在、发展与完善的。交往与社会和人的发展同步,交往的价值旨归就在于人的发展及人的社会关系的发展与完善。

首先,交往的价值在于真正满足了人的需要,也实现了人的需要的发展。马克思认为,人类的"第一个历史活动就是生产满足这些需要的资料"[①]。需要是人的本质需求,对于社会的人来说,交往的真正目的就是满足需要,即通过交往的形式,为满足自身或类的需要创造条件,从而实现对人的需要的满足[②]。因此,需要是人的本性,有需要才有交往,人们根据需要必然要发生相互关系,建立交往关系以满足需要。人的交往活动既是生产过程中的组成要素,也支配着人们的生产和生活活动,生产满足人的需要就是在交往过程中实现的。另外,人的需要是丰富的,随着交往的发展,人在更宽泛的领域、更广泛的层面建构着更多的联系和关系。人在需要的满足与不满足的矛盾中生存和发展,当个人处于普遍的交往和全面的关系之中时,个人在交往活动中"得到需要的满足及其满足方式又引起新的需要"[③],使人的需要得以发展。

其次,交往的价值在于人的社会关系的发展与完善。马克思认为现实的人生活在一定的社会关系中,人的任何活动都只能在社会关系中开展,个

---

① 马克思恩格斯选集:第1卷[M].北京:人民出版社,2012:158.
② 姚纪纲.交往的世界:当代交往理论探索[M].北京:人民出版社,2002:56.
③ 马克思恩格斯全集:第3卷[M].北京:人民出版社,1985:32.

人的全面性就是"它的现实关系和观念关系的全面性"①。人的交往活动不仅产生了社会关系,还实现着社会关系的丰富与发展,实现着个人的全面发展;人在交往中实现着个人的自由全面发展。马克思认为真正的交往是人的自由自觉的活动,是交往主体间在消除对立矛盾、获得共识而形成的平等、和谐、自主的交往关系。这既是人的发展的必要条件,也是人的发展的重要参照标准。人是社会的人,人的自由全面发展是个体性与普遍性的统一,因此,人的自由全面发展也是人类社会发展的根本价值目标。

由于交往促进了人的发展及人的社会关系的发展与完善,因此才使人类社会文明得以传承和发展。人类在与自然界的交往以及与他人和社会的交往中,不仅产生了物质生产,创造了人类社会的物质文明,也产生了一定阶级、一定社会必要的制度、规范,创造了人类社会的精神文明、政治文明和其他形式文明。物质文明、精神文明、政治文明和其他形式文明均基于交往而发生、发展。不同民族、不同国家都产生了自身的文明,因交往而得以传承与发展,并随着国家、民族之间的交流得以传播和扩散,被人类社会共享,成为全人类共同的财富。对于个体来讲,他受到诸多社会文明的教化和影响,不断吸收内化,在交往中改变自身的主观世界,改进人与人的相互关系,在交往中不断发展。

此外,马克思也深刻阐述交往与意识和语言的关系。马克思认为,意识和语言是人类所特有的。语言是"既为别人存在因而也为我自身而存在的"②,是由交往的需要而产生的。语言既是交往的工具,也是一种实践的、现实的意识的表达;语言是人的思想的物化,是日常最有效的交往工具。语言的产生和发展为人的交往活动提供了极为便利的条件;语言便于沟通、理解,是人与人之间实现有效交流的必要条件。语言随着交往范围的扩大而日益丰富发达。同时,语言与意识关系密切,都是人的思维活动的结果。"意识起初只是周围的可感知的环境的一种意识,是对处于开始意识到自身的个人以外的其他人和其他物的狭隘联系的一种意识。"③意识通过语言来表达,语言反映意识。"思想、观念、意识的生产最初是直接与人们的物质活

① 马克思恩格斯全集:第3卷[M].北京:人民出版社,1985:541.
② 马克思恩格斯选集:第1卷[M].北京:人民出版社,2012:161.
③ 马克思恩格斯选集:第1卷[M].北京:人民出版社,2012:161.

动,与人们的物质交往,与现实生活的语言交织在一起的。"①同样,意识也产生于交往实践,交往的发展在推动生产力发展的同时,也影响着意识的发展。生产力水平越高,生产力状况越优越,人的意识的发展状况就越好。换言之,人类的意识层次跃升和语言系统发展也对交往产生重要影响。

综上,马克思交往理论是从现实的人的交往本质出发,将丰富的交往思想构建在纵横交错的交往结构中,形成的与人的生存、存在和发展紧密相关的理论体系。这些真知灼见的论析对认识和把握当代社会诸多社会关系,包括文化交往和文化关系,仍有重要的指导意义。

第二节　理论借鉴:哈贝马斯的交往行为理论

哈贝马斯的交往行为理论是在吸收、批判前人和同时代学者的理论成果基础上所创造发展的理论成果。所吸收借鉴的理论成果主要有马克斯·韦伯(Max Weber)的合理性理论、卢卡奇(Georg Lukács)的物化理论、米德(Mead)的符号互动论、早期法兰克福学派对工具理性的批判等。哈贝马斯交往行为理论集中展现在两卷本《交往行为理论》和《交往与社会进化》之中,构成了庞大的交往哲学理论体系,成为法兰克福学派第二代的著名代表。学界认为,哈贝马斯的交往行为理论是资本主义现代化批判的理论体系的核心,提供了理解20世纪资本主义文化危机的独特视角。20世纪存在主义、新马克思主义、后现代主义等文化批判理论所争论的焦点是现代性问题,支撑和推动现代社会运行和发展的现代性主要体现为主体性和理性化的文化精神。20世纪人类社会所面临的文化危机恰好是个体性的困境即异化和理性化的危机。哈贝马斯的交往行动理论通过交往的合理化重建以主体性和理性化为核心的现代性,对抗后现代主义对现代性的消解,在现代文化批判理论中独树一帜。② 因此,合理借鉴哈贝马斯的交往行动理论,对寻找一种理解当代青少年非主流行为文化问题的新视角,无疑有重要参考价值和实践指向。

---

① 马克思恩格斯选集:第1卷[M].北京:人民出版社,2012:151.
② 韩红.交往的合理化与现代性重建:哈贝马斯交往行动理论的深层解读[M].北京:人民出版社,2005:2.

一、哈贝马斯交往行为理论的基本内涵

哈贝马斯认为,交往是一种独特的、极为重要的社会互动类型,这种互动是通过论辩过程来达到相互理解的[①]。哈贝马斯交往行为理论的基本特点是:以"言语行为理论"为基点、以解释学为基本方法。受行为主义的影响,哈贝马斯在解释"交往"的含义时,把"交往"命名为"交往行动"。他说,"行动"这个概念象征性地表达了行动者至少对一个世界所发生的关系,而"世界"又可区分为三个不同的世界,即:(1)客观世界,亦称外部世界或客体世界,是指真实存在的"客体"世界;(2)主观世界,是指人的自发经历汇总成的世界;(3)社会世界,是指合法化的个人关系的"总体",实际指规范、价值及其他被认识到的社会期望。依据行动者同这三个世界所发生的关系,可以区分出四种行动类型。第一类是"目的论行动",又称工具性行动,它是以技术的规范作为导向,并且基于经验知识以工具为媒介的"合理选择"行动。按照哈贝马斯的观点,"劳动"就是这种工具性的"目的—手段"式行动。第二类是"规范调节的行动"。它以"符合相应的规范"并满足"普遍化的行动要求"为特征,是一个群体受共同价值约束的行动。第三类是"戏剧行动"。它是指行动者在观众或社会面前有意识地表现自己主观性的行动。第四类是"交往行动"。它是行动者之间以语言为媒介的互动。交往行动的动机具有交互性,它在交往参与者遵循主体间认可规范的有效性基础上展开、运作。以上四种行动侧重于世界的不同方面。目的论行动与客观世界相联系,规范调节的行动与社会世界相联系,戏剧行动与主观世界相联系。只有在交往行动中,行动者才同时涉及客观世界、社会世界和他自身的主观世界三个领域,因而交往行动比其他行动在本质上更具合理性,是一种关涉整个世界的、全方位的行动。

正是在这种意义上,哈贝马斯建立了完整而缜密的方法论框架,从而成功地论述其具有人类学倾向的认识论,并在此基础上最终完成了他所提倡的人本主义的语言哲学转向,即建立普遍语用学,为他的交往理性合理化的建设重构奠定了扎实的基础。

[①] 韩红.交往的合理化与现代性重建:哈贝马斯交往行动理论的深层解读[M].北京:人民出版社,2005:30.

二、哈贝马斯交往行为理论的核心内容

哈贝马斯交往行为理论的内容极为丰富和深邃,其理论精髓由若干层面构成,这是准确理解和把握其交往行为理论的关键和主轴。

(一)理解是哈贝马斯交往行动的核心要素

哈贝马斯认为,在交往行为中理性是交往理性,理性是交往行为的基本准则。理性是人与人相互交流的理解过程,是人不受其他任何因素的影响,根据一定的理由来接受或者拒绝的一个命题。哈贝马斯把对理性问题的反思作为交往行为理论构建的出发点,批判了意识哲学的形而上学理性观和马克斯·韦伯的工具观,提出交往合理性概念,实现工具理性向交往理性转换。哈贝马斯认为要克服资本主义发展中的理性危机和社会矛盾,就必须形成一种能促成人类历史中合理性的道德法则和民主法则形成的合理交往能力。

哈贝马斯认为,交往行为是以理解为导向和目标的行为,理解是一种在主体之间进行的交互性的意识活动[1],理解是交往行为合理性的核心要素。哈贝马斯认为,狭义上的理解是交往主体认同一个语言学的表达,是一种理想的语言学规范,广义的理解"是表示在与彼此认可的规范性背景相关的话语的正确性上,两个主体之间存在着某种协调;此外还表示两个交往过程的参与者能对世界上的某种东西达成理解,并且彼此能使自己的意向为对方所理解"[2]。理解是指生活世界中的言说者与受听者就客观的、社会的和主观的世界中的某物达至相互理解。

哈贝马斯认为交往理性是语言性的,理解是借助语言媒介而实现的。语言使交往行为合理化,只有遵循语言学规范才能实现有效的沟通,从而获得理解。他认为,作为交往媒介的语言不是独白式语言,而是对话式语言,双声互动。语言概念与沟通概念可以相互阐释[3],即交往语义下语言是实现沟通的手段,交往主体通过沟通才能达成相互理解。人们通过语言的沟通达到相互理解和"共识",即"交往的理性",是主体间的非强制性的一致认

---

① 姚纪纲.交往的世界:当代交往理论探索[M].北京:人民出版社,2002:37.

② 哈贝马斯.交往与社会进化[M].张博树,译.重庆:重庆出版社,1989:3.

③ 哈贝马斯.交往行为理论:第1卷[M].曹卫东,译.上海:上海人民出版社,2004:275.

可。交往行为本质上也是一种语言行为。哈贝马斯认为语言的规范是人们在交往中必须遵循的准则，并提出了真实性、正当性和真诚性三项语言规范的要求。他把交往行为看成是"定向于主观际地遵循与相互期望相联系的有效性规范"①。具有真实性、正当性和真诚性的交往行为才能实现有效沟通，交往才能成为具有合理性的社会行为。

此外，哈贝马斯还论述了"生活世界"的殖民化及其主要原因。他从"生活世界"的角度出发，对资本主义社会的弊端和异化交往现象进行了深度揭露，提出了科学技术发展的双重作用，指出科学技术的发展是现代资本主义社会中一切弊端之源。

(二)生活世界是与交往行为共在的基础

哈贝马斯认为，交往行为是通过传播和更新文化知识，使交往主体获得相互理解，发挥着对社会整体化和创造团结互助的功能；交往行为也是为了创造个人独有的特征和本质。因此，社会、文化、个人、政治、道德、理性、正义等一切重大社会问题都离不开交往行为。在交往行为中，行为主体"从他们自己所解释的生活世界的视野，同时论及客观世界、社会世界和主观世界中的事物"②出发，可见，生活世界是与交往行为关联最为密切的世界。哈贝马斯将胡塞尔现象学中的"生活世界"概念引入交往理论，对交往行为进行补充和说明，使"生活世界"由现象学概念转化为社会学概念，也使交往走向社会哲学的范畴。

哈贝马斯认为，人类之所以能够进行交往，主要是因为每个人都拥有，而且在一定程度上是共同拥有一个庞大的由背景资料和知识构建起来的世界，就是"生活世界"。生活世界是社会存在的一个重要基础。哈贝马斯认为生活世界是处于交往活动和交往关系中的人始终置身于其中的社会结构的一个层面。生活世界的结构一般具有文化、社会、个体三个层次，每个层次之间相互联系，形成错综复杂的关系网，使生活世界具有交往职能。哈贝马斯的"生活世界"具有两层含义：(1)生活世界是在交往理性的基础上建构起来的，是文化、社会、个性的结合，是"一种现实的活动的背景"，生活世界不能脱离交往而存在；(2)生活世界的本质是主体间的一种结构，进一步来

---

① 哈贝马斯.交往与社会进化[M].张博树,译.重庆:重庆出版社,1989:121.
② 哈贝马斯.交往行动理论:第 1 卷[M].洪佩郁,蔺青,译.重庆:重庆出版社,1994:135.

讲,"生活世界是言说者和受听者在其中相遇的先验场所;他们能够在其中交互地提出要求,以致他们的表达与世界相互协调;他们能够在其中批判和证实这些有效性要求,排除不一致并取得认同"①,生活世界与交往行为相辅相成,积极参与言说者与受听者之间的相互理解,并内在地构成交往互动的要素。生活世界使主体间的相互理解成为可能。

(三)语言是交往行动的最主要媒介

哈贝马斯认为,交往理性的最直接、最简单的表现就是语言的交流。语言普遍可理解的交流功能本身就是一种最低限度的交往理性的功能。据此,他强调语言是最基本的交往媒介,且作为交往中介的语言并不是独白式的形式语言,而是对话式的日常语言。通过日常语言这个有效手段,主体间的交往行动就可以达到以理解为指向和主体对共处的情境做出一致同意而进行的"交感式活动"。那么,日常语言又是如何形成成功和正常的有效性沟通?哈贝马斯认为,这只有通过参与者在相互作用中达到对他们相互提出的有效性声明的交互主体性肯定,理解才以协调行动的动机起作用。鉴于以往语言哲学仅仅从静态上对语言做逻辑分析的缺陷,他强调应从动态,也就是从语言运用的角度做功能分析。于是,哈贝马斯又提出了作为沟通的一般理论——普遍语用学。所谓"普遍语用学",就是分析说话行为,研究语言的交往职能,探讨说者和听者之间的关系,阐述他们二者如何通过语言达到相互理解和一致。他从普遍语用学角度立论:现代理性必须是一个追问意义的"过程",即人们通过语言的交往活动所达到的一种具体的共识。这种在交往过程中所进行的普遍共识就是一种理性化过程,即交往的理性,这样,"交往"逐渐等同于语言,语言成为人类交往行动最主要的形式。显而易见,在哈贝马斯那里,交往行动变成了人类主体"通过符号协调的相互作用",它是以语言为中介构成的人与人之间的"沟通"。透彻地说,交往已经不是主体之间的客观活动,而是"定向于主观际地遵循与相互期望相联系的有效性规范"②。哈贝马斯正是通过对交往做上述语言学和释义学的诠释,并从经验过程的角度来分析理解过程的超验性,从而确证了交往的社会本

---

① 哈贝马斯.交往行动理论:第 1 卷[M].洪佩郁,蔺青,译.重庆:重庆出版社,1994:136.

② 哈贝马斯.交往行动理论:第 1 卷[M].洪佩郁,蔺青,译.重庆:重庆出版社,1994:198.

体论意义。在他看来,语言更具有普遍性,具有无可回避的、先验的约束性力量。如果说存在的先天性使人的实际生活成为可能,思想的先天性使人的科学知识成为可能,情感的先天性使人的深层交往成为可能,那么,存在、思想、情感的先天性均蕴含于语言的先天性中,正是语言的先天性使人类的文化再生产、社会的交往、社会的整合与进化成为可能。

总的来看,哈贝马斯对交往行为的剖析阐明了"交往合理性"的概念,他把哲学的交往问题实践化、具体化了,构建了在理性基础上的交往理论,即建立互相理解、互相尊重的交往关系等观点。哈贝马斯基于语言互动规范结构的社会交往行动理论,注重的是人与人在话语交流过程中所形成的主体间性,在思想观念、语言符号、道德价值等精神方面的联系,凸显的是主体间的精神沟通、视界融合、道德同情等交往关系,以及在相互承认言语有效性前提下的话语交流形式。这些论述不仅有助于深化对马克思交往理论的理解和把握,而且对于转型时期我国社会发展和社会交往系统的完善有参考价值——启迪我们要深刻地认识社会交往关系的弊端,构建完善的社会交往系统,促进主体间交往关系的良性互动,推进社会建设各个系统全面协调发展。

第三节　马克思与哈贝马斯关于
交往意义域的不同阐释

如前所述,马克思未专门构建以交往为核心范畴的系统的理论体系,而是在阐释社会存在的现实基础及其历史变迁、发展的社会根源时,提出了"交往"的概念,论及交往及其相关问题;而哈贝马斯则把交往作为其哲学研究主题之一,并将它建构为合理化生活世界的支柱、促进社会进化的契机和重建马克思历史唯物主义的理论基石。总的来看,马克思和哈贝马斯不约而同地跳出"纯粹精神"领域,摆脱了以往"唯我论""自我意识"的理性范式,将研究视角和理论视野转向现实生活世界;他们都在历史变革的意义上确认了交往的作用,阐发了微观行为的个人交往与宏观历史的社会交往。由于二者交往理论所阐发和指称的内容和实质是有差别的,因而非常有必要从比较的视角扼要地阐述两者的差异,以更好把握他们交往理论的要义。

一、对交往产生基础的不同阐析

从直观的表层理解,哈贝马斯的理论被称为"交往行为理论",这区别于马克思的"交往理论";但从根本上来看,马克思和哈贝马斯都是基于不同的观察视角和思维方式来阐述各自的交往理论的。

马克思的交往理论是基于生产和再生产的范式,其理论根基是物质生产实践基础,形成了基于物质生产活动的交往思想。他指出:"迄今为止的一切交往都只是在一定条件下个人的交往,而不是作为个人的交往。这些条件可以归结为两点:积累起来的劳动,或者说私有制,以及现实的劳动。如果二者缺一,交往就会停止。"①因此,马克思基于物质生产实践的交往思想,注重的是人与自然的物质变换过程中所形成的人与人之间的生产关系、经济关系、阶级关系以及由此决定的社会关系,展现的是个人与个人、民族与民族、国家与国家之间的物质交往、利益交往和阶级交往关系以及所采取的与之相适应的敌对和统治、贸易和战争等诸种交往方式。

而哈贝马斯是以"语言理性"的范式来解说人的社会行为和人际交往,形成了以语言为本的交往行动理论。他把语言符号互动的沟通模式作为包括劳动在内的人类"普遍行为"和社会进化的背景基础,寻求构建自我发展的一般理论,揭示理解的普遍条件,以及强调语言互动或沟通在范畴和本体论原则上的优先地位,交往在语言方面的平等性、同一性和对话性,以及基于个体发生学的语言交往模式的普遍性、规范性和非历史性。如此来说,哈贝马斯基于语言互动规范结构的社会交往行动理论,注重的是人与人在话语交流过程中所形成的主体间性,在思想观念、语言符号、道德价值等精神方面的联系,凸显的是主体间的精神沟通、视界融合、道德同情等交往关系,以及在相互承认言语有效性前提下的话语交流形式。

尽管哈贝马斯与马克思有理论共识之处,即理想交往的共同体不是玄思或科学预见的产物,而是实践理性的结果,但是哈贝马斯认为,生产力实质上不受控制地盲目增长和发展,只能造成人类与自然、人与人的对立和冲突;生产力和破坏力相互紧密交叉,只能造成传统生活世界的错位以及后传统生活世界的破坏,导致社会进化的一元化中断。因此,理想的交往共同体必须寄希望于一种理想的语言交往规范——交往理性。交往理性凭借主体

---

① 马克思恩格斯选集:第 1 卷[M].北京:人民出版社,2012:127.

间话语交流的往返动力成为社会活动的激活源。所以，不是物质生产力和分工决定着社会的交往和社会的发展。确切地说，在生活世界的符号再生产和生活世界的物质再生产的双重发展中，前者相比较而言更具有决定性的作用。因此，哈贝马斯不赞同马克思把物质交往看成是最基本的交往活动，而认为交往行为作为"意义沟通的行为"，以话语为基本单位，因而人们的言说或交谈才是最基本的交往形式，人们只有通过日常语言才能相互作用，才能达到相互理解这一根本目的。这样哈贝马斯又进而把交往行为从"相互作用"精炼为"言语行为"，把人们广泛的社会交往研究压缩为"运用语言的行为"的研究。

二、对交往实践理解的本质分歧

马克思和哈贝马斯关于交往的立论基础虽然都坚持了实践的基础地位，但"实践"的定义在二者的交往理论中有着本质的区别①。实践观点是马克思理解人、理解社会及其发展的哲学思维方式。实践的思维方式就是从人之为人的自身存在根源去理解人，"从现实的、有生命的个体"的基本生存活动去理解人与人之间的各种社会交往现象及多义属性，在最基本的物质生产活动和广阔历史背景中理解和把握社会的交往现象。而在这个关键点上，哈贝马斯却批评马克思过于把注意力集中在物质生产的实践上，以致忽略了社会主体的规范性结构并非简单地遵循着再生产发展所走的道路，而是有着某种内在的历史；忽略了实践与进化不能完全化约为技术，理论与知识不能完全化约为有目的的或工具性的理性；忽略了人的交往行为或相互作用领域内的理性化过程既不能还原为生产领域中的理性化过程，也并非后者的直接产物。他认为，这种化约的结果，使得"马克思主义社会理论的规范基础方面，从最初起就缺乏某种明晰性"②。哈贝马斯虽然承认马克思关于技术进步是社会发展重要因素这一观点，但他不主张马克思用生产力、生产方式的发展来作为人们的交往、交往形式与交往关系发展的决定性因素。他认为只有与"技术性可用性知识"相区别的"道德—实践类型的知

---

① 该处观点借鉴和吸收了《交往视域中的思想政治教育研究》一文中的论述。详见：闫艳.交往视域中的思想政治教育研究[D].天津：天津师范大学，2008.
② 哈贝马斯.交往行动理论：第1卷[M].洪佩郁，蔺青，译.重庆：重庆出版社，1994：94.

识",才对交往与交往结构有决定性意义。于是,哈贝马斯把交往的发展、社会的进化寄希望于"道德理性"的提高,即与生产力无关的"学习机制"上。就这个论点来看,哈贝马斯似乎又跌入了唯心主义泥潭。

哈贝马斯放弃了马克思关于主客体意蕴的二元对立的意识哲学前提,仅仅把握住时代的脉搏,适应语言哲学转向潮流,把语言哲学作为自己的出发点,从关注社会实践转而关注语言实践。哈贝马斯的批判实践和批判结果与马克思并无根本差别,都是想实现人的彻底解放。只是马克思的批判目的是要实现共产主义社会,把人类从生产实践中解放出来,使人真正成为人;哈贝马斯的批判目的则是要建立一个靠语言实践支撑着的交往社会,使人在语言交往中达到解放。社会、文化、个人、政治、道德和理性以及一切至关重要的社会问题都可以在人们日常话语的交往结构中得到解释,现实与批判、理性与实践、社会与进化、理解与解放交织并统一于对话的合理重建中。

三、对精神交往认识的显著区分

哈贝马斯把精神交往从整个交往活动中孤立出来进行研究,这就决定了他不可能科学地把握精神交往的实质,也不可能恰如其分地评估精神交往在社会生活中的作用。如前所述,哈贝马斯所说的交往行动,指的是人们以语言为媒介进行的旨在达成理解和共识的对话活动,大体上相当于马克思所说的精神交往。其实,在这一层面上探讨主体间的交往活动有其合理性。然而,哈贝马斯把精神交往作为首要的和基本的社会行动来研究,势必走向历史唯物主义的反面。他坦言,"我把达到理解为目的的行动看做是最根本的……其他形式的社会行为——例如冲突、竞争、通常意义上的战略行为——统统是以达到理解为目标的行为的衍生物"[①]。与此相反,马克思一再强调,个人的行动或活动虽多种多样,但是,"这种活动的基本形式当然是物质活动,一切其他的活动,如精神活动、政治活动、宗教活动等取决于它"[②]。也就是说,马克思把物质生产看成是精神生产、人自身的生产以及全部社会交往的物质基础,认为精神交往不仅直接为物质生产和精神生产所制约,而且也不能脱离物质交往而独立存在。这一点在《德意志意识形

① 哈贝马斯.交往与社会进化[M].张博树,译.重庆:重庆出版社,1989:1.
② 马克思恩格斯选集:第1卷[M].北京:人民出版社,2012:123.

态》中有明确的阐述："思想、观念、意识的生产最初是直接与人们的物质活动，与人们的物质交往，与现实生活的语言交织在一起的。人们的想象、思维、精神交往在这里还是人们物质行动的直接产物。"①

此外，哈贝马斯揭示了现代社会交往中的非合理性，诸如"曲解性交往"或"伪交往"，这与马克思的"被迫交往"的论述在某种意义上是基本相一致的。但在如何消除交往的扭曲性并走向交往的合理化问题上，哈贝马斯与马克思的观点则明显不同。马克思坚持认为，只有发展生产力，消灭私有制和旧的分工、消灭旧的生产方式与旧的交往方式，才能消灭产生"被迫交往"的物质根源，使交往走向合理化。而哈贝马斯则认为，交往以理解为目的，而理解又是为了"亲善"，因而只要充分发展作为"交往的生产力"的"道德意识"，在交往中倾注"我们的同情"，就可以使交往理性化；而这关键还在于改善对话环境，选择恰当的语言进行交流，因为语言是"为建立和改善人际关系服务的"——只有让人们在无任何拘束、无任何压力的情况下"自由对话"，才可以消除彼此间的误解和冲突，达到人与人的"理解和团结""谅解与宽容"②。

从社会历史的发展看，当人类社会从群体本位经由个体本位转向类本位时，从必然王国走向自由王国时，面临着如何把个人主体提高到类主体，如何形成在实践基础上的人与人之间的意识沟通和共识，并由此克服人与自然、人与他人、人与社会的异化力量，实现人的类意识和类存在的问题。因此，无论从理论上还是从当下现实的角度考量及检视，马克思交往理论和哈贝马斯以主体间性为核心的交往理论都是有参考意义的。哈贝马斯交往行为理论虽然意涵丰富而深邃，方法论框架完整而缜密，机理严密，横跨多个学科，涉及科学技术、道德规范、语言等问题的结论，但与马克思交往理论相比而言，至多是一种微观化的交往理论。不过，鉴于哈贝马斯建立在理性基础之上的交往行为理论鲜明地提出了理性、理解、生活世界等观点，对本研究的青少年非主流行为文化研究具有直接的启迪意义和实践价值。

---

① 马克思恩格斯选集：第1卷[M].北京：人民出版社，2012：72.
② 哈贝马斯.交往与生产[J].哲学译丛，1992(6)：13.

第四节　当代交往视域的新趋向

当代经济社会的深刻发展,必然导致社会关系和社会结构呈现异常复杂的样态。如今已然形成意蕴丰富、结构复杂的交往视域,既广泛联系,又相对差异。因此,有必要立足于当代的新境遇,透过纷繁复杂现代交往视域的表象,把握时代特征,深化对交往本质的理解。

一、交往新时空:全球化

自20世纪80年代以来,全球化成为描述人类社会发展现状和未来发展状态的一个基本概念。全球化是人类生产力发展和交往不断深化的必然结果,这是世界性交往活动发展的历史新阶段。事实上,早在19世纪中叶,马克思对全球化及其现实意义有深刻分析和科学预见。马克思面对当时社会资本主义大工业的发展态势,从交往的整体逻辑和方法出发,阐明了"世界历史"的理论,认为人类交往、全球化和世界历史之间存在内在相关性。人类交往的扩展使经济、政治、文化等发展突破了地域和时空的限制,使全球化发展成为可能。交往和全球化又共同推动世界历史的形成,使地域性交往转向普遍性交往,彰显出世界历史发展与全球化进程在人类社会历史发展过程中的同一性,也深刻预见了人类社会向世界历史转变的必然性。所以,自资本主义文明以降,个人不再是狭隘的地域性存在,而成为"世界历史性的、真正普遍的"个人;个人活动不再是孤立的、疏离的,而是扩大为世界历史性的共同活动;人类交往不再局限于民族国家的限制,而是开创了世界交往和普遍交往的新纪元。从此,人类交往的力量成为真正的、普遍性的力量参与到社会发展的进程中。从一定意义上说,全球化交往不仅是交往的现代性视域,也是人类主体性发展的确证和表征。

英国著名学者安东尼·吉登斯是用"时空分延"这个核心范式阐析全球化理论。他精彩地论述道,全球化"使在场和缺场纠缠在一起,让远距离的社会事件和社会关系与地方性的场景交织在一起"①。这一观点与马克思

---

① 安东尼·吉登斯.现代性与自我认同:现代晚期的自我与社会[M].赵旭东,方文,王铭铭,译.北京:生活·读书·新知三联书店,1998:23.

的宏阔的时代发展视角殊途同归，对于全球化的发展趋势和历史向世界历史的转变进程，得出的符合历史事实和历史规律的论述是一致的。全球化交往是交往发展的客观趋势和必然经历的历史进程，是交往范围的全球性蔓延和扩展，标志着人类社会跨越国家、民族和地区界限展开的全方位的沟通、联系和相互影响。全球化的直接目的是发展，不仅是某一国家和地区的发展，更是惠及每一个国家和地区的共同进步与发展。在现代信息网络技术助力下，全球化开创了人类社会交往的新时代，使交往产生了革命性的变迁。交往的速度极度提升，实现了同步的、零距离的空间交往，交往的范围普及全球各个角落。"全球村"已成为现实，地球上的每个人都处于直接或间接的交往状态中，直接或间接地进行对话、交流和沟通。"命运共同体""全球社区""全球责任""全球治理"等新词汇开始高频度出现。当然，全球化时代人类所面对的生存困境和发展挑战也是共同性的。

全球化交往视域下，人类的交往主体、交往内容、交往范式、交往手段等都出现了不同于以往的交往状况。全球化交往中的人，不再是单子式、疏离存在的主体，而是以开放式、共在或共生的主体存在，从孤立的个人转向合作的共同体人。全球化交往既包含个体与个体、个体与群体之间，同时也包括社会集团间、不同地域间、不同国家间、不同民族间、不同历史间的跨时空交往，交往主体呈现多元特点。每一个交往的主体都是联通全球化交往关系的关键节点，主体间存在着直接或间接、横向或纵向的联系，发生着交互作用。每一个交往的主体也都可能是推动交往活动持续发展的动力源，不断产生新的交往活动和新的交往关系，使交往呈现出全方位、立体化的网络结构。全球化交往密切了国家之间、民族之间、地区之间的交往，随着交往形式的多样化人们也不断加强相互之间的联系和交往。全球化交往提高了交往质量，使人的主体意识获得极大增强，主观能动作用得到更加充分发挥。因此，全球化为人的发展提供了新机遇，创造了新条件；全球化交往创造了促进人的发展的新视域。

二、交往新形态：虚拟交往

交往与交往方式与人类历史进程同步发展，尤其是现代科学技术的迅猛发展，加速推动了社会历史的演进，交往的形式和状态也随之发生翻天覆地的变化，呈现出新的形态特征。

当代互联网既作为人类创造的工具、应用系统，也作为当代社会生产和交往的重要介体拓展了人类社会生活,"真正让世界变成了地球村,让国际社会越来越成为你中有我、我中有你的命运共同体"①。在人类传统生存方式基础上和现实交往空间中产生了新的交往形态——虚拟交往。这种交往形态迅速成为人类交往实践的重要内容。虚拟交往的出现使人类的交往实践呈现现实与虚拟共在的整体形态。

在虚拟交往空间,无论是交往的客体即信息,还是交往媒介与交往生成的环境等都是虚拟的。虚拟空间是对现实空间的延伸和拓展,虚拟交往给人们的交往活动提供了新的选择,赋予了新的手段,但虚拟交往的目的是丰富和完善现实世界。虚拟生存的出现使人们在现实与虚拟的两种生存方式交织而成的背景下学习、工作、娱乐等,人类的交往关系、交往活动也必然具有现实性和虚拟性的双重特征。

虚拟交往形态,既包括由于网络的推广而形成的生产、生活方式的虚拟化,也包含由于虚拟现实技术带来的"虚幻真实"感受。当代科学技术革命所提供的大数据、高速度的现代化工具使人们冲破了地域的阻碍,人们的交往实践活动不再局限于现实的交往空间,越来越多的人卷入虚拟交往空间之中。虚拟交往空间不是一种独立的社会交往空间,而是现实的交往空间的延伸和拓展,即虚拟交往与现实交往是共同存在的。需要指出的是,虚拟交往是一种符号的交往,交往主体的真实身份、在现实生活中的社会地位,甚至性别、年龄等诸多实际信息都可以是隐匿的、虚拟的。这种虚拟的特征源于人们对现实交往的期望或虚化,根据自己的主观想象、期待和愿望虚拟"自我";也正是由于虚拟性,广泛、自由、平等的交往在虚拟空间中得以实现。

其一,虚拟交往是一种真正的普遍性交往。现实交往受到时空的制约,交往对象是在有限时间和空间内有着一定联系、存在于某种特定交往圈中的人,其在范围和数量上都是有限的。而在虚拟交往中,人与人之间的交往实践活动没有时间、空间、地域的限制,也没有现实交往规则的束缚,实现了交往范围的最广泛化、交往的无限制化,是真正意义上的普遍性交往;交往主体之间的距离甚至为零,真正实现了"天涯若比邻";人们自由进入不同的交往圈而互相交流,交往圈不断增大,逐渐建立起纵横交错的交往关系,这种庞大的交往关系构成普遍性联系。

---

① 习近平致首届世界互联网大会贺词[N].人民日报,2014-11-20(01).

其二,虚拟交往是一种真正的平等性交往。虚拟交往中的主体既可以是单独的个体的人,也可以是群体的集合,主体间关系是虚拟空间中"点对点"的关系。虚拟交往的平等性特征既指交往主体可能存在的虚拟身份或角色的平等,更重要的是指交往主体心态的平等性。现实交往中,无论怎样去创造交往的条件,交往主体还是会因为社会地位、社会关系等因素的客观存在,难以实现交往心态的真正平等。而在虚拟交往中,身份和角色的虚拟性消除了原本存在的身份、地位等方面的差异,交往主体之间的互动关系不受地位、角色、分工等社会性特征的限制,交往主体以前所未有的平等心态进行交往,彼此承认对方的自主性、能动性和自觉性。

其三,虚拟交往是一种真正的主体间性交往。虚拟交往之所以不同于现实交往,就是交往主体性在虚拟空间中被无限地放大了,使交往真正成为一种个性化的交往。在虚拟交往活动中,每个人都是主体,彼此间建立主体间关系,是一种彰显人的主体性特征的共同体活动;人们可以充分表达自己的所思所想所愿,更容易获得一种精神上的满足。这种主体间性关系是一种"共在"关系,是在彼此承认主体身份的前提下的一种和谐互动的交往关系,是一种生成性共在。这种主体间相互认同的交往范式实现了个人自我与社群之间共生互动、双赢发展的新视界。

总之,尽管当代交往呈现新的变化和新的特性,但交往仍是人生存和发展的基本方式。交往活动是实践属性的过程。马克思认为,社会生活在本质上是实践的,人类改造自然和改造自身的一切活动都是实践的;实践是体现人的"类特性"的一种活动,只有在人与自然、人与人的双重关系中才能展开,也就是说,实践的本质是在交往过程中展开的。现实、感性的人既是实践的主体也是交往的主体,实践的过程不能脱离人与自然、人与人之间的交往关系而独立存在,离开人的交往也就无所谓实践。所以,"实践概念,可以说就是交往行为"①。交往活动是一个合目的的过程。交往活动是在一定的社会历史背景下,主体通过所从事的具体活动不断创造社会关系,在交往中实现自己的本质。从活动的本质来看,交往活动是主客体相互作用和主体间相互联系的具体方式。人是交往活动的主体,交往活动反映了主体的需要、愿望和目的。人也是交往的对象,人的生存和发展的过程就是通过活

---

① 哈贝马斯.交往行为理论:第1卷[M].曹卫东,译.上海:上海人民出版社,2004:345.

动将自己的特性和力量在对象身上外化的过程,交往活动把主体和对象联系起来,也使主体在交往中相互认同、相互依赖、相互转化和相互实现。主体间的活动和行为能力在交往中得到交换,个体理智和感情在交往中相互影响、相互作用,最终实现相互理解。

第二章 青少年非主流行为文化的理论审视

我国已进入对美好生活向往日益增长的新时代,第六代青少年群体正式登上时代的舞台。然而,近年来青少年群体中的非主流行为文化现象如万花筒般花样百出,引起社会各阶层关注,誉毁之声交织,使人难以领会其要领。因此,要深入把握青少年非主流行为文化现象,须有理论上的自觉和清醒,廓清青少年非主流行为文化的内涵及形态特征,把握其实质,才有实践上正确的因应之策。这是本研究的理论前提和逻辑起点。

第一节 "青少年非主流行为文化"释义

在"青少年非主流行为文化"这个核心概念中,包含"青少年""非主流""行为文化"这三个子概念。要准确界说"青少年非主流行为文化"的内涵,须从厘清这些相关子概念着手。

一、青少年

2010 年第六次人口普查数据显示,中国 15～34 岁人口超过 4.25 亿人,在总人口中所占比重为 31.92%。有学者认为我国已进入第六代青年群体阶段。[①] 值得注意的是,这个人口界定中是将 15～34 岁年龄段人口划为青年期。那么这个"青年期"划分是否与本论题的"青少年"有重合或包含关系? 基于此,有必要就什么是"青少年"这个基础性问题进行阐释。

今天看来,"青少年"是一个毫无新奇感的常用词,但"青年"和"青少年"

---

① 张翼.中国青年人口的基本特征及其面临的主要问题:基于"第六次人口普查"数据的分析[J].江苏社会科学,2012(05):5.

是近现代才正式确立的概念①。青少年作为一个年龄阶层、一个社会类别，出现于 19 世纪末 20 世纪初。法国历史学家菲利普·阿里耶斯（Philippe Ariés）对历史的语源学进行考察，提出 18 世纪前人们还没有我们今天称之为青春期（adolescence）的观念，那时尚未明晰地区分"童年"（childhood）、"青少年"（adolescent）、"青年"（youth）②。"青年"作为群体在政治和社会上发挥自己的力量与工业化分不开。美国约翰·吉利斯（John R. Gillis）等学者的研究表明，政治学和社会学意义上的"青年"概念出现在 19 世纪 70 年代以后。1899 年，美国伊利诺伊州设立青少年法庭，由此迈开了人们将青春期看作生命中一个独立阶段的关键一步。1904 年，发展心理学家斯坦利·霍尔（Granville Stanley Hall）的《青春期：它的心理学及其与生理学、人类学、社会学、性、犯罪、宗教和教育的关系》（*Adolescence：Its Psychology and Its Relative to Physiology，Anthropology，Sociology，Sex，Crime，Religion and Education*）出版，为人类重新认识青少年必经的特殊的生理和心理阶段提供了里程碑式的解释，他指出学校应该让青年人在青春期获得最完美的发展，教育者应该从心灵深处点燃青春之火，青春期应受到同情、欣赏和尊重。霍尔的青春期理论，在心理学、社会学、大众传媒等领域掀起了关注青少年问题的热潮。

从词源上看，"青少年"的英文单词是 adolescence，该词源于拉丁语 *adolescere*，其含义是"发育、成长、长为成年人"③，意指从成长到成熟。所谓青少年，是指"从结束'依赖性'的儿童期迈向'独立性'的成年期之间的一段过渡时期"④。青少年时期是个体社会化过程中的一个重要时期，在这一时期，青少年的主要任务是学习他们未来的社会角色，即完成"预期社会化"。青少年时期处在儿童时期和成年时期之间，青少年的生理渐趋成熟，心理尚未完全成熟，可塑性较强。作为个体成长过程中介于儿童期和成年期之间的一个重要时期，青少年时期在生理、智能、情绪、社会与人格等各方面都具有不同于其他时期的独特特点，在生理和心理上都发生着剧烈的变化，处于

---

① 万美容.青年学概论[M].北京：中国人民大学出版社，2016：18.

② Philippe A，Centuries of childhood：a social history of Damily life[M]. translated from French，by Robert Baldick，New York：Random House Inc，1962：29.

③ 何先友.青少年发展与教育心理学[M].2 版.北京：高等教育出版社，2016：4.

④ 王焕深，柯华葳.青少年心理学[M].台北：心理出版社，2000：2.

明显的社会化状态；这一时期是青少年提升获得新的社会地位、扮演新的角色的能力的重要阶段，他们面临着巨大的压力和适应问题；其人际关系的发展开始从家庭走向同伴群体，并且通过同伴群体间的互动创造着特有的青少年文化，在行为方式、人生理想、价值取向、思维方式、生活观念等方面，都与成人有着比较大的差异，且常常以其叛逆性、不安定性甚至破坏性给社会带来各种各样的问题。

另一个与"青少年"含义近似的英文单词是 teenager。teenager 的概念在 20 世纪 50 年代的美国社会才开始被使用和讨论，由于当时美国青少年现象被问题化，引起全社会关注和忧心忡忡，这个概念的形成是与当时社会发展进程相关联的。在很多场合，人们使用"青少年"这一概念时，叙述者其实不只是在叙述一种社会存在，很多时候有意无意地在涉及一种社会问题，暗含着青少年本身的社会指向。因为作为一个年龄阶层或一种社会类别，青少年的思想行为常常被居于支配地位的成人视为社会问题化，这种态度和取向具有普遍性。特别是 20 世纪六七十年代，受那时欧美社会运动的波及，有关青少年的社会问题是欧美各国社会热议的话题，社会学、心理学、人类学等许多社会科学研究者纷纷介入。

对于中国学界而言，"青少年"和"青年"是舶来的概念。我国的"青年""青少年"同样也是随着近代以降的一系列社会变迁，同时受到西方近现代文化影响而产生的，可以说与其他各国的"青年""青少年"有着共通的时代特性。我国最初的青少年阶层是随着近代教育的产生、发展而出现的学生群体。随着近代西方社会科学知识以及教育体制的引入，"儿童或少年期""青年期"的观念由知识分子从西方引入中国，开始为人们所认知，同时青少年也逐渐从家庭和传统共同体中剥离出来，来到新式的学校，来到城市，一个以学生为主体的青少年阶层开始形成。其后，随着近代产业工人队伍的发展，青少年作为一个社会类别在我国社会中逐渐获得其相应的地位和角色身份。作为一个角色类别，从梁启超的"少年"到新文化运动和五四运动期间的"新青年""五四青年"，一直到 20 世纪六七十年代的"革命青年"，在很长的历史时期内，"青年"一直是中国的青少年被期待、被要求的一个最主要的角色。20 世纪 80 年代以来，传统意义上的"青年"概念在中国渐渐被"青少年""现代青年"等概念取代。到今天，虽然"青年"概念在一些场合依然被使用，但作为一个自近代开始形成的特殊的角色类别，"青年"已经失去了曾有的意义，对青少年也不再具有以往那样的整合力。

事实上,人们通常将"青少年"(teenager)、"青年"(youth,adolescence)这几个概念视为同一种存在的不同表述,或者认为"青少年"较之"青年"更为年轻些,即包括"青年"与"少年"两个年龄阶层。在这些概念以外,"青春期"、"青年期"(adolescence)概念也为生理学、心理学的研究者广为使用。而学界一般都倾向于认为,"青年"即是处于"青春期""青年期"阶段的青少年。"青少年"作为一种社会存在,不单单是年龄段划分的概念,而且还包含丰富的社会的、政治的、文化的含义,进而被诸多学科研究和探讨,具有社会发展和学科发展的必然性和普遍性。

青少年自身的可变性,加之各国的社会要求和发展状况不同,使得世界各国难以在青少年的年龄界定问题上达到统一标准。我国心理学界一般把青少年期界定为十一二至十七八岁这一发展时期,相当于中学这个阶段①。而我国社会学界根据我国的实际情况,一般将青少年的年龄界定为 14～34岁,本研究也是以此界定为主要依据。

二、青少年文化

从一般意义上讲,人是文化的主体,人创造了文化,即人类在满足自身需要的对象性活动中创造了多样的文化形式。文化同样塑造了人,人通过文化教育或文化创造活动获得社会素质、社会适应能力,实现其社会化,即"文化提供了物质与符号工具。人类正是通过文化适应所处的生态环境和社会环境,建构关于世界与自我的概念"②。美国文化人类学家格尔茨认为:文化是"使用各种符号来表达的一套世代相传的概念,人们凭借这些符号可以交流、延续并发展他们有关生活的知识和对生活的态度"③。与此同时,青少年群体本身就是一种社会文化现象,是在特定的社会文化条件下产生的。借助于社会文化,青少年能够获得社会经验、知识技能和社会规范,从而实现其道德、政治社会化。在不同的文化环境中,青少年获得了不同的认识方式、生活方式和人生追求。在全球化和跨文化环境下,青少年成长更为复杂多元。

青少年群体从登上社会历史舞台起,就不断进行文化探索与创造。青

---

① 何先友.青少年发展与教育心理学[M].2 版.高等教育出版社,2016:5.
② 孟维杰.心理学文化品性[M].哈尔滨:黑龙江大学出版社,2007:57.
③ 克利福德·格尔茨.文化的解释[M].韩莉,译.南京:译林出版社,2014:17.

少年在社会实践的基础上,通过创造文化来表现和认识自身,积累社会文化经验,展示自身的力量。在这一过程中,青少年创造了不同于上一代的行为和价值模式,从而推动社会文化的发展。从全球范围来看,青少年借助信息和通信技术所创造的文化形式,不仅极大地改变了全球文化的状况,而且实现了两代人之间的双向社会化,呈现出美国文化人类学家玛格丽特·米德所提出的"前喻文化"与"后喻文化"的良性互动现象。文化塑造着青少年,青少年也创造了文化。青少年的这种文化创造,集中体现为青少年文化。"青少年文化"可以理解为"青年文化",主要指的是青少年这个年龄阶层的文化。这里的"青少年文化"概念对应于英文中的 youth culture,"青少年问题"对应于英文中的 problem of youth,主要是出于多数人对概念的使用习惯的考虑。

青少年文化是青少年群体中存在的或通过青少年群体表现出来的社会文化现象,但对于如何区分青少年文化和一般社会文化、如何认识青少年文化的特性,仍存在着不同的观点。就目前西方学界而言,芝加哥学派、伯明翰文化研究中心以及他们文化批评家所讲的青少年文化各不相同。我国的情况也大致如此,在不同的语境中,人们所说的青少年文化有很大的差异。总体上讲,我国的青少年文化是整个社会文化系统中的一种特殊文化现象,是具有鲜明时代特征和青少年特点的价值和认知体系,是社会主流文化的重要组成部分。它们"体现着青少年对政治、经济、社会和文化现象与问题的认知与态度,承载着青少年的生活感受、价值观念、社会态度和行为意识"[①]。

西方学者所提出的青少年文化理论,主要有青年亚文化说、越轨或问题文化说、过渡期文化说、建构性文化说和时尚或消费文化说等。青少年文化是青年亚文化,即 youth culture,等于 youth subculture(亚文化或次文化),是比较经典也比较常见的观点。这是由伯明翰文化研究中心的学者们提出的。在《通过仪式反抗》(*Resistance Through Rituals*)一书中,约翰·克拉克、斯图尔特·霍尔等借助马克思主义的阶级分析理论和葛兰西的文化领导权理论,认为在一个复杂的社会中,占统治地位的文化并不是一个霸权结构,不同年龄、性别、种族、阶级、地域的都可能形成特殊的团体,这些或松散或紧密的小团体为了解决其所面临的问题,形成自己的、可辨识的、有别于

---

① 陆玉林.当代中国青年文化研究[M].北京:人民出版社,2009:10.

占统治地位文化的亚文化。当这些小团体文化以年龄或代际而结成时,就可以说是"青年(亚)文化"、越轨或问题文化。这种文化理论出现在伯明翰文化研究中心的青年亚文化理论之前,是美国芝加哥学派所提出的,但从理论逻辑上讲,可以视为一般意义上的青年亚文化理论组成部分。青少年文化是过渡期文化的观点,是从代际角度研究青年文化的学者所强调的非常有影响的主张。其理论基础是曼海姆等人的代际理论、帕森斯等人的社会功能理论和心理学的成长理论,这些理论认为青少年处于一个不确定的成长时期,需要不断向成人社会学习以适应和融入社会秩序。青少年文化,就是青少年在学习和成长过程中不成熟性的产物。建构性文化说认为,青少年文化就是过渡期文化的变种。这种主张同样认为青少年处在过渡时期,同时内源于现代性或者说剧烈的社会变迁带来了青少年危机,表现为社会心理失常、身份认同迷茫、酗酒、吸毒及犯罪率上升等;青少年文化一方面构建起通向独立的成人世界的桥梁,另一方面则使青少年能够获致身份、角色和群体的认同。时尚或消费文化说强调青少年文化的时尚性、消费性、享受性,认为这是青少年文化区别于主导文化或成人文化的主要特征。

西方学者提出的各种观点,是基于西方不同时期的青年文化现象,具有西方性、地域性、历史性等特定立场。这些观点虽然能够提供有益的借鉴和参照,但不能完全借用或"拿来"。我国的青少年和青少年文化发生、发展过程有其特殊性,具有特定的文化和社会结构背景;青少年文化和社会主导文化的关系也不同于西方,看待和处理青少年和青少年文化的方式也应该有差异。因此,应当基于对当代中国的青少年文化现象的研究,提出适合中国青少年文化发展状况以及需要的内涵界定。

青少年文化的界定,应当充分考虑社会结构和社会变迁,即空间和时间的双重因素,同时要从它与主流文化、大众流行文化的互动关系来分析。基于此,青少年文化是相对独立于主流文化和大众文化的、青少年群体中所特有的、为青少年所分享的社会文化现象。相对独立于主流文化和大众文化,一方面是指相对独立于主流意识形态,即与主流意识形态在内容或表现形式方面并不完全相同;另一方面是指有别于大众流行文化。青少年群体所特有的,包括形式与意义两个方面——或者是形式上为青少年群体所特有,或者是在形式上为社会或某些地域、阶层的人所共有但对青少年则有不同的意义。为青少年所分享的,主要是指这种文化现象在青少年中大范围或小范围地普遍存在,而且对青少年群体形成了某种制约力,即如果不按此行事或欣赏此事,则会在一定范围内被边缘化,如杀马特文化。

需要特别说明的是青少年文化与主流意识形态的关系。青少年文化相对独立于主流意识形态,并不是完全否定青少年文化是主流文化的一部分。事实上,从改革开放以来我国青少年文化的发展情况来看,青少年文化是主流文化中最有生机和活力的一部分。青少年文化既有被主流意识形态所肯定的,也有被主流意识形态所吸纳的。青少年文化也并没有与主流意识形态形成完全对抗和冲突的关系。但是,青少年文化有自己的表现形式和体现青少年特性的内容,与主流意识形态并不完全一致。毛泽东同志曾讲:"青少年就是要多玩一点,要多娱乐一点,要跳跳蹦蹦,不然他们就不高兴。以后还要恋爱、结婚。这些都和成年人不同。"①青少年文化就是体现了青年的这种特性,而有自身的表现形式和内容。青少年的交往文化、服饰文化、娱乐文化,在内容上实际也与成人文化和主流意识形态文化有明显差异。

总的来看,青少年文化形式和内容的多样性、变异性、活泼性和前卫性,都与主流意识形态主导下的主流文化有所不同。当然,青少年文化因其多样性和多元性,在特定的历史时期和特定的条件下,也存在着与主流意识形态相矛盾或冲突的情况。

三、青少年行为文化

要分析"青少年行为文化"这个概念,须先厘清"行为"的概念。"行为"在不同学科中有不同的界定。哲学化的含义指出,行为是指受思想支配而表现出来的外表活动。心理学对此有描述性定义:行为对外界环境产生影响,包括自然环境和社会环境(别人或我们自己)②。而社会学则认为:行为是指举止行动,是人类在生活中表现出来的生活态度及具体的生活方式,它是在一定的物质条件下,不同的个人或群体在社会文化制度、个人价值观念的影响下,在生活中表现出来的基本特征,或对内外环境因素刺激所做出的能动反应。上述无论哪一种解释,都表明了人的行为就是人的活动和反应,而且行为可以表现为人的活动或实践的方方面面;行为可以是公开的,也可

---

① 毛泽东文集:第6卷[M].北京:人民出版社,1999:246.
② MILTENBERGER RG.行为矫正:原理与方法[M].石林,等译.北京:中国轻工业出版社,2004:2.

以是隐蔽的,但行为的过程和结果必然对周边环境产生影响。

那么,行为文化必然是主体行为的实践及其表现。"行为文化是指一定社会角色的行为本身或者是通过行为在长期的社会实践中表现出来,反映这一角色的社会心理、思维方式、思想观念和风俗习惯等的文化形态。"[1]由此进一步推导出,青少年行为文化主要是指部分青少年群体通过其行为本身以及他们在学习、生活、交际、娱乐和网络空间等活动中表现出来的,反映青少年部分群体特有的行为方式、心理活动、思维方式、思想观念和生活习惯等的文化形态。

四、青少年非主流行为文化

"非主流文化"是"青少年非主流行为文化"这个范畴的关键概念,直接决定了其文化形式的形态、特质和性质,因而有必要专门阐释何谓"非主流文化"。

(一)"非主流文化"解析

"非主流"(non-mainstream)一词最早见诸媒体报道,然后逐渐进入学术话语圈。关于"非主流"一词的起源,尚无绝对权威的阐释,可供考证的学术资料也不全面。有学者研究指出,"非主流"这个概念现有两种说法:一说是来自日本的词汇[2];另一说则认为非主流是主流的否定式和逆向思维,不盲目跟从主流,另类、个性。从这个角度出发,"非主流"是相对于"主流"而存在的概念,指不属于主流的事物,处于"次或亚"的地位,类似英语的"sub"。

"非主流文化"(non-mainstream culture)一词在国内学术界的出现约起始于20世纪末,起初使用的领域几乎都是在校园文化的体系之内。早期的研究者认为非主流文化是"校园文化的一种变异的表达"。[3] 后来有学者把黄色文化、灰色文化、黑色文化纳入非主流文化的范畴。[4] 近几年来,研

---

① 侯菊英,李应春.抵制大学生行为文化低俗化的对策思考[J].辽宁医学院学报(社会科学版),2013(08):87.

② 日本的《东京热》(Tokyo Hot)是日本最大的一家 AV 电影电视台,据说是非主流的发源地。

③ 李振远.校园非主流文化:变异的表达[J].青年研究,1994(3):16.

④ 陶国富,赵鑫.非主流文化冲击波对大学生的影响与思考[J].青年探索,2001(4):32.

究者几乎不约而同地把课桌文化、寝室文化、网络文化、拇指文化、厕所文化、广告文化等一些偏离或背离于学校倡导的文化形式认定为非主流文化。从这个角度出发，所谓非主流文化，就是反映与主流社会要求和期待不一致或期待之外的文化类型，主要还是青少年群体中的文化样态。

相对于"文化"上位范畴中的其他词汇来说，"非主流文化"属于新生事物。因此，在目前的学术研究中，把"非主流文化"与"亚文化""时尚文化""流行文化"混用的现象屡见不鲜。① 在这里有必要对与此相关的概念做简要的辨析，准确把握其内涵。

其一，非主流文化与主流文化。首先，最显著的区别在于价值倾向上。主流文化代表社会的主流价值观；非主流文化代表一部分群体的价值观，甚至与主流文化相反或对立，是对社会主流价值观的一种反叛或颠覆。其次，在社会地位上，主流文化在社会上占主导地位，在阶级社会里，主流文化就是统治阶级的文化；而非主流文化则属于特定阶层，居于从属、次要的地位。最后，在接受对象上，主流文化是为社会多数人所接受的文化；而非主流文化则是部分社会成员或某些群体的文化，并不为所有社会成员接受。

其二，非主流文化与流行文化。从社会现实来看，很多非主流文化经过当代青少年的广泛传播和沉迷追随，表面上看似乎演变成了一种流行文化，但二者在本质上存在较大的差别。第一，价值倾向不同。非主流文化的行为主体在主观意愿上是与社会的主流价值观相背离的，流行文化的发起者则是追随社会的主流价值观并希望得到社会认可的。第二，行为主体不同。非主流文化的践行者往往是部分成员或群体，多是青少年；流行文化的追求者却可能遍及社会的各个阶层和各个年龄段。第三，追求目标不同。非主流文化试图通过标新立异和叛逆另类的方式以彰显特立独行的个性；流行文化则更趋向于以新奇和时尚吸引大众，为更多人所接受，从而达到真正意义上的流行。

其三，非主流文化与亚文化。"非主流文化"与"亚文化"是学界经常混用的一对概念，它们有诸多相似之处。如两者都是相对于主流文化而言的，是对主流文化的补充；在社会文化系统中都处于次要、从属地位；皆为社会上一部分社会成员所接受或某一社会群体所特有。从这些方面来看，非主流文化和亚文化具有相同的指向性，两者可以通用。但如果深入研究，不难

① 吴海云.当代大学生非主流行为文化研究[D].赣州：江西理工大学,2010.

发现二者之间存在着微妙的差异。第一,区分标准不同。"亚文化是指一个社群的、地区的或社会的某一群体所持有的足以区别于其他文化或社会的行为特性,这些特性可能包括年龄、种群、地区或职业等方面。"①而非主流文化则是从行为方式和价值取向的角度与主流文化相异或相反。 第二,研究内容不同。亚文化的研究涵盖面非常广泛,包括青年亚文化、民族亚文化、区域亚文化、职业亚文化、越轨亚文化、犯罪亚文化等等;非主流文化的涉及面相对较窄,如目前的研究多数是从狭义的非主流文化即非主流精神文化的角度展开的。因此,本研究着眼于在行为文化层面上探讨非主流文化,亦即与主流行为文化不一致的文化形态。

(二)"青少年非主流行为文化"的界定

通过对上述相关概念的梳理和解析,本书认为,所谓"青少年非主流行为文化",是指部分青少年群体在日常生活、人际交往、娱乐活动以及网络空间活动中直接或间接反映出来的与社会、学校等所倡导和期望的行为、态度、价值有所偏差甚至是对立的诸多行为方式的总和。②

相对于主流行为文化来说,非主流行为文化既可能具有超前性和进步性,对主流文化的发展起到推陈出新的作用;也可能滞后于主流文化的发展,表现出落后消极的一面,需要主流文化的扬弃和引导。需要注意两个方面的问题。一是先进的非主流行为文化不能等同于主流文化。从具有超前性的非主流行为文化中也许可以预见主流文化将来的发展方向,但它并不代表主流文化的发展轨迹。二是落后的非主流行为文化也不等同于反文化。"反文化是一种从根本上与社会主导文化相对立的亚文化。"③反文化可以说是对主流文化的根本否定与背离;而非主流文化虽然偏离了主流文化的发展轨道,却并没有从根本上背弃主流文化。④

在理论研究和实际生活中,还应该注意区分"非主流行为文化"与"行为艺术"的区别。"行为艺术(Performance Art),也称行动艺术、身体艺术、表演艺术等,它是在以艺术家运用自己的身体为基本材料的行为表演过程中,

---

① HOWARD PC. The age of the bachelor: creating an American subculture[M]. Princeton: Princeton University Press,1999:11,21.

② 吴学兵,吴海云.大学生非主流行为文化的本质意蕴[J].渤海大学学报,2012(6):125.

③ 张敦福.现代社会学教程[M].北京:高等教育出版社,2001:94.

④ 吴海云.当代大学生非主流行为文化研究[D].赣州:江西理工大学,2010.

通过艺术家的自身身体体验来达到一种人与物、与环境之间的相互交流,并且通过这种交流传达出一些非视觉审美性的内涵。"①因为行为艺术与中国传统的道德观、审美观和社会礼仪反差很大,常给人"惊世骇俗"之感,与非主流行为文化的"离经叛道"似有共同之处,但二者存在着本质的差别。行为艺术是一种前卫的艺术传达方式,具有明显的超前性;而非主流行为文化则是一种与社会倡导的主流文化不同的文化表达形式,既有超前性,也有滞后性。

需要特别说明的是,本书的研究对象是当代青少年非主流行为文化,此"当代"含有"当前、当今"之意。他们大多数出生于 90 年代或 00 年代,因此,生活中常有"95 后青少年"和"00 后青少年"之称。

第二节　青少年非主流行为文化的形态版图

根据文化学理论的主流分析框架,基于某种文化形态和构成,对应的有层次模式和类型模式。对青少年非主流行为文化的构成分析,若用层次模式,青少年非主流行为文化可划分为不同的层次;若依类型模式,则将其分成不同的类型;其中还存在着不同的细分方式。在层次分类模式中,常见的有物质、观念、制度、行为等四层次划分;从结构的角度可将其分为表层结构、中层结构和深层结构三层结构,或者表层、深层两层结构。其中,结构分层强调的是不同层面的结构模式,如物质文化的结构、精神文化结构等等。

很显然,青少年非主流行为文化属于文化的行为层,属于外显层面的文化,包括对社会活动如学习、交往、娱乐、网络互动的参与方式、特殊行为等,也有政治参与、社会参与、聚会狂欢之类的集体性活动,甚至有飙车和逃学等越轨性活动。将青少年非主流行为文化划分为有层次的社会文化现象,能够避免平面化理解。当然,像任何形式分类那样,层次划分也存在周延严密性的问题。一方面,由于任何划分均是基于现状的静态划分,不可能预见新的行为文化形式的出现,这必然产生新形式的行为文化不适用旧的分类标准的问题;另一方面,任何划分都存在强调一点而难以兼顾其余的问题,这样容易导致对青少年非主流文化产生割裂式理解,忽视物质、观念、制度

①　杨远峰.论中国行为艺术的发展历程[D].济南:山东大学,2008.

和行为之间的互相渗透的关系。事实上,青少年非主流行为文化具有不同的承载主体,在不同的生活场域表现为不同的形式。由于当代青少年活跃于现实世界(网下)与网络虚拟世界(网上)这两个主要场域,表现出既有联系又有区隔的行为文化形态,文化活动与文化交往频繁,因此选取具有典型意义的非主流行为文化着重介绍,并分类如下。

一、现实性的青少年非主流行为文化

现实性的青少年非主流行为文化主要是指在网外场域活动的文化形态,当然,在当今信息网络技术裹挟下,网外的文化活动和文化形式也受益于互联网,突出体现为影响范围扩大、传播路径多元以及传播速度加快等。因而,严格来说,现实性的非主流行为文化不囿于线下,也有大量的线上文化活动,线上与线下互动也较为频繁。但鉴于其文化活动的主体部分以及对现实情境的影响,本研究将下列几种文化形态称为现实性的或网外的非主流行为文化。

(一)Cosplay 文化

观照当下,不难发现,青少年 Cosplay 文化总体呈现式微的态势。Cosplay 文化作为青少年比较早追捧的非主流行为文化,曾经风行大江南北;由于其催生群体认同,强调展示与分享,仍然有比较显著的影响力。[①] 因此,有必要概要阐述青少年 Cosplay 文化,把握其性质和特点。

"Cosplay"是在日本 ACG(英文 Animation, Comic, Game 的缩写,即动漫、漫画和电子游戏)产业发展过程中被创造出来的词,目前已被大多数使用英语的国家认同,成为通用词语。Cosplay 是一个合成词,是英文 costume play 的缩写。costume 的意思是"(某地或某历史时期的)服装"以及"(戏剧或电影的)戏装,服装",play 的意思是"扮角色,扮演,表演"。Cosplay 经常被译作"角色扮演、服饰装扮",简称 Cos。目前最流行的中文译名为"角色扮演"[②]。简言之,Cosplay 是以青少年为主的群体借助相同或相似的服装、造型,以及动作、道具、情节,模仿已有角色及其角色环境,并从

---

① 马中红,陈霖.无法忽视的另一种力量:新媒介与青年亚文化研究[M].北京:清华大学出版社,2015:81.

② 马中红,邱天娇.身份认同:Cosplay 亚文化的实践意义[J].青年研究,2011(05):8.

中获得精神享受的文化娱乐活动。① 青少年 Cosplay 文化具有舶来文化、亚文化和小众文化等综合属性。青少年 Cosplay 文化与其他青少年流行文化有着众多相似的地方,受到网络媒介和消费主义文化的全方位影响,具有活泼性、开放性、娱乐性以及个性化彰显的特点。但是青少年 Cosplay 文化也有自带的特点,区别于其他青少年行为文化。

一是小众化。这是青少年 Cosplay 文化的最显著特点,不同于其他行为文化从众者云集。之所以说 Cosplay"小众化",一则是因为其青少年参与群体有着特定的范围,Cosplay 爱好者基本上都是青少年中 ACG 爱好者,但是动漫游戏爱好者并不一定会成为 Cosplay 爱好者和实践者;二则从地区分布上来说,我国青少年 Cosplay 文化都主要分布在经济发展水平较高且 ACG 产业较为发达的地区。从个人角度来说,参加 Cosplay 活动的青少年需要个人有一定的经济能力和闲暇时间。

二是团体性和非专业性②。这是从青少年 Cosplay 文化的存在模式方面来概括的。所谓"团体性",是指 Cosplay 参与者的参与方式一般有以下三种:一是参加专门的或者是主要以 Cosplay 为活动内容的社团,二是以自由人的身份参加联盟性质的社团,三是个人参与。参与者主要由以 Cosplay 为活动内容的社团来安排该社团有固定的社长和分工处理社团各项事务的负责人,内部成员变动也不大。其运作方式和高校里的社团比较相似,有定期的活动和聚会,组织性和凝聚力较强。所谓"非专业性",是指参与 Cosplay 者均非表演类的专业人员。从 Cos 的服装和道具制作,到照片的拍摄和处理,再到舞台的表演,都是由非专业的 Coser 来完成的。Coser 和戏曲界的"票友"颇有相似之处,Cosplay 也只是他们的爱好而不是谋取利益的手段。Cosplay 与参与者的专业和职业无关,Coser 可以来自不同的职业,他们的专业背景极其多样。

三是独特性。这是指青少年 Cosplay 文化拥有独特的符号和话语体系,用于交流及凸显与众不同的个性。符号是指一群人所认可的任何能有意义地表达自身之外的事物的东西③。在 Cos 界,服装、道具,以及 Coser 所戴的假发,都成为他们表达自己文化的符号。Coser 的服饰和装扮向人

① 许易.Cosplay 的流行及其对青少年的影响[D].昆明:云南师范大学,2008.

② 许易.Cosplay 的流行及其对青少年的影响[D].昆明:云南师范大学,2008.

③ 戴维·波普诺.社会学[M].李强,等译.北京:中国人民大学出版社,1999:660.

们表达着独特的符号意义：我是一名 Coser，我喜欢这部作品，我扮演的是这部作品中的角色。Cosplay 的符号，不仅代表着 Coser 对于某部动漫或是游戏的喜爱，还表达了他们对整个 ACG 界的情感和理念。除了文字、语言、图片、动画等主要符号之外，一些独特的手势和表情也是 Cosplay 界的表达方式。符号是构成文化的重要因素，而语言则是最重要的符号系统。Coser 通过书面的和口头的语言，向同伴们灵活准确地传递 Cosplay 界内的人才能理解的复杂而细微的含义。作为 ACG 文化的派生物，加之适逢网络时代，Cos 界的话语体系在拥有自身特点的同时，也兼有 ACG 文化和网络文化的特点。

四是视觉化。青少年 Cosplay 文化常运用视觉化的表达手法，这主要源于他们善于表现的吸引力和时尚性。视觉化的表达手法有两大类。第一类是早期的静态化的表达手法。在 Cosplay 文化流行之初，受制于当时的技术条件，主要的表达手法是照片。Coser 会模仿所扮演角色的招牌动作和表情来进行拍摄。为了与原作更加接近，拍摄的地点也很讲究，无论是内景还是外景，他们都会尽量以原作的场景为依据，以烘托出所扮演作品的主题和背景。当然，照片迄今仍然是 Cosplay 的最传统和最主要的表达手法。第二类是动态化的表达手法。Coser 还会以歌舞剧、话剧等动态形式，把Cosplay 搬上舞台。他们通常会选用原作品中的一个或几个代表性情节或场景，由爱好者们自己编写剧本、合成背景音乐、配音、编排动作和舞蹈，精心展现动态的 Cosplay。与静态的照片相比，这种表现手法的优越性不言而喻——使 Cosplay 更生动，所扮演的角色形象也更加鲜活——但也有细节部分的瑕疵，这一点不太显著。除了照片和舞台表演之外，还有将Cosplay 拍成音乐短片（MV）。这是更有立体感的新的表达手法：这有些类似于动画的片头 MV，只是这个"片头"不是由动画人物来出演，而是由真人来出演。Cosplay 的 MV 和外景的不同在于：以动态的视频代替一张张静态的照片来表现扮演的主题。

五是依附性。这是青少年 Cosplay 文化与生俱来的特点。依附性主要是指 Cosplay 文化的产生和发展与其母体文化即 ACG 文化发展息息相关。其中有商业因素的助推。商业公司为了宣传自身产品，专门请人扮成自己生产的动漫或游戏中的角色，也就是所谓企业公关类的"COS"，以此来吸引参展人群。后来，广大的动漫游戏爱好者接受了这种扮演动漫角色的行为，并自发地加入角色扮演的队伍中来，借助服装、道具、化装来亲自扮演自己喜爱的动漫和游戏中的角色形象。动漫、游戏公司等为了更好地宣传和发展 ACG 产业,也纷纷组织 Cosplay 的比赛或表演活动,进一步推动了 Cosplay 文化的发展。[①]

总之,青少年通过参与 Cosplay 的方式表达他们对 ACG 作品和角色的热爱,并从中得到精神上的满足;同时,通过扮演、易装和设立族群边界的文化实践,青少年以独特的姿态戏谑、抵抗、颠覆主流社会主流价值观,完成理想自我和族群身份的认同。[②]

(二)御宅文化

青少年御宅文化与 Cosplay 文化类似,有同根同源性,也是由动漫游戏及动漫文化所衍生出的文化形态,在青少年群体中拥趸甚众。"御宅"来源于日语词"御宅族"(OTAKU),产生于 20 世纪 80 年代,原意为"贵府上",在日语里是一种敬称。最早对"御宅族"命名的是社会评论家中森明夫,他在《御宅的研究》一书中对自己参加动漫节时看到"御宅族"首次进行了描述。[③] 在中森明夫的笔下,"御宅族"是充满负能量——与世隔绝、不善交谈、内心阴暗、不爱运动的呆瓜。后引申指那些热衷于动漫、漫画和电子游戏,以至于足不出户的人。在日语里"御宅族"的适用范围比较广,泛指对于某种领域有异乎常人的热衷(尤其是较特殊的领域)。在一定程度上,它与英语中的 Maniac(发烧友)有相同的含义。[④]"御宅"一词经互联网和新媒体大力传播,影响波及我国社会生活及青少年群体。有研究认为,从 2007 年开始,"御宅"一词开始被众多传媒使用。最先使用者和最频繁使用者当属青少年群体,因为他们是"网络的原住民",接触的最为频繁。事实上,OTAKU 进入我国本土话语体系后,衍生出了多种宅类型:二次元宅、萌宅(ACG 宅)、电脑宅、技术宅等。通常意义上的御宅族,主要指二元次宅、萌

①　刘胜枝.冲突与共融:Cosplay 活动的文化性与商业性探析[J].中国青年研究,2006(03):16-19.

②　马中红,邱天娇.身份认同:Cosplay 亚文化的实践意义[J].青年研究,2011(05):8.

③　易前良,王凌菲.御宅文化背后的秘密:二次元世界的迷狂[M].苏州:苏州大学出版社出版,2012:38.

④　王贵宇.我宅故我在:校园"御宅族"亚文化研究[D].哈尔滨:黑龙江大学,2012.

宅,因为这类人群占比最大,御宅的属性也最为突出。① 由御宅逐渐衍生出来诸多词汇,例如"宅男""宅女""宅人"等,也逐渐被人们接受,并得到了广泛使用。媒体和学界对"宅"现象的认识给予概括精简,将"居家""不出户"的现象简单地归结为"御宅"现象。

从文化的角度来看,"御宅"不是个体的概念,而是一个庞大的"族群",因为只有通过个体与个体之间的互动和交往,御宅文化才得以形成,换句话说,御宅总是在"族群"中进行文化实践的。② 由此定义青少年"御宅族"为:长期的、全天候的、习惯性地待在住宅沉迷于上网,从事于网上娱乐、消遣或者其他与自己兴趣爱好相关的事情(通常和学习无关)。这类青少年群体几乎足不出户,现实交往呈现空白、不在场状态,讨厌社交,享受独处;重度依赖网络,每周上网40小时以上或更多,尤其对动漫游戏异常着迷。青少年御宅文化是指青少年群体中持有的共同或相似的生活方式、行为习惯、生存空间、共享的价值理念和身份认同。青少年御宅文化的主要特征有:

第一,封闭性。青少年御宅文化比较明显的特征是逃避现实的封闭性。"宅"这一词汇形象地反映出部分青少年御宅族的社交退缩特征,"宅"在家里逃避社交,利用QQ、微信等社交媒体进行交流,他们会下意识地逃避与人交往,在现实中与人面对面交往时会感到恐慌、自卑,宁愿缩在自己的"壳"里;甚至相当一部分御宅族对恋爱婚姻有莫名的恐惧感,他们在心理上高度依赖原生家庭。这种逃避社交的焦虑是御宅族自我认同危机的表征,因为缺乏积极的自我关注热情,难以维持个人内在的那种"活生生的自我感"。于是惰性取代了积极的自我,个体陷入认同危机,被空虚和焦虑淹没。

第二,依赖性。这主要是指青少年御宅文化的网络依赖性。"御宅"是一种典型的逃避现实的行为,在学业、生活、人际交往和爱情方面容易遭遇挫折,这时候部分青少年把在现实世界不能实现的情感转移到网络世界,以获得自我心理平衡,久而久之就成为"御宅族"。他们选择逃避现实生活,掩饰自己真实心理状况,在虚拟的世界中寻找自己的关注点。相比内心的情感在现实生活中无法发泄,互联网因为更具有隐蔽性、互动性和便捷性,也就成了青少年御宅族倾诉、发泄自己被压抑情感的最优选择。青少年御宅

① 马中红,陈霖.无法忽视的另一种力量:新媒介与青年亚文化研究[M].北京:清华大学出版社,2015:83-84.
② 易前良.异托邦:御宅族群中的互动与交往[J].浙江传媒学院学报,2013(02):19.

族痴迷于网络聊天、网络游戏，看电视剧、看动漫等，沉迷其中，难以自拔，形成深度的网络依赖症候，网络却成为异化的力量。正如御宅青少年所言：“只有与网络为伴宅在自己的世界里，我们才感觉到自信。”御宅族一旦进入属于他们自己的虚拟世界便神采奕奕，而面对现实的生活就心烦意乱。

第三，抵抗性。青少年御宅文化的抵抗性是一种消极无为的特征。科恩在《越轨男孩：团伙文化》中提出：“亚文化的行动是为了‘解决问题’（Action is problem-solving）。”①对此可以将青少年“宅”的现实看作是对问题的“想象性解决”。这里所说的“问题”，可以理解成是一种“挫折感”；“想象性解决”就是对这种“挫折感”的补偿。对于青少年御宅族亚文化来说，如果用“宅”作为一种对“问题”的消极抵抗的话，那么“宅”到网上，让自己“与世隔绝”，就是对自己这种挫折感的一种补偿。这样一种看似“顺从”的表现，其实正是试图通过逃避的方式“反抗”着来自现实世界的“残酷”。这种现实世界的“残酷”就是当下青少年不得不面对来自学习、就业、交往、生存的巨大压力。在这样的竞争下，“宅”就成为一种逃避“灾难”的方式，成为最好的“避难所”，网络就成为理想的“桃花源”。逃课、不参加社会活动、生活杂乱无规律、颓废反而被他们看作有“意义”的行为，表面上看似“顺从”了家长、长辈和学校的安排，但“顺从”的背后是用另一种形式的“抵抗”表达着他们对现实世界的不满和无奈。由于青少年御宅族对现实的“顺从”与“抵抗”，有对现实问题“想象性解决”的需要，才有了他们“宅”在网络世界里的各种消费性行为；同时，也正是这种消费性行为，使得他（她）们不断为了满足需要而对所“宅”的网络世界加以改造。

事实上，“宅”就是青少年御宅族为满足自己的需要而塑造出来的一种文化图景，“我宅故我在”，是他们一种感性的自发自在的状态。这种文化情景使其成员之间在群体内部找到了“共鸣”，“共鸣”背后所表现出来的就是他（她）们对御宅族文化的认同。他们渴望话语权、渴望参与、渴望改变命运、渴望改造社会的良好愿望，在网络媒介平台上得以自由表达；在这里，人人都是参与者、诉说者、旁听者，人人都是提供帮助的主体，人人又都有可能成为被帮助的对象。从这一点来说，网络给予了青少年御宅族更多的自由空间，保证人人都有自由发言的机会，是另一种形式的社会包容和接纳。

---

① 阿尔伯特·科恩.越轨男孩：团伙文化[A]//陶东风，胡疆锋.亚文化读本.李婷婷，译.北京：北京大学出版社，2011：3.

(三)杀马特文化

与其他非主流行为文化显著不同,"杀马特"是一种本土化的青少年亚文化形态,为越来越多的主流精英文化所关注。[①] 殊为罕见的是,美国的《外交政策》双月刊网站甚至在 2013 年 12 月专门发表文章,对"杀马特"现象所折射的当下中国社会的阶层分化问题进行了分析。在互联网上,多数网民对"杀马特"持负面的评价,肆意地嘲弄他们,使"杀马特"一时成为"土气""粗俗""廉价""叛逆"的代名词。这在一定程度上说明,青少年杀马特文化具有浓厚的草根气息、底层色调,难以得到精英文化的认可和包容。

"杀马特"由英文单词"smart"音译而来,原本表达"聪明、时尚、灵巧"之意。但在目前的国内语境中,"杀马特"却是"脑残"的代名词。杀马特青少年的外显特征很醒目:无论男女都留着长发或爆炸头,头发颜色鲜艳夺目,服饰"雷人",妆容"鬼魅";以非主流另类自拍示人,颜色鲜艳的头发搭配古怪的衣服和装饰,并摆出一些奇怪的姿势。从总体来看,杀马特风格追求视觉冲击力,更追求外表的夸张极致,另类、潮流、个性是他们的共同主题。[②]现有的资料显示,"杀马特"创始人据称是 Mai Rox 的香港"视觉系"女艺人,一度模仿日本视觉系摇滚歌手的扮相,1999 年在网络走红,其炫目的扮相和自拍方式受到粉丝的追捧并发展出互动,且扩散至内地[③],通过 QQ群、QQ 空间、百度贴吧等迅速在青少年群体中流行。尽管关于青少年杀马特文化如何发生存在一定的争议,但在 2010 年之后,互联网上针对"杀马特"的言论和评价日益增多,传统媒体也纷纷加入,逐步将这一群体带入了公众的视野。

1.杀马特文化的基本特征

其一,群体审美的夸张化。青少年杀马特群体直接受日本动漫的影响,盲目模仿日本"视觉系"摇滚歌手的装扮,化妆极为浓重夸张,衣着打扮异于常人,给人带来"诡异、梦幻、迷离、幽暗还有莫名的恐惧"的不适感[④],在视觉上有强烈的冲击感。这是该群体有别于一般青少年亚文化群体的典型特征。目前杀马特青少年的装扮可分为"唯美派"和"妖魔派"两大类。唯美派

---

① 张乐,常晓梦."杀马特"现象的社会学解读[J].中国青年研究,2014(04):16.

② 刘静玉."杀马特"现象的文化解读[D].银川:宁夏大学,2016:8.

③ 滕威."杀马特":另一种穷人的困境[M].文艺理论与批评,2016(05):62.

④ 吴道兰.解读日本视觉系流行的深层根源[J].美与时代,2007(2):17.

的杀马特青少年大多相貌清秀、身材修长匀称,他们的化装也多是以白、红等亮色调为主,其中不乏男性青年通过易装和长发的衬托,刻意营造出感伤、俊俏、娇美、冷艳的中性气质。而妖魔派的杀马特青少年群体则追求蓬乱的发型、苍白的面容或者浓黑的眼线,佩戴着象征死亡的耳环挂饰和夸张文身,给人以鬼魅、阴郁、迷茫、血腥、暴力的冲击感。①

其二,群体结构的家族化。杀马特群体的成员最初是通过互联网建立联系的,他们主要通过 QQ 群的方式进行联络,不断壮大群体规模。换句话说,没有 QQ 空间的出现,"杀马特"这种原本大都市小众、叛逆的时尚潮流不可能在底层社会如此风靡。② "杀马特"QQ 群不同于一般性的娱乐网络群组,而是一个有着较为严格审核制度的群组。外部成员往往要通过朋友、熟人或同学介绍的方式才有可能加入。凡申请进入"杀马特群",都必须先进入审核群,审核通过后才能正式进入"家族群",这样"杀马特"开始家族化。该群体家族化的另一个表现,就是以成员的网络在线时长和实际参与杀马特群体活动的表现,作为甄别和遴选成员资格的重要指标。"杀马特群"里的老资格成员在审核群内,对"准成员"进行一段时间的观察后,觉得待批准成员真正符合"杀马特"的基本气质后,才让其加入真正的家族群参与讨论和参加各类活动。申请者一旦正式加入群体,就必须保证每天网络在线若干小时以上,还要积极参加群内的活动,根据个人能力为"杀马特家族"贡献自己的力量。青少年杀马特群体结构的家族化特征,使其与其他群体之间有非常清晰的边界。

其三,成员关系的组织化。与家族化相关联的是,杀马特青少年群体具有相对严密的组织化特征。第一,组织内部分工明确。这些群体内部大多有为首的核心成员,核心成员会对其他成员进行职责划分,要求成员各司其职,承担着给群内成员美化造型且 PS 照片、负责制作成员活动的视频、负责网络推广和对外联络等工作。第二,组织运行规范。杀马特青少年群内部不仅有其严格的规范和标准,新加入的成员必须服从群体内部的安排,甚至交一定数量的 Q 币作为活动经费;也会定期进行网上的视频连线交流活动,甚至组织线下的聚会活动。第三,组织内部等级差异明显。杀马特群体内部的成员地位等级大体可分为元老级与菜鸟级,他们之间的尊卑界限分

---

① 张乐,常晓梦."杀马特"现象的社会学解读[J].中国青年研究,2014(04):17.
② 滕威."杀马特":另一种穷人的困境[M].文艺理论与批评,2016(05):63.

明。其产生等级差异的依据主要是由群内成员对其"杀马特"形象的认可程度,以及由此产生的偶像崇拜程度所决定,而不完全取决于加入该群组的时间长短。这种划分等级的依据,必然促使众多成员精心装扮自己,使自己脱颖而出,获得其他成员赞赏,成为成员模仿和追捧的核心,自然也就成为杀马特群体的内部有粉丝"跟班"的权威。如此一来,必然导致杀马特青少年进一步强化自身形象,极力在公共场合展现其非主流特征。

其四,生存方式的一体化。所谓"一体化",专指杀马特青少年的生活和生存方式在线上线下的互动,即互联网线上的交流联系会顺延到线下的现实生活之中,他们线上线下交往直接同一,相互强化。这与其他青少年亚文化群体显著不同。一方面,他们内部成员会定期组织同区域的线下聚会,并专门有人负责将线下聚会的情况拍成视频和照片上传到网络,供其他成员模仿借鉴;另一方面,杀马特青少年并非只是在网络彰显自己的风格和个性,他们往往直接将网络上设定的奇异的装扮带到现实生活之中,贯彻到生活、交往、娱乐和聚会等社会性场域中,丝毫不畏惧周遭的鄙视眼神,反而得意于这种夸张的装扮风格。杀马特青少年这种前卫的线上线下展现自我的一体化的生存方式,却是诸多亚文化群体无法企及的。另外,一体化的交往方式,让杀马特群体成员由网络"趣缘关系"逐步转变成现实生活中的真实朋友,客观上扩大了他们的人际交流空间和地域范围。

2.杀马特文化的现实意蕴

青少年杀马特文化现象的存在,是当下我国社会经济深刻变革的必然结果,是社会结构深刻变动、社会阶层深刻分化的客观现实的真实写照。从更深层次的社会意义上分析,青少年杀马特文化凸显如下意蕴:

第一,满足了部分青少年群体自我塑造与性别角色建构的需要。与其他青少年亚文化现象一样,杀马特青少年之所以敢于尝试并坚持使用各类"雷人"的奇装异服和身体造型,很大程度上源自天生的自我建构与自我塑造的本能需要。从发展心理学有关理论看,"在青少年时期,身体映像作为对身体特征的态度和反映,一直被认为是青少年自我概念发展过程中的核心要素,并且对实际的社会适应有着重要的影响"。[①] 在这段时期,青少年的自我意识强烈,对"我是谁""我应该是谁"等人生终极问题的追问,促使他们开始关注自我角色和身份的确认。埃里克森指出,青春期存在着对成人

---

① 雷雳.发展心理学[M].3版.北京:中国人民大学出版社,2017:201.

承担义务的合法延缓期,是最容易发生认同危机或混乱的时期①。青少年对于如何认识自我、表现自我等方面的迷茫,使得他们部分群体过分依赖外形的塑造以获取自我的认同,而对外表的刻意追求和标新立异让极少数青少年走向了极端,表现为以惊世骇俗的装束打扮来确认自我的存在和与众不同。从表象上看,杀马特青少年怪诞的装扮是他们追求新奇刺激,企图通过标新立异的方式获得社会及他人的关注进而获得满足感的手段,而事实上,他们自我确认和表达自我的意识非常强烈,刻意将网络角色带入现实生活,突破主流社会给青少年所预设的规定性的角色形象,充分表达"多重的自我",并在公众场合展现出来。不但如此,部分杀马特青少年还热衷于"易装",呈现出男扮女装和女性装扮反串性别的倾向,这有着更为深刻的性别角色建构的意义。他们通过易装,在一定程度上隐藏扮演者本人的身份,匿名性带来了更大的选择自由,极大地降低了男女易装行为中扮演者的心理压力,既可以满足对异性的好奇心和幻想,又可以带来其他"杀马特"的赞叹和认可的情感体验。在心理学和医学领域,这种易装行为的含义基本等同于"异装癖",是一种病态的症状。"文化研究中,'易装'常被用来分析同性恋电影、另类摄影中的人物心理和文化处境,赋予抵抗的文化意义。"②部分杀马特青少年对异性的好奇心驱使他们进行跨性别装扮,完成了一次自我性别角色的建构,重建自己的性别形象。但这种易装行为常常成为社会格外关注讨论的焦点。巴特勒认为,社会性别身份根本上是独立于生理性别的,社会性别是一个自由流动的设计。③

第二,展现了部分青少年强烈的群体归属诉求。认同是个体作为社会存在的社会属性,是有关某个群体的共同认知。它强调人们之间的相似性,以及集体成员相信他们之间所具有的某种共同性和相似特征。人们对自己的认同进行定义的同时,也就是对一系列他们进行定义的过程,他者的相似性正是自身的差别性,反之亦然。从心理学角度来看,任何个体均有意愿表现出与他人具有某些相同之处,并期望获得对某一群体的归属感的倾向,同

---

① 埃里克·埃里克森.同一性:青少年与危机[M].孙名之,译.杭州:浙江教育出版社,1998:117-118.

② 马中红,邱天娇.COSPLAY:戏剧化的青春[M].苏州:苏州大学出版社,2012:129.

③ 朱迪斯·巴特勒.性别麻烦:女性主义与身份的颠覆[M].宋素凤,译.上海:上海三联书店,2009:9.

理,获得认同的个体也将这种倾向用于对他人进行某种分类和识别的要求。对于杀马特青少年来说更有特别的社会交往意义。他们通过怪异装扮过分张扬自我意识,势必招致社会的嘲讽甚至人身攻击,这加剧了杀马特青少年需要而向内群体寻找心灵的归宿以获得群体的认同。杀马特青少年以群体共同表达的方式,展示他们的群体行为文化,认为他们的行为文化不仅有别于主流文化,也区分于其他形式的亚文化;对这一点的强调,使族群成员产生强烈的群体自豪感。实际上,"杀马特群"的存在和维持,是依靠群体内部的"共有的文化"的生产和分享来实现的。部分杀马特青少年通过模仿、改进和创新偶像的造型,确立自己的权威地位,其他成员则膜拜且争相仿效,最终获得群体其他成员的认可和尊重,成为小群体所共有的社会经验和文化符号,并以此为基础逐步确立杀马特群体的文化风格。杀马特青少年通过不遗余力地累积"共有文化",强化作为"杀马特"的个人身份认同和"杀马特家族"内部成员的认同,通过象征性、仪式性的装束和行事风格,建构杀马特族群与其他亚文化族群之间的界别,进一步增强了青少年对族群的群体归属感。

风格是亚文化最具有自我吸引力的特性。风格通常被看作许多类型的事物所做的分类,它也涉及某些事情如何去做。风格作为青少年亚文化的"第二肌肤"和"图腾",是文化认同与社会定位得以协商与表达的方法手段。[①] 杀马特青少年凭借自己的族群风格,即便是相隔千里也可以建立联系,分享群体的文化产品。一方面,"杀马特"风格将青少年个人关于自我的想象与他人眼中的"我"统一起来。群体内其他成员对个人文化能力的认可,促进杀马特个体在群体内自我认同的完整和统一。另一方面,他们通过不断强化群体风格和凸显群体文化生产能力的形式,与成人世界保持着一定的距离,在自己的"地盘"创造、分享属于他们自己的小众亚文化。

第三,反映了杀马特文化衍生出的抵抗性。"坏孩子"是主流文化语境中的亚文化叙事常见的主角,隐喻成人世界对青少年群体的"道德恐慌"以及两个世界的文化冲突。一般而言,主流文化和成人世界也期待青少年随着年龄的增长承担更多的责任和义务,并按照主流文化的价值要求行事。但是,杀马特青少年强烈渴望具有自主性和自主权,与主流文化要求之间看

---

① 约翰·费斯克,等.关键概念:传播与文化研究辞典[M].2 版.李彬,译注.北京:新华出版社,2004:17.

似不谋而合的诉求中却存在着重大的"危机",代表主流价值的成人世界为他们预设的规则与他们自己要求"自我掌控"之间存在严重的不一致。其中部分青少年伴随着叛逆心理的发展,产生了沮丧、焦虑的情绪和对权威的不满心态因而以奇装异服和"雷人"的外表造型发出对成人世界和主流规训的"抵制宣言"。各种青少年亚文化正是通过某种惊异的风格,努力扩大着它的影响力,借此挑战主流文化,迫使其承认自己的观念、价值和结构。① 在这个意义上讲,杀马特文化的目标,就是以抵抗的方式来逃脱成人社会的控制。从更深层意义上看,"杀马特"现象反映的是当代中国愈加明显的社会区隔,诸如主流文化与青少年亚文化的区隔、青少年文化群体内部的"小清新"与"杀马特"的区隔等。这种区隔将会长期存在,但随着时代的变迁与社会阶层的变动,区隔形式会有所不同。

(四)小清新文化

小清新文化是与杀马特文化相映成趣甚至相区隔的行为文化风格。"小清新"最初是指一种音乐类型,起源于对唯美、随性的英国独立流行音乐的风格提炼,它以随意创作和清新唯美的风格见长,被人们称为 Indie Pop。小清新风格迅速流行并蔓延到电影、服饰、摄影、文学等其他文艺领域,乃至更为广阔的生活领域。由于日本文化产业的推动、网络媒体的渗透、小清新风格与东方民族文化传统的相似性,"小清新"的美学原则和生活理念受日本时尚潮流中森女文化、治愈系文化、萌文化、恋物文化的影响颇深。② 饶是如此,小清新原本的内涵逐渐扩大,进而成为一种文化现象或一种审美趣味,甚至成为一种新的生活方式。现在"小清新"代指偏爱这种文化风格的群体,以青少年居多。这样的小清新们写作风格相似,审美倾向相似,偏爱清新、唯美的文艺作品,追求清新风格的生活方式,"岁月静好,现世安稳"被他们作为圣经箴言。③

当代青少年群体中,热爱淡雅、展现恬静生活的文艺作品,深受清新风格影响、崇尚自然生活的不在少数。他们主要集中在豆瓣社区。无论是影音文学作品,抑或生活方式和理念,都是秉承自然、淳朴、安静、清新等特点。

---

① 苏茜·奥布赖恩,伊莫瑞·西泽曼.大众文化中的亚文化和反文化[A].李建军译.陶东风,胡疆锋.亚文化读本[M].北京:北京大学出版社,2011:53.
② 刘黎黎."小清新"风格的亚文化解读[J].艺术百家,2013(07):71.
③ 刘龙真."小清新"的艺术形态与群体考察[D].福州:福建师范大学,2012.

第一，追求审美风格。小清新风格的总体特征是清新、唯美、干净、安静，有时夹杂着对童年的怀旧。小清新电影多是反映青春爱情类主题，作品中充满着阳光、草地、青少年纯真情怀，细腻的画面和情节极容易引起小清新内心的共鸣。文艺中的爱情总是单纯的、美好的，丝毫没有文艺片里的色情的内容。小清新文学作品多描写对理想爱情的追求，作者更多地关注自己内心的体验。村上春树、杜拉斯的作品被他们奉为经典，平静而有美感的语句辞藻更是小清新们的心头之爱。总体而言，小清新审美的优点是对理想美的追求，但其缺点似乎也正是源于此——刻意制造出唯美效果的同时，却忽略了自己的创作脱离了现实真实的世界。

第二，注重独立特性。青少年小清新们既不同于具有思想抱负的、关注社会的、边缘性的文艺青年群体，也区别于通过消费来购买想象性身份和彰显品位的小资群体，他们更加关注自身的感官体验，并且在行为上反对拜金主义、消费主义。青少年小清新的姿态是小众和独立的，他们的逻辑是摒弃大众所热衷的，喜欢不为人知的，在网络上集群获得心灵共识。在他们眼里，"人无我有"的小众性是他们独特的标签。青少年小清新不屑于小资群体看重文化符号的呈现，也看不上文艺青年所追求的对文化本质的深刻理解，他们更加展现出一种对文化符号的占有和生活表达，比如清新文雅的穿着，他们多喜欢棉麻面料，以小碎花、田园等为元素；或者某一特定风格的音乐曲目，如他们喜欢清爽的曲风和随意自由的创作，轻吟浅唱，轻快温和的曲子，追求音乐的多变性和融合性；追求感官体验的快乐和愉悦，以及对视觉化符号的强化和使用。小清新在审美倾向上有些极端：小清新风格过分突出个体细微的情感和狭小的视野，忽略了个人身外丰富多彩的外部世界，显得很不协调，有悖于传统审美专注的协调之美；一般不能表现出作者的价值取向，这与传统审美主张和谐的审美形式和仁善的内容相统一的审美思想不同。这些文化现象可能也与如今 90 后、00 后"独一代""独二代"独生子女的心理状态以及高速城市化现状有关，其中也暗含着对域外文化的欣赏与崇拜。

第三，重视网络影响力。网络技术高度发展是小清新发展壮大和广泛传播的重要因素。青少年小清新们通过网络交流、传播，展示自己对小清新的理解。网络上形成了几个重要的小清新聚集地，其中最主要的根据地是豆瓣网。豆瓣网由于长期积累了深厚的象征性的文化资本，被认为更能传达出一种个性化、有品位、独立的小众文化。该网站不仅给小清新文化提供展演的场域,促使它形成鲜明的风格,引发青少年产生共鸣;而且集影音、文学、小组、同城活动等为一体,还拥有很多细分功能区域,为青少年提供添加个性化标签和个人附注、写评论的功能;在整体的风格设计上充满了小清新和小文艺的感觉,板块和色调的选用都以简约清淡为主。简言之,豆瓣网丰富多样的媒体融合形式给予了青少年广阔的空间展示自我,也包括线下的小清新文化活动。尽管小清新原本追求及崇尚小众化的"孤芳自赏",但是豆瓣网极强的黏合性让青少年相识相知,并且打破了时间和空间的种种局限。在对风格的表达上,他们也不再弱势,而是聚结成一个庞大的虚拟群体出现在公众面前。豆瓣就像一个文化的经纬网络,各种文化产品比如书、音乐、电影等都是其中的节点,这些节点并非相互孤立,而是会互相吸收彼此的能量(赞、评价、点击量等),并且互相辐射,从而影响豆瓣的成员对文化产品的选择。青少年小清新群体通过网络影响力,使得彼此的文化影响、风格建构等聚集起来,形成属于自己的能量,也让喜好小清新亚文化的人接收到组织的能量,同时让厌恶小清新的人得到更明确的信息,从而强化原本的主观印象。

第四,呈现专业化发展趋向。小清新的流行,对高校大学生的审美价值取向产生了一定的影响,吸引有较高文化素养的大学生群体纷纷加入,包括有艺术专长的学生,因而小清新呈现专业化趋向。专业小清新在近年的发展过程中积累的创作经验、小清新独特的审美视角、特殊的表现手法对当代艺术创作都有很多可供借鉴之处。对于专业小清新而言,他们已形成自己专业群体、独特的风格,且成功商业化并被受众接受,使小清新有了大批稳定的受众并创造了可观的经济效益。专业小清新的可能走向一方面是其风格被主流审美吸收借鉴而得以保留,另一方面是作为一种固定的符号得以继续流传。

值得注意的是,青少年小清新审美趣味的致命缺陷也是显而易见的。他们在艺术作品创作上表现为无中心,无议题,随心所欲,题材更加日常化、碎片化、个性化、多元化,他们的作品对现实的关注不够,也没有对人生的深切体验,更多的只是自我的一些小情绪、爱情、游戏以及对童年记忆的呈现,更注重自我的感受。他们的艺术作品充满个人情绪,较少体现出传统的美术价值及道德观念。小清新对环境的亲切感源自慢节奏的生活和观察。而在快节奏的生活中,人们慢慢失去对自己生活的情感体会,精神世界也慢慢变得碎片化,"原子化动向"让整个社会倍感空虚孤独。小清新在某种程度上就是为了缓解这种碎片化的状态,强调回归质朴的精神家园,强调人与人之间的信任与爱。

二、虚拟性的青少年非主流行为文化

虚拟性的青少年亚文化是指随着网络技术的发展在网络传播语境下生成、发展、传播以及演变的有别于主流文化的风格和样式的,并为多数青少年所接受的亚文化形态。互联网的诞生带来了传播范式的革命,极大地改变了人类的行为方式和行为风格,赋予了参与者狂欢式的审美体验,也导致网络空间成为"网民孤独者"栖居地的危机。① 互联网独特的"自由、平等、共享"特征契合了青少年的心理特点,赢得了他们的广泛认同,互联网虚拟空间成为他们除学校教育之外投注热情、花费时间和精力最多的地方。甚至有"网络化个人主义"②之说。调查显示:"青少年网络服务使用过度集中于休闲娱乐,真正有利于青少年成长的一些功能并没有得到充分利用。"③同时,互联网及网络文化深刻地影响和改变着青少年的思想方式、生活方式、行为模式以及价值观念,因而青少年在网络虚拟世界的所作所为自然构成他们的文化方式,其中虚拟性行为文化是重要组成部分。

鉴于虚拟性的非主流行为文化概念的开放性和不断发展性,准确界定其内涵较为困难。但可据其表现进行梳理归纳:由于青少年非主流行为文化群体均为非官方社团和非正式组织,在传统大众媒体时代,一般无法通过正常渠道表达自己,而是借助互联网或者是网络新媒体将表达话语权从主流文化部分地掌握在青少年自己手中;同时,在网络新媒介中,青少年的行为文化表达不再单一,而是运用所熟知的新的技术呈现和表达方式,如语言文字符号、声音符号、影像符号以及综合的数字符号,实现其非主流文化表征符号的"脱胎换骨"。虚拟性非主流行为文化表达类型也迅疾由单一向全面转向,不再拘泥于某一种表达方式,而是糅合文字、图像、影像、声音等多媒体手段,游刃有余地建构起具有独特性质的亚文化类型。在此网络新环

① 张戈,刘建华.大学生网络亚文化的群体价值冲突[J].当代青年研究,2016(1):52.

② WELLMAN R L. Networked: the new social operating system [M]. Cambridge: MIT Press, 2012:13.

③ 青少年上网集中于休闲 缺少正确网络消费观[EB/OL]. http://edu.gmw.cn/2018-07/13/content_29838264.htm.

境下,尤其是 Web 2.0 时代以降,催生了一系列以青少年群体为主体的新文化类型,诸如恶搞文化、黑客文化、网游文化、字幕组文化、耽美同人文化等。这些新文化类型表现出与社会主导文化、精英文化、大众文化大相异趣的价值取向、风格取向以及审美取向,而且这些新文化类型逐渐从小众圈子文化、趣味共同体、部落化特性向更广泛的群体渗透,构成更广阔的青少年文化图景。基于本研究主旨以及篇幅的考虑,在此着重介绍两种具有代表性的虚拟性非主流行为文化。

(一)网络涂鸦文化

网络涂鸦文化是现实物理空间涂鸦文化在网络虚拟空间的新形式和新表达。由于当代网络技术和信息技术的迅猛发展,不同于现实物理空间的虚拟世界得以形成涂鸦文化的空间媒介正发生巨大变化,它已成为青少年沉迷其中的崭新文化舞台,青少年可以随时通过网络、界面游走于各种虚拟社区。涂鸦(graffiti)具有"原生艺术"特质,源远流长。广义来看,涂鸦是大众的艺术,是指人们在公共空间中的涂画、抹黑或随意涂改的文字或图像;狭义的涂鸦是指涂鸦艺术,专指涂鸦者在城市墙面和建筑物上涂写的图像或艺术创作。无论何种涂鸦形式,均是体现人类游戏本能的表达方式,从某种意义上说,它是沟通人们日常生活与精神世界的桥梁。

新形态的网络涂鸦文化流行,是由于"新媒介的普及以及信息费用的低廉化趋势,冲破了青少年新媒介使用的经济壁垒"[①],也为文化生产、传播和共享的"普泛化"提供了媒介工具。涂鸦媒介和涂鸦工具的巨大变化,使涂鸦文化所展现的新特点是显而易见的。一是由视窗界面替代了现实物理空间的墙面和建筑物。二是涂鸦工具不再是画笔、颜料,而是数字绘图工具或在移动终端上简单、易操作并随时一键式链接社交网络的程序。作为网络空间中普遍的青少年行为文化现象,涂鸦已不再是实体空间中为人所诟病的乱涂乱画,而以电脑、程序和数字化输入设备为涂鸦工具。在此,涂鸦媒介不仅是青少年非主流行为文化传达的工具,而且还内化成驱动力,乃至精神本质。三是由于网络技术的优越性,网络涂鸦激发了青少年无限的创造力和想象力,更能体现他们的主体性和生命的本质。网络作为承载空间,展示了青少年的个性和才能、消遣与对抗的即兴游戏。除现实实体涂鸦文化

---

① 　马中红,陈霖.无法忽视的另一种力量:新媒介与青年亚文化研究[M].北京:清华大学出版社,2015:62.

的娱乐性等特点外,青少年网络涂鸦文化所呈现的特点有:

第一,自由性。网络媒介的虚拟性和匿名性,为青少年文化表达提供了自由通路,而自由表达则始终是青少年文化得以创造和传播的基本前提。[①]在虚拟空间中,青少年的网络社交活动以个体为中心,实现了不断向外延展和连接;他们的虚拟身体及其交往关系也超越了原先所实际占有的时空结构,向虚拟实在的、符号化和多元化的方向发展。因此,在涂鸦过程中,青少年往往抛弃实体空间中相对单一、稳定和主流的社会审美规范,逾越常规,追求非常规塑造的自由,以期摆脱极其严厉的权力控制。他们通过涂鸦个性化地改造已有的身体符号来重塑虚拟"替身",获取情感、想象和欲望的满足;通过极其个性化的表达方式,否定实体空间中的严肃、保守与虚伪意识,表达个体的自由本能。网络涂鸦方式具有的差异化、特殊化和向外扩展的特性,建构了网络社会中青少年之间的情感交往和精神联系。

第二,解构性。从社会学来看,青少年在预期社会化过程中常有叛逆性表现。这种叛逆性得到新媒介技术的有力支撑和张扬,他们得以运用数字工具盗用和解构各类景观化符码,涂改和再造各种经典中偶像的身体,拆解象征性的符号具象,从而生产出后现代主义的审美话语。这些手段通过角色的"降格"、虚构的叙事,他们塑造出别出心裁的创造狂欢,赋予它们完全不为主流文化所认同的涂鸦。这些"凌乱"、"拼凑"或"舞动"的手段以其"怪诞"的视觉冲击力和审美反差,不仅成为青少年对抗社会严肃性、躲避身体规训的工具,而且因其所具有的主导性话语地位,满足了捣乱者的心理。[②]

第三,宣泄性。网络涂鸦文化遵循的是"逆向"或"颠倒"的原则,将权威或传统"高大全"角色拉下神坛。在此,青少年惯用的换位逻辑是角色降格。降格即降低标准、身份等,通过人为贬低表达对象的精神层次,以达到化神圣为世俗、变崇高为日常、宣泄内心压抑情绪的目的。降格使得涂鸦的过程充溢着颠覆和更新的激情,让青少年沉浸在挑战和宣泄的无限的虚拟空间之中,从而显示出他们看待世界和人生的另一种角度。网络涂鸦在消遣与对抗中重塑身体的符号与意义。青少年对主流身体形象的涂改与再造体现了狂欢所具有的颠覆或故意降低身份、标准的贬低化原则;更为显著的是,

① 马中红,陈霖.无法忽视的另一种力量:新媒介与青年亚文化研究[M].北京:清华大学出版社,2015:63.

② 杜丹.网络涂鸦中的身体重塑与"怪诞"狂欢[J].青年研究,2015(5):42.

青少年还将一切仪式化的审美转换为日常的物质和肉体性消遣活动。

第四,抵制性。抵制性是宣泄性的一种延伸。网络涂鸦抵制权威的身体话语是审美化和仪式化的,它旨在通过主体感官的冲突性审美阐释来达成相互理解,角色降格便成为达成共识进而进行身份区隔与认同的最有效方法。青少年在自我与成人世界之间筑起一道自我保护的“高墙”,通过网络涂鸦逃避和主动隔绝主流意识形态以及成人世界的文化钳制,演绎别样的文化样态。青少年在涂鸦过程中就成为一股“颠覆”的力量,帮助自身暂时脱离现实主流社会所建构起来的原则、规范和话语的制约。因此,网络涂鸦是青少年在面对无力或压抑的现代性时所采用的反规训策略,他们通过人为地拆解身体的符码,破坏其整体的完整性;通过改造原角色的服饰、姿势和动作,展示一种反支配性的权利和力量。审美降格不仅宣告作者的死亡,也孕育出费斯克所说的“生产者式文本”。作为一种狂欢式的身体操控模式,它还不断驱使着青少年去重新“书写”自己的身体,并从中创造出群体性的身份认同仪式。网络涂鸦文本包括现实社会中的所有题材,几乎所有与主流社会、社会事件、娱乐新闻等相关的内容和文本都成为其对象。角色的降格主要通过对传统肖像和知名角色的涂改或拼贴,故意抛弃、破坏原文本的教化功能,通过占有这些文化资本的部分形象符码,涂鸦上个人的情感、想象和审美观念,以此来挑战固有的理性和权威。此外,网络涂鸦对知名角色的审美降格,迎合了青少年“戏说”荒诞场景来表达以弱胜强、平等自由的狂欢心理。[①] 角色的降格产生冒犯式的对抗,但审美化图像身体语言的颠覆并不单是为了抹黑,它最终将传统审美的膜拜精神转变为关于物质身体消费的娱乐化消遣。基于角色降格的抵制和破坏并不会对现实中的审美规范、主流话语产生实质性的打击。它是理想化的贬低,它帮助现实中的失落者对抗崇高和严肃、排解现实社会中的压力。

概言之,网络涂鸦文化来自个人主观的、象征性的视觉语言表达。青少年对不同的观点都抱有宽容态度,他们沉迷于角色身体的审美破坏与再造之中。因此,他们的目标不是要真正颠覆什么或提出解决方案,而是用视觉艺术的主观性方法和审美话语来呈现基于现代性所建构起来的价值观或审美意识的不合理性,反对将权威的观点武断地强加于人的做法。与此同时,无论是传统、知名角色的审美降格还是普通人的审丑,都呈现出审美追求的

---

① 杜丹.网络涂鸦中的身体重塑与“怪诞”狂欢[J].青年研究,2015(5):43.

无功利性和身体消费的欲望化。虽然图像过度的丑化或自我降格也会产生一定的不良效应,但是青少年通过角色降格达成了群体无意识的认同。

(二)网络恶搞文化

"网络恶搞"作为一种网络大众消费文化现象,风行一时,在网络上呈现出一种全民狂欢的姿态。它颠覆传统,标新立异,用一种讽刺、幽默、游戏的视角来看所谓的传统和经典。

从词源上考据,"恶搞"一词引申于日文的"KUSO"(或称"库索"),"KUSO"在日文中是"可恶、烂"的意思,相当于英文中的 shit。[①] 它最早源于一款毫无可玩性的电子游戏,据说该款游戏画面粗糙,情节设置无聊至极,玩家在玩的时候会喊"KUSO",以表达极度不满的情绪。一般说来,这样的游戏,玩家是不会继续玩下去的。但奇怪的是,许多玩家虽然对该游戏不满,却还是很认真地玩下去,去挖掘此款游戏到底有多无聊,甚至成为该游戏的忠实粉丝。而后,KUSO 成为这种认真玩烂游戏的特殊行为的代名词。[②] 由于我国台湾受日本的影响较大,KUSO 渐渐传入台湾,并慢慢演化为"恶搞"之意。早期,KUSO 在台湾主要出现于非正式的娱乐节目和网络聊天中,如《KUSO 明星秀》等,就是整蛊明星,整点恶作剧以达到娱乐的效果。由于网络传播的特性,KUSO 的影响范围愈来愈大,并逐步被人们译为"恶搞"二字,使其有了中国本土文化气息。由此可见,"恶搞"的"恶"并不是传统意义上与"善"相对的"坏、恶意"的意思,而是一个程度副词,有"故意、夸张、非正常"的意思,如我们常说的"恶补",就是"疯狂补充"的意思。"搞",顾名思义就是"搞笑"的意思。"恶搞"即为以"恶"修饰"搞",也就是故意地、夸张地、不寻常地搞笑。具体来说,"恶搞"就是用以描述对某一正常的主题以非正常的方式进行表达,以求达到"讽刺或喜剧"效果的特殊行为。简而言之就是以"非正常"解读"正常"。"恶搞"二字的意味随后也被许多人领会并逐渐传入我国内地。恶搞不仅有对文字、照片、视频的移植、拼凑和修改,还可以表示人们用调侃、嘲讽或是游戏的心态对喜欢或不喜欢的行为

---

① 黄蜺,余会芹,甘延源.青少年网络恶搞之社会学探析[J].电化教育研究,2009(3):17.

② 王蓓蓓.网络恶搞:中国当代青年亚文化的重要表征[D].西安:陕西师范大学,2011.

或事件做出评价。①

网络恶搞是一种典型的青少年亚文化,恶搞的生产者和受众以青少年居多,他们是网络狂欢的主体,他们在"游戏"和胡闹中也张扬个性,反讽社会,颠覆经典,解构传统。网络恶搞处处体现着青少年亚文化的特性。所谓青少年网络恶搞文化,是指青少年在网络空间通过模仿、夸张等手段对经典权威的片段进行解构和颠覆以达到反讽和搞笑等目的的文化现象。网络恶搞正是网络中的狂欢式生活,这种狂欢式的生活在一定意义上是脱离了常规的生活,是翻转了的常规生活,是反面的生活。因此,作为一种青少年非主流行为文化常态,网络恶搞具有以下狂欢式特征:

第一,追求平等性。青少年作为一个独特生命阶段的群体,处于社会化的早期阶段,伴随着生理机能的成人化以及心智上的不成熟性,他们在这一时期会产生强烈的情绪性动荡,渴望被社会认同和得到角色确认,期待被尊重和理解,期望赢得社会主体性地位。网络恶搞之所以演变成了青少年的网络狂欢,不得不归因于网络所提供的这个"赛博空间"。青少年不再袖手旁观,而是参与其中;正是由于网络的虚拟性,让青少年成为恶搞的主体变成现实,也给人们带来了前所未有的自由与创造力。青少年的虚拟身份以及所运用的各种技术,如通过音频剪辑、图片处理软件技术,把恶搞融入文字、图片和动画等网络手段达到消解权威的目的,使人们逐渐产生摆脱了现实社会生活中种种规范和约束的心理。网络社会只是现实社会中人们彼此互相联系的特殊场域,"是人类社会本身再生产出来的一个特定的人类活动空间"②,为青少年行为文化提供了生存和发展的土壤。首先,网络信息的交流是以去中心化的方式组织起来的。青少年展示了恶搞中的平民视角、大众精神,他们都可以超越现实生活中的地位、身份、家庭背景、收入、职业、性别等诸多约束,平等地获得信息,发布信息。其次,网络具有匿名性。在网络上,每一个网络使用者以账号或昵称出现,隐藏了部分或全部在真实世界中的身份。再次,网络交流具有极大的自由性。青少年可以痛快地宣泄自己的情感,畅所欲言,自由参与讨论、评价公共事务等。他们可以暂时忘掉现实生活中的制约和规范,形成了一种新型的相互关系,通过具体感性的

---

① 马中红,陈霖.无法忽视的另一种力量:新媒介与青年亚文化研究[M].北京:清华大学出版社,2015:97.

② 郭玉锦,王欢.网络社会学[M].北京:中国人民大学出版社,2005:42.

交往形式,处于半现实半游戏的生活状态。这种关系同非狂欢节生活中强大的生活等级关系恰恰相反。人的行为方式和话语体系,从完全左右着人们一切的种种等级地位(如阶层、职业、头衔、财产状况)中解放出来。在某种程度上,这也促使传统媒介改变姿态和视角,以平民的姿态、平民的精神关注大众的生活乐趣。

第二,表达象征性。网络的虚拟、开放、自由、低门槛、无歧视和"无拘束"性特点,迎合了青少年的角色认同以及主体性地位确定。尽管这一主体性地位是虚拟的、隐性的和暂时的,但无论怎样,它毕竟是现实社会的延伸和拓展,并获得现实社会中多数人的认可和青睐,因而也使青少年在现实中得不到承认和认可的尊严、价值在虚拟世界里获得了承认和满足。此外,青少年网络恶搞是通过对青少年熟悉的现实生活话语、流行的网络事件和人物流行语进行创造性的改编,利用微博、论坛、网站等社交平台制造自己独特的行为方式,对现实生活的文化场景进行嫁接和移位,对经典文化和英雄人物进行篡改和戏仿,将可笑、卑微的人物形象提升到"伟正光"般高大。这其实运用了拼贴手法。拼贴是指"一种即兴或改编的文化过程,客体、符号或行为由此被移植到不同的意义系统与文化背景之中,从而获得新的意味"①。这样,在网络空间里,神圣同粗俗、崇高同卑下、伟大同渺小、明智同愚蠢奇妙地整合在一起。这表明青少年群体对权威体系的反抗和不屑,他们用玩世不恭的恶搞方式来消解经典话语或形象在大众心目中的神圣形象,使得权威话语在笑声中分崩离析。颠覆经典和解构权威之后,网络恶搞构建自己的"亚"话语体系,结果往往导致空虚和迷茫,个人陷入认同危机,难以找到价值寄托,生存的无意义感日益加强。吉登斯认为,"在晚期现代性的背景下,个人的无意义感,即那种觉得生活没有提供任何有价值的东西的感受,成为根本性的心理问题"②。在网络时代,互联网的虚拟特质以及网络空间的双向去中心化的交流方式,使得每一个青少年都有机会受到尊重,那种来自现实层面的物质压力和精神压抑,都可以毫无顾忌地在网络世界里得到宣泄,其表达方式和话语形态也相应地获得了解放。青少年图文

① 约翰·费斯克,等.关键概念:传播与文化研究辞典[M].2版.李彬,译注.北京:新华出版社,2004:31.

② 安东尼·吉登斯.现代性与自我认同:现代晚期的自我认同与社会[M].赵旭东,译.北京:生活·读书·新知三联书店,1998:9.

并茂式的个性化的语言冲击现实世界里的各种规则和制约,那种信马由缰、无拘无束、自由自在的语言链接展现出的是众声喧哗般的狂欢景象。青少年在恶搞网络狂欢中体验着这种游戏、有趣的快乐。

第三,内容的解构性、颠覆性。从一定意义上说,网络恶搞是后现代主义去中心、反本质颠覆思想的再现。它就是以解构的姿态呈现在世人面前,不但激发了青少年的反叛意识、消费意识、娱乐意识,也促使他们追求个人至上的感觉,从而逐渐瓦解了偶像、权威、精英、崇高、群体等观念。所以,恶搞的解构性和颠覆性与恶搞文化相伴而生,相互推进。当代青少年厌倦主流文化的说教和枯燥宣传,对精英文化的大而无当、脱离现实、玄而又玄失去了兴趣,厌烦精英文化的宏大叙事。青少年网络恶搞是追求清醒的非理性状态,拒绝约定俗成的艺术标准,表达幻灭感和愤世嫉俗,追求无意义性、偶然性和随兴而做的"佛性"境界,这是对僵化、呆板的压抑性力量的颠覆和反叛。青少年网络恶搞在对传统和主导社会结构进行解构的同时,也为网民带来了极度的愉悦,这也是恶搞作品能在网络迅速蹿红的原因。狂欢式背后具有两重性,即戏谑和欢呼、赞扬和辱骂,一切神圣与崇高的东西在嬉笑中统统消解了。网络恶搞就是在颠覆、批判、讽刺、娱乐中延续着后现代的精神。以青少年一代为主体的恶搞者用自己的思想、话语、方式诠释着他们眼中的世界,他们把网络恶搞这一抵抗传统、抵抗经典的方式演绎成一场网络中的青少年行为文化狂欢。

此外,青少年网络恶搞有重复性、商业性和机械性等特征,它是消费社会、大众文化和传播媒介的产物,颠覆了主流社会的价值传统。正如伯明翰学派的领军人物霍尔所阐释的:"在文化中的意义过程的核心,存在着两个相关的'表征系统'。通过在各种事物(人、物、事、抽象观念等等)与我们的概念系统、概念图之间建构一系列相似性或一系列等价物,第一个系统使我们能赋予世界以意义。第二个系统依靠的是在我们的概念图与一系列符号之间建构一系列相似性,这些符号被安排和组织到代表或表征那些概念的各种语言中。各种'事物'、概念和符号间的关系是语言中意义生产的实质之所在。"①通过这些表征系统,青少年网络非主流行为文化彰显了自己独特的风格;在恶搞风格的制造和传播过程中,青少年群体表达了自己的价值

① 斯图尔特·霍尔.表征:文化表象与意指实践[M].徐亮,陆兴华,译.北京:商务印书馆,2005:19.

观念、生活态度和行为方式。

概言之,青少年虚拟性行为文化的这一特殊文化景观肇始于他们对传统社会规则、制度特别是成年人对他们的压制的不满,也产生于对主流意识形态赖以凭借的反抗,同时也是对个性解放、人性回归、遵从自由社会的强烈期待。青少年力图通过自身的努力,"制造出仅仅属于自己的文化符号,由此来营造一个属于自己的文化空间,以表示自我认同与主流文化的区隔。这种空间和区隔的建认也可以说是对于主流文化的仪式性和风格化的抵抗"①。这种源于网络技术的兴起而被青少年广泛认同和生成的虚拟性行为文化自其产生后就处于快速的更迭中,各种类型网络行为文化等在颠覆传统文化审美旨趣的同时也在撕裂现代人的审美意识。各色各样的在线传播、手机传播、跨界传播、传统与现代媒体的交互性传播在勾勒出青少年网络行为文化独特性的同时,也在消弭青少年群体界限,超越传统阶层等级的局限,渴望无拘无束的自由成长的美好愿望。

第三节　青少年非主流行为文化的基本特征

青少年非主流行为文化的特征是其本质的外显,不单单反映其非主流行为文化的形式、结构以及现实影响等内容,也是部分青少年身份意识和个性彰显的外在显现。

一、抵抗性

"抵抗"本是伯明翰学派分析青年亚文化时提出的重要概念。他们认为青年亚文化对社会主导文化和强势秩序形成了无所不在的抵抗性,并据此肯定了青年亚文化的积极价值。斯图亚特·霍尔认为,亚文化具有抵抗性,即青少年通过特殊的交谈方式,特别的跳舞方式以及特殊的装扮方式,形成自己独特的风格,试图与成人世界保持一定距离,并通过这种风格表达某种观念,进而汇聚成一股具有抵抗精神的社会潮流。青少年非主流行为文化对现有社会秩序和主流文化通常采取一种不予理睬,甚至否定的态度。值得注意的是,青少年非主流行为文化是通过"风格化"方式表达否定和抵抗

---

① 陆道夫.英国伯明翰学派文化研究特质论[J].学术论坛,2003(6):139-145.

的,风格是表现形式,在风格的背后是意义的呈现。迪克·赫伯狄格指出,青少年亚文化具有的"风格化"是它的"抵抗"方式;通过对嬉皮士、垮掉的一代、无赖青年、摩登族和摇滚乐等英国青年这些符号游戏中的风格进行研究,他揭示了青少年亚文化是如何进行"意义生成"和"抵抗"权威的。① 我国的社会环境显然不同于西方社会,青少年非主流行为文化并无反叛阶级、种族、性别和主流文化的抵抗意识,而是通过符号学中的拼贴、同构和意指实践的方式,以更加含蓄的方式去表达抵抗。这种抵抗性主要指其行为文化偏离和标新立异的倾向,包含积极的抵抗和消极的抵抗。② 积极和消极取决于它所抵抗的主流文化的性质。如果是对优秀的、先进的主流文化的抵抗,就属于消极的抵抗;如果是对腐朽的、落后的主流文化的抵抗,则是积极的抵抗。从这个意义上说,抵抗性是非主流文化的基本特征之一。

　　青少年非主流行为文化的抵抗性更多的是强调它在一定程度上对主流文化的偏离和抗拒。偏离主流文化是为了保持自己的特色,形成显著区别于主流文化的风格和样式。正是偏离,使得青少年非主流行为被打上了标记而容易区隔。抗拒是为了强调自身的价值,是为了解决文化认同的矛盾与冲突,是青少年群体中的部分成员对其面临的社会矛盾做出的必然反应。从表层看来,青少年非主流行为文化是对主流文化的偏离和抗拒,其实它们是内在统一的。偏离只是一种姿态,抗争才是目的,是用这种不同于主流文化期待的姿态来抵抗、反叛主流文化,这实际上也是青少年的一种逆反心理。在实践中,一方面,青少年往往通过张扬的个性、逆反的心理反抗传统文化和某些传统规范,以表达他们自身独特的价值观;另一方面,他们通过自己对现有的社会价值体系发出挑战,将自己的积怨与不满通过自己的服饰、行为举止表达出来。它潜在地威胁着任何经过社会界定的现实,社会法则是对于边缘经验的一种捉襟见肘的防范,根本奈何不了强大而且异己的紊乱势力。③ 青少年非主流行为文化最有影响的标志是对主流社会所确定

---

　　① 迪克·赫伯狄格.亚文化:风格的意义[M].陆道夫,胡疆锋,译.北京:北京大学出版社,2009:126.

　　② 吴学兵,吴海云.大学生非主流行为文化的本质意蕴[J].渤海大学学报,2012(6):125.

　　③ 伯尼斯·马丁.当代社会文化的流变[M].李中泽,译.沈阳:辽宁人民出版社,1998:4.

的各种界限和禁忌的破除,用伯尼斯·马丁的话说,"是对无限深渊的追求"①。

实践表明,青少年非主流行为文化的抵抗性并未伴随社会发展进步而真正消失,只不过抵抗的对象随着时代发展而所调整、变化,由原来的主流文化泛化为精英文化、权威文化、传统文化、大众文化等;抵抗的形式进一步多元化,除了正面的对抗、冲突外,更多表现为对峙、偏离,甚至以阻隔、忽视等方式,宣泄对主导文化的不满和背离。在网络虚拟世界,其抵抗不再以引人注目的风格化的方式出现,而是糅合在语言文字、图像和其他符号之中,融汇于日常生活和媒介文化消费中,在狂欢中抵抗,在消费中抵抗。② 这种态度立场是非主流行为文化的一种符号化的反叛,同样具有抵抗性。在一定情境下,青少年非主流行为文化既有对主流价值观的疏离和反叛,也有对主流价值观的选择性继承,体现出青少年群体既有对主流社会文化秩序的反叛,又有渴望拥有成人世界话语权的强烈愿望。青少年非主流行为文化抵抗性的两重性,不排除是他们精致利己主义与无责任担当的价值观的折射。

二、边缘性

从社会文化结构和系统的角度来看,社会文化整体形态是由不同的组成部分构成,其表现形态是统一体;且各构成要素文化不是固定不变的,而是随着社会的发展而变迁,它们始终处在积累和演化过程之中。青少年非主流行为文化总体上属于"亚"或"次"的文化,这是相对于主流文化而言,是附属的、次要的、小众的文化。总的来看,青少年群体常常被边缘化,如人际关系中的边缘化,社会身份和角色的边缘化,他们也常常以边缘化的视角和行为来看待、解释和参与社会。因此,青少年非主流行为文化具有边缘性,代表社会中处于边缘地位的青少年群体的精神诉求和利益。青少年非主流行为文化正是以边缘的姿态对主流社会的结构和主流社会意识,进行反叛和抗拒,以此捍卫自身的主体性和身份意识。

首先,从社会阶层结构关系来分析,青少年群体处于预期社会化阶段,

---

① 伯尼斯·马丁.当代社会文化的流变[M].李中泽,译.沈阳:辽宁人民出版社,1998:182-183.
② 马中红.在破坏中建构:"小时代"的亚文化语言[J].文化纵横,2013(05):85.

处于向成年转变的过渡期,有迫切融入主流社会的渴望,但社会性还不够成熟,绝大多数无疑处于社会结构初始层级,社会上升通道未必顺畅,难以接近成人宰制社会层级的中心,边缘化或被边缘化在所难免。"青年群体与社会规范之间的无形的藩篱,由其内在人格与生活经历,以及受教育程度的有限性。"①在社会正常交流渠道受阻的情况下,青少年群体通过非主流行为文化的方式表达自己对主流社会价值观的藐视。

其次,青少年非主流行为文化的表征,如杀马特、网络恶搞等本身就对主流文化的秩序和统治构成消解,自然不被主流文化接受和认同;而且青少年对事物很难做出准确的分析和理性的判断,又热衷于展现自我、张扬个性,喜欢追求感官的新鲜刺激,爱好模仿另类的行为举止,创造新奇的事物和观念,特意以边缘的、另类的、特立独行的方式参与社会活动,自然被主流社会或社会精英认为低俗、无意义甚至下流等。因此,青少年非主流行为文化自始至终处于被主流文化排挤并打压的状态,属于边缘化的文化形态。

再次,从非主流行为文化最初的传播方式来看,青少年的某种非主流行为最初往往在小范围或小群体内出现,随后才会有越来越多的人进行模仿和学习,进而扩散到更大范围或更多群体当中。青少年非主流行为文化的传播并不仅仅是依靠自身强大的生命力和独特性,也往往借助和依靠商业元素,通过商业收编的方式进行改造,进而推广与扩散。

需要指出的是,在当代 Web 2.0 甚至 Web 3.0 网络语境下,自媒体和社交媒体极其发达,其传播途径在拓宽,传播速度在加快,传播效应在增大,因此非主流行为文化传播和影响方式有质的跃升。简言之,青少年非主流行为文化的边缘性不仅表现在他们处于社会关系结构中的边缘地位,更体现在其处于主流文化支配下的文化系统的边缘。

三、逃离性

对青少年而言,逃离既是青春期的心理欲望,也是个体自身生存感和表达权的欲望。而文化意蕴的逃离,是指青少年非主流行为文化对主流文化逃离的状态表征。无论是社会主流文化还是前喻文化,都是由成人规制和操控的,青少年在这样的文化体系中,处于被边缘化、被压制、被剥夺话语权

---

① DUANING E, MURPHY P J, WILLIAMS J. The roots of football hooliganism[M]. London:Routledge,1988:220.

的状态。

首先,青少年非主流行为文化逃离性的根源在于青少年群体的逆反心理甚至是反叛精神。就社会结构而言,青少年处于过渡性的阶层。跨过懵懂无知的少年时期,步入指点江山的青春年代,他们有着激扬文字的豪迈气概,渴望在社会中拥有自己的角色与席位,但他们未能完全融入成人世界,也缺乏独立的话语权地位。因此,当强烈的主体意识遭到漠视时,他们试图选择一种"逃离"的方式来表达自身群体的诉求。其次,青少年非主流行为文化逃离性的根源在于其社会文化结构的地位——青少年总处于受众地位。家庭、学校乃至社会都要求他们接受、践行在他们看来属于程式化、模式化的主导的主流文化体系,而对他们自身的文化需求与文化创意要么视而不见,要么横加干涉。个性张扬、意气风发的青少年不满于这种被动接受、缺乏能动性的边缘地位,因而他们"具有对社会主导文化的反叛性,并希望通过种种'反叛'的行为以凸显自身在主导文化中被'忽视'的地位"[①]。

非主流文化虽然具有逃离性,但不能因此把它等同于反文化。"所谓反文化,是指与主流文化价值倾向相对立的文化成分。"[②]反文化是对主文化的否定和对抗,而非主流文化是对主文化的偏离而非背离,逃避而非抵制。正如加拿大学者迈克尔·布雷克所言:"绝大多数青年亚文化,除非它们具有明晰的政治因素,否则在任何简单意义上都不是反抗性的。它们也可以是反叛性的;它们可以推崇和追求特殊的时尚和价值观,但它们的反叛很少达到一种鲜明的对抗。"[③]在个体价值高扬的时代,个人在快速变动的社会之中存在种种不确定性,作为社会结构关系中的一个基本单元和社会行动过程中的一个基本实体,大多数时候需要直接面对社会,追求个性和展现主体性也呈现出更加鲜明的特点。青少年思想行为中之所以充满反叛精神,是因为他们面对现实生活中的种种状况,都喜欢从反面思考,提出类似"如果不这样可不可以"的疑问。这种鲜明的个性偶然地表现为极端的反抗和叛逆,青少年会用具有强烈对比的形象,通过展现自我、追求个性形成与社会的互动,例如青少年杀马特文化现象。

---

① 李江静."族群热":青少年流行时尚的文化解读[J].青年探索,2009(03):17.

② 郑金洲.教育文化学[M].北京:人民教育出版社,2000:135.

③ 迈克尔·布雷克.越轨青年文化比较[M].岳西宽,张谦,等译.北京:北京理工大学出版社,1989:9.

需要指出的是,在前互联网时代,青少年逃离的行为受限繁多,有时甚至举步维艰,这反映了青少年逃离成本高,对大多数青少年而言,逃离的欲望可能被深深地压抑。即便如此,逃离现象从未中断,仍然层出不穷。在互联网主导的新媒介语境下,新媒介崛起之初就预设了兼容和赋权的机制,加上媒介技术的"傻瓜化"、智能手机的普及化以及信息资费的低廉化趋势,使青少年逃离有了基本的技术条件和经济基础。因此,掌握了新媒介技术的青少年群体以网络技术为"武器",在自我与成人世界之间筑起了一道"高墙",通过技术壁垒逃避和主动隔绝社会主导文化、父辈成人文化的管制;趣味相投、趣缘结合的交往方式快速形成,文化共同体特征得到凸显,在自行建构的虚拟空间中获得逍遥超越之快意,充分表达"我的地盘我作主"的自主性和主导性。

四、娱乐性

我国社会处于历史断裂与社会转型的新时代,开放与多元是其基本的时代底色,表现为物质欲望的张扬、消费文化的兴起、享乐主义的无节制泛滥,新型的、时尚的事物弥漫在社会生活的每个角落,这些为诸行为文化的发生发展带来了前所未有的便利。青少年非主流行为文化的娱乐性就是在变动的社会背景和包容的社会环境中形成的。娱乐也是青少年文化族群情感结构的构成要素,借由媒介助推和发酵,广泛展现于青少年文化活动过程之中。[①]

从社会主流文化统摄的影响看,社会主流意识形态的传播和对精神领域的支配,必然导致社会思想文化相对停滞,文化创新意识相对淡漠,人与人之间以及人与社会之间社会关系也停滞不前。因此,青少年群体在面对社会矛盾时,由于处于边缘地位,不具有与主流社会文化相抗衡的力量,于是他们就采取了偏离、抵抗、逆反的态度,用自己的文化方式和独特的价值观来宣泄自己的情绪,以娱乐方式表达自己的精神诉求。作为非主流行为文化"存在方式及其表征的娱乐,体现的实际上是　种游戏精神"[②]。他们

---

① 马中红,陈霖.无法忽视的一种力量:新媒介与青年亚文化研究[M].北京:清华大学出版社,2015:140.

② 马中红,陈霖.无法忽视的一种力量:新媒介与青年亚文化研究[M].北京:清华大学出版社,2015:141.

不断突破传统的社会规则,"盗用、拼贴、改造"主流文化的元素,为己所用,创造出各种"变异"的文化产品,享受着短暂的精神愉悦。"其实质在于娱乐中个体获得了属于个人的情感体验,享受了自由自在的感觉,得到了无与伦比的愉悦和快乐"①。这些娱乐性明显区别于主流社会的行为方式和生活习惯,因而他们肆意享受着自己独特的精神世界,痴迷于各种娱乐文化产品,主动积极地模仿各类电视综艺节目中的娱乐方式、思维特征和个人价值追求,甚至追求过度的欲望。他们既有对自由、平等、民主等美好生活向往的需求,又有渴望分享社会的主导权、满足自由成长的诉求。

此外,娱乐性遵循的是快感原则,各种行为、关系和符号都围绕快感的获得和释放,它对外在事物的沉迷、戏仿、嘲讽、颠覆与重构,都无非是要获得身体的、精神的或两者兼具的快感。②青少年非主流行为文化的娱乐实践不可避免地表现出对社会主导文化的抵抗和传统美学的拒斥,取而代之的是具有混杂性、娱乐性的审美趣味。尤其是网络空间的无深度感、暂时性、分裂性,加上"娱乐至死"文化情绪传播扩散,青少年非主流行为文化不同程度地表现出无厘头、狂欢、无聊、围观、起哄等现象。部分青少年甚至认为,之所以参与非主流行为文化实践,只不过是因为喜欢,能从中得到平凡生活所未有的乐趣,或者能表现自己的才能并获得他人的赞美。所以,青少年群体极尽恶搞之能事,对主流文化的严肃经典给予解构消解,以粗鄙、难登大雅之堂的语言表现崇高的精神范例,以此表达出他们对主流文化一贯以来高高在上的内容和不接地气的表达方式的不满。简言之,他们解构权威的主导内容是其目的,解构的过程充满恶作剧的快感;这种非主流行为文化的娱乐化解构过程,往往不可避免地指向空洞、迷茫和无意义。尽管娱乐性难以撼动主流文化的固有地位和主导指向意义,但其对所谓主流、经典、权威的解构,依然凸显出青少年文化心理的意义向度——青少年在一定程度上释放激情,缓解焦虑,宣泄不满。因此,在娱乐中抵抗,这种娱乐性成为当代青少年非主流行为文化的重要价值取向。

---

① 马中红,陈霖.无法忽视的一种力量:新媒介与青年亚文化研究[M].北京:清华大学出版社,2015:141.

② 陆玉林.当代中国青年文化研究[M].北京:中国人民大学出版社,2009:80.

第四节　青少年非主流行为文化的本质阐析

已有研究成果认为,包括青少年非主流行为文化在内的亚文化不但能帮助青少年想象性和象征性地解决集体性的困境问题,而且可以通过确立非主流行为文化的风格,建立差异,进而建构自我认同。这样就可以在文化领域积累自身文化资本,获得文化话语权。根据这些研究认识,本研究认为当代青少年非主流行为文化的本质表现为如下两方面:

一、青少年主体性的自觉与跃升

如前所述,青少年非主流行为文化属于一种"次"的文化,这种"次"或"亚"的小众化特征决定了它的非主流地位;而这种非主流的地位,恰恰是其构建拥有自身独具风格的动力,并通过风格建构建立交往圈,以此区别"圈内人"和"圈外人",其实质是青少年群体主体性的觉醒和提升。非主流行为文化在青少年群体中的广泛流行,在一定程度上反映了青少年不被主流文化认同的焦虑。

首先,这种认同的焦虑是一种存在的焦虑。当下以 95 后、00 后为主体的青少年群体多为"独一代""独二代",在急剧变动的社会变迁中成长,内心的孤独感更强烈,自我认同危机更严重。"青少年自我实现愿望强烈,但是现实社会中个性不能完整展现"[①],所以他们通过创造性或模仿性行为来投射自身的情感,借此寻求一种理想化的自我和构建认同。每个人只有通过个人与社会的互动才能反思性地理解到自我主体性。但在不同的社会文化背景下,个人与社会的互动模式大相径庭,因而也决定了青少年在追求主体性时呈现出的不同特点。有学者指出,青少年通过行为文化"特有的风格,建立差异,进而建构自我认同"[②]。非主流行为文化的实质是:青少年既想自己追求某些精神特质,也想通过共同行为文化寻找和发现　些志同道合者,并建立一种"群体"和"圈子",借此来确定自身在社会中的地位并从中获

---

①　戴昀,吴学兵.快乐主义理论视角下青少年网瘾问题分析[J].当代青年研究,2014(1):81.

②　马中红.青年亚文化:文化关系网中的一条鱼[J].青年探索,2016(1):74.

得一种认同感,如小清新文化行为。最近有研究报告指出:"00后更渴望被同龄人认同,更愿意花更多时间和朋友在一起。在不同的社交平台上,他们倾向于用不同的人格表达自己,从小懂得如何塑造更加讨人喜欢的形象。"①

其次,这种认同焦虑是自我迷失的焦虑。安东尼·吉登斯认为进入现代社会以后,由于时间经验的断裂,个体缺乏个人经历连续性的一致感受,难以获得关于生命的持续观念,因此常常在现代社会中迷失自我,深陷认同危机。② 高速发展的现代社会,不仅改变了传统社会秩序的轨道,也造就了全新的现代社会生活形态,现代社会的风险性和不确定性骤然增加。奔走于现代社会的个体,既无力阻挡和抵消现代性带来的巨大风险,也无从为自身构建一个坚强的安全网,因此他们常常会陷入随时被吞噬、被倾覆的焦虑中。这种焦虑牢牢占据个体的内心体验,他们甚至陷入一种内在迷茫的状态,难以维持积极的自我关注。譬如,青少年试图标新立异,却往往被主流文化淹没;他们渴望张扬个性,而生活却给了他们太多的规范和约束。因此,当现实社会对他们的个性张扬构成阻碍,或者说漠视他们的独立话语权时,他们就试图另辟蹊径,以寻找适合自己的宣泄方式。非主流行为文化的标新立异正好迎合了他们的需求,成为他们展示个性的符号标志。于是乎,借助行为文化的运作,构建内心的保护层,选择逃避来规避自身的风险,而不是积极面对外在环境以寻求与外在环境的融合。这种典型认同焦虑集中表现为青少年御宅文化。

最后,青少年认同焦虑是其主体性跃升的契机和必然过程。青少年非主流行为文化涌动,实质上也是他们主体性追求的觉醒与跃升,表明当代青少年在"为我关系"中已经催生"我"作为主体地位的意识。在青少年非主流行为文化活动中,当代青少年主体性追求的觉醒与提升具体表现为:第一,思维更加活跃,观念更趋开放。得益于良好的教育和文化环境,他们思维的灵活性、独立性、批判性日益增强,具有多维性、发散性的特征。随着社会改革的不断推进和社会的公平公正环境程度的日益提升,他们有机会享受到

①　腾讯00后研究报告[EB/OL]. http://wemedia.ifeng.com/67951860/wemedia.shtml.

②　安东尼·吉登斯.现代性与自我认同:现代晚期的自我与社会[M].赵旭东,等译.北京:生活·读书·新知三联书店,1998:176.

更多的社会资源,接触到较多的新事物和新思想,因而视野更加开阔,思想观念也更加开放。第二,自我意识显著增强。优越的成长环境使他们具有较强的自我认同感,他们习惯以自我为中心,注重内心的感觉和体验,喜欢按照自己的意愿行事,不愿盲从先辈的经验和模式;对现实往往持叛逆性的态度,喜欢接纳新鲜的事物,崇尚个性独立、自我张扬。当代青少年可根据自身的特点、兴趣发展自己,他们已从以往的依附观念向主体观念转变。人们以往以"我是什么"(being)来界定自我,到后来关心"我有什么"(having),到现在则变成"我看起来像什么"。① 这种主体意识使当代青少年在日常生活中更加关注自己看起来像什么。第三,情感日益丰富,情绪体验强烈。一方面,随着教育层次的提高、认识能力的增强、生活空间的扩展,青少年的见识大为增加,内心情感也更为丰富。另一方面,他们精力充沛,血气方刚,具有勇往直前的气概,但自制力和自控力较弱,情绪体验往往比较强烈,有时甚至因难以驾驭而失控。这一点也须引起社会的高度关注。

二、青少年身份认同的确证与建构

青少年群体殊异于成人群体,他们一旦感知到差异的存在,自我身份的认同便成为不可逾越的人生要义。② 斯图亚特·霍尔指出,"认同从根本上说是一个主体问题,是主体在特定社会文化关系中的一种关系定位和自我确认,一种有关自我主体性的建构与追问"③。在此种情况下,他们开始重新思索自己的文化活动空间,寻找身份建构的途径。

第一,身份建构和身份认同是青少年群体形成群体文化的前提,也是文化培养的基础保障。吉登斯曾将"自我认同"定义如下:个体依据个人在社会化经验中的互动与反思所能理解到的自我。④ 在他看来,自我认同要以冷静而理性地看待自己和外部世界为前提,建立明确的人生目标,坚持不懈地追求目标并在逐渐接近目标的过程中实现自我价值,同时获得自我与社会的认可,完成由"自我认同"向"自我实现"的跨越。吉登斯还认为,社会成

---

① 蔡骐.大众传播时代的青少年亚文化[M].长沙:岳麓书社,2011:56.

② 马中红,邱天娇.身份认同:Cosplay 亚文化的实践意义[J].青年研究,2011(05):9.

③ HALL S, GAY G. Questions of cultural identity[M]. London:Sage, 1996:4.

④ 安东尼·吉登斯.现代性与自我认同:现代晚期的自我与社会[M].赵旭东,等译.北京:生活·读书·新知三联书店,1998:58.

员的自我身份并非一成不变,而是在与他人的符号互动中逐渐调整和完善。青少年用特定的文字符号和网络流行语表达自身的感受,处于青少年圈外的群体往往无法理解,而这些语言符号强烈地依赖语境,成为网上青少年之间交流的特有语言符号,形成独特的戏谑和搞怪的风格,形成特有的亚文化的行话。可见,"认同性是在一种斗争的领域里形成的,通过这样的斗争,个人在一种有差别的系统里选择自身的文化意义和风格,而这一系统总是涉及对某些认同性表征的确认以及对其他一些表征的否定"①。

第二,风格对青少年行为文化来说是一种重要的标志,它是赋予青少年群体有效性和一致性的强有力的途径,联系着特定群体并定格他们的存在。对于尚处于当代社会结构边缘的青少年,如何找到属于自己的社会位置,使自身能够作为真正的主体存在具有根本性意义。因此,形式多样的行为文化就构成他们借以彰显自己生活方式、表达方式和身份感的基础,他们通过行为文化活动及其影响展示专属于他们主体的风格、文化形式。譬如,采用一套符合青少年心理期待和思维方式的文化编码,生产的是青少年对自己、世界的看法,提供一个宽阔的供青少年主动消费和生产属于自己意义的空间。这样可获得身份和意义的双重认同,完成身份的自我构建。又如在网络虚拟文化活动中,青少年群体以归属感为中心,从网络社区内部的精神信仰、网络成员之间的交流互动、参与网络社区建设的主动性等方面构建身份认同。所以说,"认同的主体性并不是单向的,而是互动意义上的,是在不同主体之间的互相沟通、交流过程中建构的"②。

第三,社群归属感是青少年非主流行为文化的根本精神诉求。布尔迪厄指出:"当文化的生产者在自己的场域中追求自己特定的利益的时候,他们不知不觉地在社会阶级结构中生产出同构的结果。"③通常情况下,个体会通过相对熟悉,且彼此包容的共同体或组织与"大社会"建立联结,形成"个体—共同体—社会"的基本结构,这里的共同体既可以是家庭,也可以是社会组织。共同体或组织在一定程度上影响了个体的社会化过程,青少年

---

① 道格拉斯·凯尔纳.媒体文化:介于现代与后现代之间的文化研究、认同性与政治[M].丁宁,译.北京:商印书馆,2004:276.
② 李友梅,肖瑛,黄晓春.社会认同:一种结构视野的分析[M].上海:上海人民出版社,2007:5-6.
③ 戴维·斯沃茨.文化与权力:布尔迪厄的社会学[M].陶东风,译.上海:上海译文出版社,2006:154.

在与共同体的互动过程中确认自我,并建构自我与社会的关系。在青少年非主流行为文化活动中,他们不仅需要在社群内获得身份认可,还需继续与群内其他成员保持互动,以维持稳定的关系。互动越多,关系越稳定,并逐渐形成一个相对封闭的小众群体。该社群成员通过互动交流保证社群关系的建构与维系,其主要动力要归功于社群归属感的形成。其中,青少年个体在行为文化活动中的贡献量与所获得的认可与尊重是相当的,还有更重要的是青少年个体对社群的荣誉感和忠诚度,并与组织内部成员相互尊重,和谐友爱,形成统一的思想力和行动力,真正让个体感到在文化社群中的归属感。在网络虚拟空间中,由于匿名性,青少年经由网络平台可以直接面向社会,并在弥散的社会中找到一定的社会支持群体,让着意表达自我的青少年获得归属感和支持感,以表达自我、彰显自我身份的确定性。

总之,个性追求和主体性的觉醒是人们在青少年时期的普遍特征,既体现着青少年自我意识的发展,也是个人社会属性的体现。青少年非主流行为文化与其他文化形态一样,都是青少年群体表现主体性和个性追求的渠道。青少年通过各具特色的文化风格表征,彰显主体对于自我、身份、性别等问题的独特表达,使其群体与成人群体的差异愈加明显,从而与主流文化和社会规制分庭抗礼,并积极建构属于自己的文化身份与文化环境。在这种身份认同实践中,青少年群体凭借自身的想象力和创造力,将这种活动扩张成了一份有着丰厚意义积淀的青少年文化财富。

第三章 青少年非主流行为文化
兴起的内外动因

　　进入新时代的中国社会正处于快速变动的转型时期,因而各式各样的青少年非主流行为文化有了"激情演绎"的可能空间,其中不乏对域外的行为文化的模仿性重演,更有我国本土化的内生性的非主流行为文化悄然崛起、壮大。在时代的律动中,青少年非主流行为文化构成了别致的文化图景。感性赞叹青少年非主流行为文化多元所带来的"乱花渐欲迷人眼"的景象不是本研究的主旨,深入探究其生成、发展的根由,理性解读内外因的合力推动,才是本研究正解之道。

第一节　青少年非主流文化兴起的外在动因

　　从根本意义上说,青少年非主流行为文化的发生、发展,与我国改革开放 40 年来经济社会的高速发展、人民群众美好生活诉求增强、闲暇增多、精神文化生活日益丰富和发展有关;当然,域外文化思潮的影响也功不可没。透过具体现象来分析,我们发现青少年非主流行为文化生发的外因更为复杂。基于影响因素的重要性以及研究目的的需要,下面着重阐析其中要因。

一、经济全球化浪潮的激荡

　　何谓经济全球化? 目前并无统一的说法。国际货币基金组织 1997 年5 月的报告给出的定义是:"经济全球化是指跨国商品与服务贸易及国际资本流动规模和形式的增加,以及技术的广泛迅速传播和世界各国经济的相互依赖性增强。"经济合作与发展组织说它是一个过程,"在这个过程中,经济、市场、技术与通信形式都越来越具有全球特征,民族性和地方性在减少"。美国学者罗伯特·吉尔平说它就是"世界经济的一体化"①。当下国际风云变幻,不难发现,经济全球化在西方发达国家存在一定程度的争议,甚至有抵制倾向。但经济全球化的浪潮已不可逆转,席卷了地球村的每一个角落而且其势头愈加猛烈。全球化的最主要表现是:经济资源跨越民族和国家的域界,在世界范围内自由地流动,寻求最佳资源配置。对于当代青少年非主流行为文化来说,受其影响的反而不是全球化的经济因素,而是其他因素的溢出影响。

首先,全球化的背景为青少年非主流行为文化提供了宏观环境。经济全球化给人们的经济生活、社会生活带来了空前变化,"大批量的生产指向消费、闲暇和服务,同时符号商品、影像、信息等的生产也得到急速的增长"②。社会流动大大加快,社会互动显著增强,人们生活方式在悄然变化,这些必然影响着人们的思想价值观念。诚如马克思说过的:"物质生活的生存方式制约着整个社会生活、政治生活和精神生活的过程。不是人们的意识决定着人们的存在,相反,是人们的社会存在决定人们的意识。"③全球化的洗礼给青少年精神生活带来更开阔的视域,他们不再狭隘和偏执,而是有着更大的社会容忍度和文化接纳心胸。

其次,全球化深刻地影响着青少年非主流行为文化发展的文化生态。经济全球化使得以商品、劳务、资本、技术和信息等要素实现了全球化,也必然加强了全世界范围内人们之间的联系,"世界范围内的社会关系的强化,这种关系以这样一种方式将彼此相距遥远的地域连接起来,即此地所发生的事件可能是由许多英里以外的异地事件而引起,反之亦然。"④在全球化的视域下,人们关系互动的频繁,表现在文化的维度上,域内外文化的传播渠道更为广泛,传播速度更加快捷,民族间的文化、国家间的文化交互性交流、交锋、交融,社会主流主导文化与非主流文化的共生状况更加纷繁复杂,各种外来文化的冲击和影响在所难免,文化内生与外塑的情形变得更加扑朔迷离。贝斯利(Besley)认为,处在晚期资本主义之后的后工业化社会中,

① 钟轩理.不畏浮云遮望眼:经济全球化趋势不可阻挡[N].人民日报,2018-10-12(02).

② 迈克·费瑟斯通.消费主义与后现代主义[M].刘精明,译.南京:译林出版社,2000:31.

③ 马克思恩格斯选集:第2卷[M].北京:人民出版社,2012:32.

④ 安东尼·吉登斯.现代性的后果[M].田禾,译.南京:译林出版社,2000:56-57.

有两大特征影响青年亚文化的生长和传播,"一是被跨国公司而不是被单一国家影响和主导的消费社会,另一个是被信息技术、媒体和服务行业而不是被旧制造业赋予特征的全球化社会"①。包括 Google、微软、苹果、可口可乐、耐克、麦当劳、时代华纳、新闻集团等跨国企业,世界银行、世界贸易组织、联合国等国际政府组织以及绿色和平组织等非政府组织都在带动全球化进程,使诸如全球市场、商品化、消费、互联网、国际时装等日渐互相关联,甚至可能转向全球通用。与此同时,多元文化、种族、语言、政治、历史、经济、意识形态等社会差别和冲突在全球化进程中非但没有被抹平,反而因为交流的便利而变得愈加突出②。在我国改革开放的 40 年间,西方发达国家商品(包括文化产品)、服务贸易、资讯等承载其文化资源和文化要素鱼贯而入,逐渐生根发芽、壮大,在青少年群体中有广泛的"哈韩""精日""崇美"的市场。这说明西方文化及其所包含的意识形态对我国产生了直接的影响。值得注意的是,"全球化不会消灭本地文化,后者中宝贵的和值得生存的一切将在世界开放的格局中找到合适的土壤并生根发芽"③。这种本土文化因其民族性、草根性、地域性气质,浓郁的生活气息天然地契合了青少年文化心理,满足了青少年精神文化的诉求。全球化下域内外文化潮流的合流激荡,甚至携手互相促动,必然给青少年非主流行为文化的潜滋暗长注入新动力。

再次,经济全球化裹挟着现代性和后现代主义文化思潮的迎面冲击。"全球化的释义中最普遍的是这样一些观念:通过一种技术的、商业的和文化的趋同,世界正在变得更加一致和更加标准化,而这种趋同倾向发源于西方;而且全球化与现代化联系在一起。"④这个观点与英国社会学家吉登斯的解释略同:"何为现代性,首先,我们不妨大致简要地说:现代性指社会生活或组织模式,大约 17 世纪出现在欧洲,并且在后来的岁月里,程度不同地

---

① BESLEY A C. Hybridized and globalized : youth cultures in the postmodern era[J]. Review of education, pedagogy,and cultural studies,2003, 25(2).

② 马中红.商业逻辑与青年亚文化[J].青年研究 2010(02):66.

③ 马里奥·巴尔加斯·略萨.全球化与文化[C]//李惠斌.全球化与公民社会论文集.桂林:广西师范大学出版社,2003:4.

④ 让·内德文·皮斯特.作为杂合的全球化[C]//梁展.全球化话语.上海:上海三联书店,2002:103.

在世界范围内产生着影响。"①吉登斯把现代性的发展分成两个阶段,即:简单现代化阶段和晚期现代性阶段。简单现代化阶段以追求理性、科学与自由为目标,而晚期现代性则以全球化为标志。像我国这样后发的尚未完成现代化的国家,必然承受全球化来势汹汹的冲击之重,承受经济全球化裹挟的西方发达国家在数百年间内所演绎的现代性、后现代性主义文化思潮悉数到来之重,一时间现代性、后现代性在中国争相影响甚至相互交织。

一方面,西方发达国家所呈现的与传统秩序断裂的现代性在我国同样有所展现,改变了我国社会相对传统封闭的格局,人们开始普遍接受新的生活方式的现代性。"在这里,现代性被看成是现代生活质量,它产生非连续性的时间意义,它是与传统的断裂,对新奇事物的感觉以及对生命短暂的敏锐感受,通过它,我们感知现实生活的短暂性与偶然性。"②这意味着将西方资本主义进程中的现代因素通过全球化带到其他地方,表现为现代性,符合现代商业发展的理性化要求。吉登斯也认同,全球范围内青年亚文化的兴起是现代性的必然结果。我国青少年的成长就处于现代化进程中,他们没有传统文化因素的包袱,深受全球化所带来的现代性的浸染。所以西方现代性催生的青少年非主流行为文化,以现代性和后现代性为主题,激发青少年互动创造,打上现代性烙印,浸润着现代性的元素。

另一方面,随着现代性在全球范围内展开,现代性逐步呈现出双重性,现代性所具有的科学技术和理性、自由理念推动了社会的进步,但是现代性也带来了诸多难以预知的风险。吉登斯对现代性的两面性给予了充分重视:"与任何一种前现代体系相比较,现代社会制度的发展以及它们在全球范围内的扩张,为人类创造了数不胜数的享受安全和有成就的生活的机会。但是现代性也有其阴暗面,这在本世纪变得尤为明显。"③基于现代性的反思和审视,于是西方国家的后现代性思潮应运而生。"说起后现代性,就意味着一个时代的转变,或者说,它意味着具有自己独特组织原则的新的社会整体的出现,意味着与现代性的断裂。"④现代性的后现代主义思潮对我国

---

① 安东尼·吉登斯.现代性的后果[M].田禾,译.南京:译林出版社,2000:1.

② 迈克·费瑟斯通.消费主义与后现代主义[M].刘精明,译.南京:译林出版社,2000:5-6.

③ 安东尼·吉登斯.现代性的后果[M].田禾,译.南京:译林出版社,2000:6.

④ 迈克·费瑟斯通.消费主义与后现代主义[M].刘精明,译.南京:译林出版社,2000:4.

社会产生的影响非常复杂。这与我国经济社会发展不平衡不充分的现状有关,意味着在我国当代时空内,前现代、现代和后现代这三种思潮共时性存在,都有自己的立足之地和接受市场。后现代性必然对刚刚建立起来的现代生活秩序构成挑战;而对前现代的区域和人群来说,挑战和影响同样存在。正如贝尔所说,"后现代主义是现代主义中代表欲望、本能与享乐的一种反规范倾向,它无情地将现代主义的逻辑冲泻到千里之外,加剧着社会的结构性紧张与恶化,促使上述三大领域进一步分崩离析"①。后现代主义在我国青少年非主流行为文化发展过程中具有基础性价值和规范性引导的作用。后现代主义竭力提倡个性的解放及主体性的回归,打破传统社会秩序,向死板僵化和机械性的社会现实发起挑战,剔除陈旧文化话语,进而构建新的话语符号。后现代主义为非主流行为文化的出现和流行提供了非常适宜的现实环境与社会文化背景。因此,它们表现为对主流社会权威的抵抗和反叛,表现自我,追求"娱乐至死",具有强烈的反主流文化和权威的倾向,其体现的独特的价值观迎合了当前后现代主义的时代背景和社会思潮,类似亚文化的风格意义,形成了独具特色的文化类型。非主流行为文化本质上与后现代思潮的否定权威、去中心化、瓦解宏大叙事、提倡差异性和非同一性内在一致。从这个意义上说,青少年非主流行为文化汲取了后现代元素,而后现代性的特定环境又促进了青少年非主流行为文化的流行。总之,伴随着现代性而来的风险,不仅导致了整个人类的生存危机,而且导致了生活在其中的个体产生巨大的焦虑感和不安全感。为了抵御自然和传统带来的现代性风险,个体的人需要通过重新建构自我认同来抵御危机。青年亚文化的实质是伴随着现代性在全球范围内扩张而成长的青少年一代自我的迷失以及对自我认同的寻求。

二、多元社会环境的包容

众所周知,宽松包容的社会环境是文化发展最适宜的土壤。对于"次"的青少年非主流行为文化,格外需要外界环境的包容和接纳。改革开放40年来,我国经济社会发展所需要的"硬件"系统即基础设施已逐步进入世界先进行列,事实上,支撑经济社会发展的"软件"系统即开放包容的制度、政

---

① 迈克·费瑟斯通:消费主义与后现代主义[M].刘精明,译.南京:译林出版社,2000:12.

策法规、社会文化环境已然形成良好的叠加效应,成为社会快速发展的持续动力。就青少年非主流行为文化而言,这种利于其发生发展的社会生态效应主要体现如下:

其一,我国社会结构转型过程不可避免会形成"失范"的空场。有学者指出:在很大程度上,亚文化,特别是在社会转变过程中快速形成的亚文化,乃是主流话语在强化自身的过程中所伴随的一定人群失范和剩余的结果,当然也是一定人群在迅速变化的时代实现自我保全的表现。[①] 美国社会学家默顿也论及,社会结构转型期往往出现"失范"状态,即传统的价值观和行为导向体系不断受到新的价值观的挑战,而此时新的系统的价值体系还没有完全建立起来。我国正处于全方位的社会转型时期,从社会结构来说,是从封闭半封闭的传统社会向开放的现代化社会转变;从社会体制来说,是从高度集中的计划经济体制向相对自由的社会主义市场经济体制转变,但我国的市场经济体制改革仍在不断完善过程中,市场经济主体的多元化以及市场经济本身的消极因素等的客观存在,"经济体制、政治体制、社会结构的转型造成了社会主流意识形态吸引力、说服力、凝聚力的下降"[②],使得社会主义核心价值观尚未处于完全的统摄状态。因此,传统的主导社会价值观念对个人的控制力相对减弱,导致个人价值观念选择多元化,人们更多地关注个体自身的利益,并根据自己的需要来选择自己的文化及价值观。青少年群体借助非主流行为文化在"空场"展示自己的风格意义。社会生活的容忍度增大给青少年非主流行为文化以更加充分的表现机会,也给主流文化对非主流行为文化的整合带来困难。

其二,我国多元共生的社会文化环境提供了诸形式文化演绎的舞台。随着我国全面深化改革和全面开放的深入推进,社会文化环境相应发生改变,西方文化思潮和思想价值大规模地越过我国主导文化的边界,直接冲击我国主导的文化体系。中西方文化和思想价值的冲突与碰撞空前激烈,造成文化系统内部的分化、分裂直至文化转型与重构,避免原有文化系统重走封闭的内循环和自我复演之路。在这样的转型过程中,高度一致化的文化遭到严峻挑战,文化分化现象突出,新旧文化势均力敌,雅俗文化并驾齐驱,主次文化竞相登场。文化的转型中既有传统文化与现代文化的融合,也有

---

① 邹诗鹏.作为亚文化以及社会情绪的"佛系"现象[J].探索与争鸣,2018(04):45.
② 马中红.青年亚文化:文化关系网中的一条鱼[J].青年探索,2016(01):76.

中外文化的交流往来,域内外文化的杂糅并存。多元文化以强劲的势头,刺激和满足社会群体的多种文化需求,也强烈地冲击着主导文化。尤其是以互联网为代表的新媒体的崛起,不仅为异质文化实践提供了"水草肥美"的土壤,而且不自觉地、无法设防地给予了相比之下更容易接受和掌握新媒介技术的年轻人文化话语和权力,青少年群体得益于新媒介技术,在强势的主导文化、肆虐的大众文化缝隙中获得较为宽松的生存和发展空间,他们在这里上演了一出出琳琅满目精彩纷呈的鲜活的文化戏剧。① 社会生活的快速变化必然对文化建设提出新的要求——要以前瞻性的、开放的视野进行文化体制改革。文化体制改革的目标,即建立与文化赖以生存和发展的经济基础、经济体制环境和社会条件相适应,与人民群众对美好生活向往相适应,与完善社会主义市场经济体制相适应的文化体制。文化产业发展迅猛,文化艺术产品不断丰富;与此同时,国内外文化的交流互动日益密切,中外文化合作项目越来越丰富,其广度和深度都是前所未有的,体现了文化发展的全球化和多元化。文化体制环境有利于我国文化的大发展大繁荣的同时,不可避免地带来了在西方社会风行一时的流行文化,比如摇滚文化。

总的来看,青少年非主流行为文化的发展与我国整个社会文化环境变迁是密切相关的。在改革开放和现代化建设的过程中,我国社会整体上对个人的行为和青少年行为文化表现出越来越大的宽容度。这种宽容"是基于平等的自由精神而表现出的对不同生活方式、价值观念、爱好情趣等的容忍、尊重以及在这种雅量与胸怀中所深藏着的平等包容精神"②。这里所讨论的宽容不仅仅是一种个人的品德,更是一种制度化的社会机制。宽容的制度环境体现了社会文明的进步,使人们了解和学习新事物的机会增加,人们的思维方式得到改变,人们能够带着理解和尊重的心态去看待周围的事物,特别是新出现的事物。于是,个人得以更加自由地选择自己的行为方式、自己喜爱的文化形式。青少年非主流行为文化也有了较为宽松的成长和流行环境,并形成了特殊的青年亚文化群。面对层出不穷的新兴亚文化,如今大多数人已经很少会有"震惊"的反应了,但是不适应和排斥的感觉还时而存在。社会大众对一种青少年非主流文化的态度,对这种文化的生存和发展是至关重要的。在宽容度较高的环境中,这种亚文化可以得到迅速

---

① 马中红.青年亚文化:文化关系网中的一条鱼[J].青年探索,2016(01):76.
② 高兆明.多元社会的价值冲突与政治正义[J].江苏社会科学,2000(6):141-146.

的传播和发展；而在宽容度较低的环境中，这种亚文化的生存和发展会是十分艰难的。

其三，我国社会结构内部的变化产生了新的生长空间。一是独生子女的家庭环境成为青少年非主流行为产生的重要基础。当代以95后、00后为主体的青少年群体多为独生子女，其成长环境使得他们多具有情感孤独和渴望摆脱父母影响的双重情绪，并养成我行我素、特立独行、以自我为中心的性格。同时，他们不仅有渴望社会承认的欲望和反叛社会控制的冲动，而且还具有相对优越的物质条件，有经济能力消费他们心仪的文化。青少年文化消费的不断升级，促使文化产品丰富多样，文化市场不断扩大，与青少年行为文化消费形成互动，刺激青年行为文化不断生成。当然，青少年青春期的困惑通过文化消费的形式获得暂时的解决，替代性地实现他们的精神满足。二是城市社区"陌生人"社会环境能够包容异质性文化的栖身。在目前社会转型时期，我国城市社区的功能发挥并不充分，社会整合的力度还有待加强。尤其在新兴社区内，由于居民来自不同的经济组织，或者人口流动频繁，居民之间处于陌生人状态。而中国社会伦理往往还是"熟人伦理"，因此，社会规范在社区里发挥的整合作用非常有限。居住于社区中的青少年也能够进行着各种各样的行为文化表达方式。三是快速发展的社会所产生的种种现实的问题是青少年非主流行为文化产生的催化剂。我国经济社会的快速发展，不可避免地导致了就业问题、诚信问题、党风廉政问题和官僚主义问题等。大规模的城市化运动、以互联网为代表的高新技术的超常发展，导致社会秩序和社会治理结构的改变；社会阶层的固化以及道德伦理的滑坡等问题仍然在一定程度上阻滞着社会文明的进程。这些现象必然引起青少年的内心焦虑和思想困惑：渴求社会公平，却无能为力；渴望自我实现，却茫然不知所措。升学的压力、就业的压力、婚恋观念的改变等等成长的困惑如影随形，甚至于有些新挑战、新压力突然降临到他们身上。面对高不可攀的社会壁垒，青少年群体素来不拘一格，敢于向传统和权威发起挑战，注重自我价值的实现。青少年群体往往以抵抗甚至嘲讽的文化表现风格轻视之，企图以另类的方式向现存的社会秩序、权力格局和既得利益发动挑战。青少年非主流行为文化便是一种集体的回应和直面的抗争。从某种意义上来说，这是推动新时代社会进步的契机和动力源。

三、信息网络技术的助推

网络信息技术迅猛发展使人类社会迈入一个"技术流"至上的网络时代,互联网正日益深刻和全面地影响着我国社会生活,塑造着崭新的社会生活样态。根据中国互联网信息中心发布的第 42 次《中国互联网络发展状况统计报告》中的调查统计,截至 2018 年 6 月,我国网民规模为 8.02 亿人,上半年新增网民 2968 万人,较 2017 年年末增加 3.8%,互联网普及率达57.7%;其中手机网民规模达 7.88 亿人,上半年新增手机网民 3509 万人,较2017 年末增加 4.7%,网民中使用手机上网人群的占比达 98.3%。① 这其中青少年群体占较大比例。由此可见,网络以其信息容量大、传播速度快、传播范围广等优势契合了青少年追求新奇的特点,逐渐成为青少年接收信息的主要渠道。作为后工业社会的标志物,互联网的自由、开放、多元等特点与后现代主义思潮反理性、反中心、反权威等理论相契合,从而放大了青少年行为文化的传播作用,为其强势传播提供了强大的技术支撑。

第一,信息化为青少年非主流行为文化提供了生根土壤。有学者指出,"社会的性质、结构及其生产力发展水平最终决定青年对社会进行改造的广度、深度及其改造方式"。随着计算机以及智能技术的广泛普及,人类的创造潜能获得了前所未有的激发和释放;互联网的迅猛发展使人类科学文化的传播形式极大丰富、速度极为迅捷,科学文化日新月异,科技含量日益提高。"青年较之人类的任何其他年龄群体,都更容易与新技术相融合,这既表现为他们是发明新技术的主力军,也体现为他们是接收和使用新技术的先行者,从而较之其他年龄群体来说,他们是与新技术的亲和性最强的一个群体"②。对于最新的、最前沿的科技,青少年群体往往是学习最积极的人群,也是消化吸收最快、最好的人群。特别是中国第六代青年赶上教育大发展,高等教育大众化、普及化的关键时期,其文化知识水平比前辈青年群体更高,他们在学习新知识、新技术方面处于明显的有利地位。这就为青少年非主流文化的产生提供了最优越的客观条件。计算机及网络成为"社会信息化的关键性技术内核",必然的结果就是谁掌握了计算机及网络技术谁就

---

① 2018 年第 42 次中国互联网络发展状况统计报告[EB/OL]. http://www.cnnic.cn/gywm/xwzx/rdxw/20172017_7047/201808/t20180820_70486.htm.

② 肖峰.技术哲学视野中的青年及其认知特征[J].中国青年研究,2013(09):17.

站在了信息化社会的制高点。与此有着内在联系的是,家长和教师的权威性在信息化和大数据时代明显降低。从社会整体来观察,由于网络文化的平等与共享,文化权威开始消解,传统的金字塔式的知识等级结构正在土崩瓦解,长辈前喻文化对后辈的文化启蒙价值在降低。信息技术的高速发展,尤其是互联网技术的突飞猛进,推动了全球信息化的迅猛发展,也为诸形式的文化的传播提供了便捷。相对于传统的静态媒介,互联网因其传播速度快、时效强、交互性强以及信息容量大等优势逐渐成为发展快与利用率高的传播途径,并成为各种亚文化争夺话语权的主要阵地。

第二,网络媒体的传播优势为非主流行为文化的流行提供了客观条件。青少年非主流行为文化的形成与网络化环境之间有着密切的关联。网络化对于文化的产生、传播、表现形式、文化风格等等的影响和改变是无与伦比的,"网络对地域阻隔的冲破形成了跨越时空的网络交往,不仅进一步扩大和丰富了工业文明带来的以业缘为轴心的社会关系,而且也丰富了社会公共关系,形成了以社会公共关系为轴心的活动型的社会关系,并使之成为现代社会交往的主要形式"①。自20世纪末开始,网络在我国社会生活中逐渐发展起来,尤其吸引了广大青少年群体参与其中。它一方面以仿真性、人工性、沉浸性为特征,构建了虚拟的生活世界;另一方面以平等性、交互性、民主性为特质,实现了自由表达的意愿。自由开放的网络空间成为青少年网民释放精神压力的最佳平台,进行情感传达和意见发布变得更加便利。毋庸置疑,网络新媒体改变了传统的单一、单向的媒介环境,打破了传统媒介一统天下的格局。网络媒体凭借独有的技术优势,在拓宽民意表达渠道的同时,使与青少年非主流行为文化有关的媒体产品加速传播,比如以行为文化为主题的影视作品以及游戏等,几乎都是源于网络,并在青少年网民之间进行传播。互联网在丰富青少年文化生活的同时,也全面深刻地影响了他们的成长。青少年是互联网时代的消费主体、参与主体,也是网络非主流行为文化创新的主体;他们甚至无偿奉献自己的时间、精力乃至金钱,协作完成某种文化实践活动,为网络空间贡献信息和文化产品。非主流行为文化之于青少年的重要意义,在根本上是借助互联网的平台赋能,激发其文化想象力,增强其文化创造力。而他们乐于也善于通过在线联系的方式,以参

---

① 杨立英,曾盛聪.全球化、网络化境遇与社会主义意识形态建设研究[M].北京:人民出版社,2006:63.

与、协作、共享的模式从事行为文化实践活动,创造新的行为文化形态,成为当下"互联网+"中最具活力和最有生产力的创意文化。所以说,网络媒体的技术优势再加上青少年网民本身主体意识的增强,促成了青少年非主流行为文化的流行,而行为文化的流行又让社会话语权利的变革成为可能。

第三,网络社交媒体改变着青少年的生活方式和交往方式。现代传播理论认为,"媒介技术是支撑整个文化的基础框架,只要确定了文化中占支配地位的技术,就可以确定这一技术是整个文化结构中的动因和塑造力量"①。随着互联网生态环境生成,青少年群体的触网行为在近几年发生了根本性的改变,一系列调查结果显示,社交媒体的使用已经占据青少年网络使用显著的位置,深刻影响着青少年的日常生活和行为表现。网络媒体社交已经替代现实社会交往,成为青少年首选的社会交往方式,"微信依赖"症候在青少年群体中极其普遍。青少年频繁地使用社交网络媒体,与同辈互动交流,乐在网络上呼朋唤友,聚集结识有共同兴趣的素不相识的人;浏览各种新闻和咨询信息,参与各种热点话题的讨论,发表自己的意见,传播自己感兴趣的话题。需要说明的是,青少年群体与成年人,在社交媒体使用方面的差异是明显的,主要表现在:其一,青少年社交媒体使用不只局限于微信、QQ、微博,其他社交媒体也被广泛使用,比如百度贴吧、知乎应用一类的论坛和社区,豆瓣类的群组,陌陌、LINE类的小众社交媒体等。其二,青少年比成年人有更丰富的网络使用经验,他们可以将一切上网行为和文化实践"社交化",甚至"泛社交化",表现为人际交往时空的社交媒体化、人际角色扮演的社交媒体化、人际关系内容的社交媒体化。比如,与成年人安静地收看网络影视剧不同,他们更愿意在弹幕技术支持下,边吐槽边观影,借由A站、B站这类弹幕网站,建构自己的社会交往互动空间,影视剧本身的内容反而无足轻重。再如,创作本是非常个性化的文化实践,但在互联网的空间中,无论是文学作品、视频、图片,还是音乐作品的创作,成年人可能习惯于当一个被动的"受众",而青少年却更多是因为可以与同伴在一起,他们真正的快乐不只来自创作的快感,还来自互动交流平台上的即时分享、意见反馈和同伴的点赞鼓励,被社交圈子认同的成就感。其三,网络社交媒体已经成为青少年各类网络文化实践和社会参与展开的重要载体,他们依托

---

① 哈罗德·伊尼斯.传播的偏向[M].何道宽,译.北京:中国人民大学出版社,2003:5.

社交媒体从事信息收集、发布和传播，参与讨论，发表评论，协商合作等行为。[①]

检视当代青年非主流行为文化的生成，不难发现，其中既有本土化促成和外域思潮影响，也有新媒体刻意制造的成分。青少年非主流行为文化的变异、转型和转向得益于网络新媒介巨大的技术优势，新媒介所拥有的那些实时、互动、跨境、跨文化、跨语言等传播特点，还包括匿名交流、率性而为的自发性，都使得寄生于其间的青少年非主流行为文化呈现出新的文化实践和符号意义。新媒介语境下的青少年非主流行为文化不仅是当下文化情境的症候式表达，折射出主流文化的裂变和离散，而且也是以青少年群体特有的方式试图与主流文化沟通与对话，从而为这个时代的文化创造和转型提供了多元的、开放的可能。这正是新媒介语境下青少年非主流行为文化转向的重要意义和价值所在。

四、强势商业文化的形塑

要透彻厘清商品与文化、商品文化与亚文化之间的复杂关系和奥妙，需要多学科知识理论的支撑，涉及领域众多。基于本研究的主旨，下面选择其中核心问题，简要论述其中所关涉的要点。

就目前现状而言，商业文化与青少年非主流行为文化关系越来越复杂，无论如何，两者终不会构成赫伯迪克所说的生死对立关系，也不会是"收编"和"被收编"的单向关系，甚至也不是胜负分明的博弈关系。尤其在新媒体传播语境下，商业"逻各斯"与青少年非主流行为文化之间的关系模式已呈现出前所未有的复杂情形，或者说，商品对其"收编"的方式发生了深刻的变化。[②] 商品的"触角"超越了对青少年文化类型既成"风格"，诸如新潮流、新款式、新风格的利用和改造而延伸至青少年文化产生的源头，商品成为青少年文化现象的催生者和形塑者。

其一，商品有意图地预设了所谓"亚文化"的风格，并披挂上阵，成为特定青少年群体的"中心"，获取他们的认同，从而激发和形塑了青少年非主流行为文化的生成及流变。需要强调的是，这一过程不是青少年行为文化的商品化。例如早些年中国移动以"我的地盘，我做主"为行动口号，或者以

---

① 　马中红.2015年青年亚文化研究的前沿景观[J].青年学报,2016(03):34.

② 　马中红.商业逻辑与青年亚文化[J].青年研究,2010(02):65.

"M-ZOME"手机消费聚集为特征的"动感地带"营销,其构建一种消费文化的意图就昭然若揭。这种消费文化通常以当红的流量明星为形象代言人的广告以及系列品牌营销传播,通过嘻哈风格的音乐、前卫的装扮、略带叛逆的个性塑造,为校园内的青少年构建所谓的他们专属的"M-ZONE"地带,从而建构了风格鲜明的消费文化。以开心网、校园网为代表的 SNS(social networking service,社交网络服务)的社会网络是由商业公司根据"六度空间"理论开发的,其宗旨是促使个体共同到场(presence)和群集(communal gathering)。毫无疑问,SNS 上被精心建构起来的"部落"只是为了实现商家的"精准营销",而运营其上的各种娱乐、应用软件则是为增加点击率、吸引商业广告投放而准备的。然而,不可否认的是,目前 SNS 亦已成为多种青少年行为文化集聚的公共虚拟空间,它以社区、地方感、怀旧等概念为号召,鼓励在虚拟社会的互动过程中共享情感体验,从而形成一个个彼此独立又相互重叠的社会网络。个体因不同的文化、喜好、性格特征可以同时选择和归属于数个不同的部落,在每一个部落中都可能扮演一个不同的角色和戴上一个特殊的面具,参与并分享一种共同的亚文化,进入一个又一个乌托邦式的、幻想性的生活愿景,认同他者并被他者认同。

其二,青少年群体通过商品消费进入非主流行为文化群体。20 世纪 90 年代以来,青少年各种亚文化再度崛起,其发展动因有别于以往,它们基于商业包装的时尚及市场流行要素的共同兴趣之上,不再像过去青少年亚文化那样基于对共同价值信仰的自我认知。从这个意义上来说,过去以对抗精英文化和主流意识形态为出发点的青年亚文化,在新媒体时代和消费社会中,却偏向对商品消费和商业文化的认同。大多数青少年正是通过商品消费进入特定的亚文化群体,并通过创造性的消费催生和激活亚文化现象。有学者犀利地指出:亚文化"除了当初拼死对抗的社会既成秩序所强加的东西之外,还多了一个自身的衍生物——其血缘虽然来自亚文化,但却高度体制化、权力化,几乎'进化'成了另一种'主流'"[①]。那些曾经被称为"不良""解构",被视为"非主流"的亚文化元素,如动漫、电玩等,最终或许会以"有趣""建构"而被视为充满了魅力的"雅文化",甚至还会被视为赖以生存的重要软实力。从"不良"到"有趣",从具有毁坏之力的"解构"之物到充满创造性的"建构"之物,这揭示了新媒体语境下亚文化有别于前互联网时代的另

---

① 马中红.商业逻辑与青年亚文化[J].青年研究,2010(02):66.

一种生存和发展趋势。事实是,有谁能够想到,今日风靡全球的创意产业和时尚工业,竟是当年一群"不良"青少年"恶搞"的产物。当下,更多的是通过主流媒介的融入来影响和操纵亚文化的走向,商品消费的"触角"也超越了对亚文化既成"风格","商品成为亚文化现象的催生者和形塑者"。① 青少年非主流行为文化在新媒体语境下与商业文化呈现为相互依存、相互推动和发展的关系。

此外,新媒体语境的生成方式也助长了青少年非主流行为文化与商业文化的关系构成。毫无疑问,当下的青少年行为文化除了表现出弱化的抵抗和多元发展自身文化的特征外,还显现出向消费主义妥协的变化趋势。然而,被商业资本控制的新媒体技术同时为弱势群体和个人提供了成本低廉、方便易得的传播场所,给了他们表达自己声音的机会。在网络新媒体世界中,网络平台、社交终端、移动 APP 在全球资本、商业利益以及市场经济机制的驱动下,为持有电脑及智能手机的青少年群体提供了原创或传播自身文化信息的可能。同时,众多跨国公司还处心积虑地将青少年群体视为最理想的消费者,它们从市场缝隙、人口分布、心理特征和生活方式等方面全方位地对青少年加以分层,如叛逆者、新新人类、90 后、95 后、00 后、说唱群、嘻哈族、手游族等,并着眼于这些群体的多重身份、彼此区别、欲望需求以及购买能力,有预谋地、积极地去培养他们特定的消费习惯和价值观念,从而建立起庞大的青少年消费市场。可靠证据显示,当今的青少年更多是通过消费和市场层面而不是传统渠道如家庭、组织、学校等发现他们的身份和价值。其中,最典型的莫过于跨国公司在其持续不断的广告运动中将消费身份和消费观念以各种炫目的手法植入青少年的认知和价值中,从而消弭对青少年群体固化的、刻板的身份区别,以时尚的新的性别角色、新的认同、新的文化实践、新的家庭格局和新的社会团体等取而代之。② 事实上,今天的青少年非主流行为文化通过互联网络等新媒体的确能够更容易地了解外部文化,全球化的趋势也使他们建立在不同国家、阶层、地域乃至性别基础上的行为文化特征变得模糊了,商业逻辑的发起和介入成为部分行为文化现象的始作俑者。

其三,商业逻辑主导下的媒体传播的泛娱乐化现象加速了非主流行为

---

① 马中红.国内网络青年亚文化研究现状及反思[J].青年探索,2011(4):11.

② 马中红.商业逻辑与青年亚文化[J].青年研究,2010(02):66.

文化的传播。在高度市场化和商业化的社会中,人们的消费观念、生活方式都打上了商业化的烙印,并且为大众传媒和商业广告所控制。"与政治强权相比,商业利益是一种典型的操纵型权力,往往以一种蓄意的、他人并未感觉到的方式施加影响。对青年亚文化而言,一旦形成鲜明的风格,商业之手就会随之而来。"①改革开放以来,社会主义市场经济的确立使得我国媒体也走向市场,在经济利益的驱动下,媒体纷纷将重点转向如何获取更高的收视率、发行量、点击率,为此出现了为迎合受众需求的泛娱乐化倾向。在这样的背景下,一些搞笑的、趣味类的娱乐节目争相登上各类媒介的舞台,如《奔跑吧兄弟》《偶像来了》之类,大量的明星秀节目吸引了更多的受众,而严肃的社会新闻节目以及高品位的文化访谈节目让位于吸引眼球的娱乐节目。且文化产业生产者,包括各种大众媒体及商家在内,以行为文化及其元素作为创意资源,凭借强大的网络传播能力,在借用行为文化符号体系之后,很快就将其巨大的市场空间挖掘出来,不断制造着各种噱头,并生产出大量的文化产品以供大众消费,各文化产业营销手段翻新,于是"新文化业态经济"崛起,从而催生青少年非主流行为文化的流行。

如前所述,在经济全球化中,由于消费文化的侵袭以及后现代主义的影响,青少年往往被裹挟在这些消费模式中而难以自拔,加上极具渗透力的新媒体刻意造势,商业机构"为了让青年去消费甚至不惜编造出虚假的青年文化"②,营造了新时代精神生活的环境,制造了花样翻新的看点、买点,吸引了青少年的眼球,制造出了独立于主流文化之外的文化形态和文化风格,形成了一定的青少年认同群体。故此,当代青少年非主流行为文化与商业逻辑之间的关系已不再是伯明翰学派所固守的风格抵抗,不是赫伯迪克所担忧的收编即死亡,而是一个充满张力、相互依存的关系场域,是一个多元复杂的动态系统。商业收编导致青少年非主流行为文化抵抗性削弱乃至消失,其风格被商业借用和挪用而遂使文化意义得到更广泛的认同和传播,乃至商业逻辑有意识地迎合、培植、推动青少年非主流行为文化生成和发展,都有可能共存于当下新媒体、消费社会和全球化语境中。甚至可以认为,多数非主流行为文化群体正是以商业逻辑的姿态宣告自己与众不同的存在方式,建构自己的文化族群,开启自己的文化消费市场和文化实践空间。在

---

① 马中红.国内网络青年亚文化研究现状及反思[J].青年探索,2011(4):10.

② 陆玉林.当代中国青年文化研究[M].北京:人民出版社,2009:2.

此，青少年非主流行为文化与商业逻辑不再泾渭分明，它们彼此互为对象，互为存在。

第二节 青少年非主流行为文化
兴起的主观基础

青少年非主流行为文化在很大意义上是青少年群体独特的生理与心理特点在文化上的表现。追求好奇、颠覆传统、离经叛道是青少年非主流行为文化的显著标示，这些特点与青少年精神诉求和行为方式相符——他们易于受到诸多非主流行为文化的吸引并参与其中，有所创造。这说明，青少年非主流行为文化的发生发展有其内在主观动因。

一、青少年自我个性展现的表征

美国社会学家查尔斯·库利（Charles Cooley）的"镜中我"理论（looking-glass self）认为，自我的产生有三个阶段：首先是我们感知到我们的行为在他人面前的状况，然后是我们明白了他人对我们行为的反应，最后是我们根据我们所理解的他人对我们行为的反应来对自己的行为做出评价。即我们根据感知别人对我们行为的反应来评价自己的行为。①

一般而言，青少年个性展现形式是通过自我认同实现来表达的。由于青少年个性还没有完全形成，因此会随环境的改变而发生变化。当代青少年大多成长于应试教育的环境中，他们身心和谐发展和个性发展往往被忽视。然而随着信息网络的快速发展，他们受到来自互联网各种思潮和价值观的强烈影响，这必然给他们的自我个性、人格独立的发展带来强烈冲击。

青少年非主流行为文化在总体上有诸多共同特点，但是其追求的本质不是统一性，而是差异性，认为自己"很有个性，很与众不同"，是个体意识的充分表达。而对个体意识和差异性的追求则造成了青少年行为文化的多样性，时尚文化、服饰文化、文身文化等出现，表明他们追求差异性和独特性。同样，青少年认为有与众不同的爱好或是参与比较特别的文化活动，可以使得自己更有个性和更与众不同。从表现形式上看，青少年非主流行为具有

---

① 维·波普诺.社会学[M].李强，等，译.北京：中国人民大学出版社，1999：148.

极强的表现力和表演性质,更能展示青少年的个性和自我。在这个过程中不仅仅是模仿,多人竞相扮演同一个角色去刻意展现差异性,只要有了自己的风格和独特之处,都会得到观众的欢呼与喝彩。在创造行为文化的过程中,青少年不仅实现了对文化角色的再次创造,也实现了对自我的再次塑造。

青少年非主流行为文化的独特风格和气质可以用个性化符号的表达系统来展示。一方面,青少年的情感表达风格与传统方式明显不同。当代青少年利用自己熟悉的群体语言符号以及个性化符号对传统和权威进行解构,他们通过追求一些另类的、与主流文化不一致的亚文化方式来标榜人格独立、个性解放。例如,对偶像人物及其服饰进行模仿,这些并非来自外界压力,而取决于青少年本身的态度。另一方面,自由而全面发展是当代青少年追求的人生目标,宣扬个性已成为当代青少年的明显特征。"我就是我""做想做的事,不在乎别人的观点和看法"成为当代青少年普遍性的价值选择。在人格心理学理论中,个体这种追求卓越的独特方式被称为生活风格。① 这也表明,当代青少年的行为选择日趋个性化,更加注重自身个性的发展。青少年非主流行为满足了当代青少年生活空间和价值世界的个体化和个性化,因此,当代青少年非主流行为文化的发展、传播和创新也是青少年主体个性展现的需求,同时又反过来促进青少年个性发展、人格独立。

二、青少年自我情感表达的诉求

个体的情感是对客观是否满足自己的需要而产生的态度体验及相应的行为方式。情感是个体心理活动的重要组成部分,是人类生活丰富性和生动性的重要内容。情感总是同人的需要相联系的,脱离人的需要,情感无从谈起。②

由于社会文化环境的丰富,物质条件的充足,青少年的心理和情感有过早成熟的趋势,但较于成人又显得变动性过大。现代社会中,绝大多数青少年的学校学习时间在延长,独立生活和组建家庭的时间也随之推延,因此使得青少年虽然有一定的独立性但又不能完全独立,他们在心理上有一定的成长但在许多方面又不够成熟,基本处在儿童和成人、自然人和社会人之间

---

① 许燕.人格心理学导论[M].北京:中国人民大学出版社,2017:126.
② 何先友.青少年发展与教育心理学[M].2版.北京:高等教育出版社,2016:270.

的过渡阶段。更重要的是,这一代青少年出生在 20 世纪 90 年代以后,成长于改革开放的年代,他们较少受到传统习惯的束缚,敢想敢说,敢作敢为,有强烈的好奇心,喜欢尝试新鲜事物,乐于颠覆传统,展现离经叛道的姿态;而且他们的情绪波动较大,极易受外界环境的影响,喜欢表现自己,希望以自己的不同来表达自己的个性。

处于青春期的青少年,其情绪情感表现出高亢激昂的状态。由于生理和自我意识的急剧转变,他们在自我情感表达方面偏于激动、躁动不安,在性格和心理上具有颠覆性、逆反性。其人格类型也从外倾型向内倾型转变,他们能根据现实情况在一定程度上把握、控制甚至隐藏自己的情绪和情感,表现出行为方式、情绪表达与内心体验不相一致。所以,他们具有多变性、掩饰性、非理性等特征。个体的人格发展是与日常交往和实践紧密相连的,能够表达自我情感、追求个性的非主流行为文化成为当代青少年生活情绪的一个突破口。

青少年在社会化的过程中,依据社会的要求,逐步学习各种知识、技能和社会规范,逐渐从自然人转化为社会人。一方面,在这一过程中,他们虽然也有自己的选择,但主要还是在适应社会的主流价值观念和行为方式,处于依赖和服从的受控制地位。与五彩斑斓的行为文化世界相比,现实世界往往是枯燥和单调的,当今的大多数青少年每天都重复着"家(或宿舍)——学校(单位)——家"的三点一线的生活,所以他们很容易产生逆反心理,甚至会有逃避和抵抗的行为出现。青少年对"井然有序"的生活状态无感,按部就班和一成不变的生活节奏经常会令他们感到索然无味,而对"非一般的"和"旁门左道"的生活感到好奇。加上现代社会的特点是节奏快、压力大,有升学、就业的压力,职场上也会面临更大的竞争压力,因而他们容易产生压抑的情绪。这些压力和不满情绪的积累对于青少年的身心健康都是十分不利的,积累到一定程度还有可能引发一系列社会问题。另一方面,伴随着市场经济的发展,社会两极分化的状况越来越严重,在这样的现实面前,人们的相对剥夺感会明显增强。既然不能获得向上攀升的机会,就只好退而求其次,只要保护自己不受伤害就行。自娱自乐只不过是他们进行自我保护的一种方式而已,其中既饱含着对不公现实的不满,也透露着无力扭转现状的无奈。由于外在力量的压制以及先天条件的不足,他们对"逆袭"也是玩笑置之,尽管有情绪宣泄,但他们的情绪里不带有任何愤怒的迹象。在他们的观念里,快乐是最重要的,除了自我保护之外,多是抱着一种戏谑的态度,更多是出于一种自娱自乐的心理,可也仅仅是为了打发无聊或者排遣郁闷而已。

非主流行为文化是普遍存在于青少年群体的一种无能为力和无所适从的心理感受。社会结构的不合理使得某些青少年无法通过正常的渠道取得学业或职业上的成功,或者在社会上发出自己的声音。非主流行为不仅仅是对角色外在形象的模仿,还有对角色内心的体验。因此,青少年需要借助不同的情感宣泄方式来给自己减压。丰富多彩的青少年非主流行为文化正好满足了他们的这一需求,为他们提供了一种减压方式。汤姆金斯的"场景与剧本"理论认为,个体是按照自己的剧本来组织生活场景的。[①]青少年通过角色扮演、行为体验构建调适自己的"场景",暂时忘却现实生活中的种种压力和烦恼,转换自己的心境和思维,从而得到灵魂上的疏解和精神上的宣泄。从这个意义上来说,非主流行为文化起到了"安全阀"的作用——行为文化过程中的轻松和愉悦的体验,对青少年更有信心地面对现实中的各种困难和考验是很有帮助的。由于存在诸多限制,很多人无法在现实生活中找到释放压抑情绪的方式,而网络空间却为他们提供了宣泄情绪、张扬自我的自由。在网络空间里,人们之间没有明显的身份界限,可以摆脱各种束缚依照自己的意愿表达自我和构建完美的人际关系。每个人在思想以及精神上都是独立的,于是进行情感的宣泄与表达就成了人们触网的动机之一。网络生活成了人们日常生活的延伸,人们可以把现实生活中的压力以网络狂欢的形式释放出来。

当代青少年是受文化潮流影响的最直接对象,对于在校的青少年来说,宽松的校园文化氛围更为青少年的情感迸发提供了场域。当代青少年的自我主体意识被唤醒,其情感体验变得丰富,他们渴望对自我认知并表达自身情感。由于当代青少年的情感有多变性和非理性等特征,所以他们更愿意沉浸在能够"治愈"自己心灵和消极情绪的音乐、心灵鸡汤等之中,更易于结识网络中的具有相同爱好、能够认同自己的陌生人,通过虚拟的互联网随意表达自己的情感。因此,当代青少年追求形式多样的非主流行为文化,丰富的情感表征是其自我情感表达的直接显现。

---

① 许燕.人格心理学导论[M].北京:中国人民大学出版社,2017:81.

三、青少年社会交往方式的重塑

青少年阶段是个体社会化的重要时期,此时他们的心理发展处于从儿童心理向成人心理过渡的阶段,有其独特性。而这一时期的独特性必然会体现在青少年的人际交往方面,这一阶段的人际交往特点又会加速青少年的社会化,促使其心理快速发展。[①]

个体社会交往是指人与人之间的交往互动。在社会不断发生变化的背景下,青少年的个性不够成熟,自我意识较为敏感,在社会交往方面容易形成期望表现自我但又羞于表达、追求个性独立但又逃避这样的矛盾。随着年龄的增加和活动范围的扩大,青少年更多地生活在同伴世界里,而且在与同伴的交往中学到很多关于社会的知识和技能。[②] 非主流行为文化给当代青少年行为构建提供了正常互动交往的机会和空间,实现了青少年主体性、独立性、个性化及平等化的互动性社会交往方式的重建。

一方面,目前新媒介的广泛应用,青少年的交往空间和交往渠道空前改进,思想文化信息流异常通畅,给当代青少年带来了"即时的互动"这样的交往新方式。非主流行为文化提倡自我情感表达、独立个性,青少年对个性追求和对传统交往方式的解构都在"及时的交往"中进行传播和发展[③],当代青少年实现了从接受者到主动参与者的身份转变。

另一方面,社交媒体的深度使用是当代青少年新兴交往方式的重要特征,重构了青少年的社会关系。如前所述,当代青少年能够娴熟地使用各类社交媒体,为自己搭建起强弱不同、远近不同、亲疏不同的多重关系网。青少年使用以微信为代表的强关系社交媒体帮助自己增加与亲友间的亲密感,缓解成长过程中的孤单感;使用以论坛为代表的弱关系社交媒体分享信息、结交新朋友、表达意见、展演自我。简言之,社交媒体的强关系巩固了原有基于血缘、亲缘的线下关系,而弱关系则跨越时空和代际拓展了青少年的社会关系网络。且青少年通过社交媒体可以成为"熟悉的陌生人"[④],由线

---

① 何先友.青少年发展与教育心理学[M].2 版.北京:高等教育出版社,2016:293.
② 何先友.青少年发展与教育心理学[M].2 版.北京:高等教育出版社,2016:296.
③ 乔丽华.论新媒体环境下青少年亚文化及其价值意义[D].郑州:河南师范大学,2010:22.
④ 张娜.熟悉的陌生人:青年群体网络人际关系的一种类型[J].中国青年研究,2015(4):26.

上的虚拟关系勾连起线下的实体关系。他们利用扩大了的社交圈,一起闲聊,一起娱乐,分享个人隐私,倾诉心中秘密,从而与陌生人建立亲密关系。青少年对自身社会关系的重组,得益于互联网社交媒体"青年的'集体观'已不单来自于现实社会,它还受到互联网的重塑"①。当代青少年有交往的主动性和意愿,摆脱作为被接受者的角色,主动参与并创造新的社会交往方式,希望能够更主动地表达自己的情感和心声,丰富自己的精神世界。譬如,他们自发地策划组织文化创意活动,积极主动宣传,期待更多志同道合的群体加入,追求心灵上的共鸣。他们想探寻主流文化价值体系之外的解释生活世界的途径,体验所谓的"离经叛道"的生活方式,希望借助一些创新行为甚至冒险活动来打破停滞不前的日常生活;他们希望自己的人生轨迹不是既定的,而是有更多的可能性。

四、青少年多元价值诉求的凸显

青少年正处在个体意识的快速发展阶段,他们的自我认知和评价系统正在形成,他们希望通过得知他人对自己行为的反应和评价来确立自我认同。在文化多元的社会里,主流文化按照社会的要求为青少年提供自我认同参照,但是这种自我认同主要是针对作为集体的青少年,而每个个体则各行其是,甚至不以为然。而青少年非主流行为文化所提供的自我认同则有更多的个体意识和个体选择,青少年可以选择一种或几种行为文化来寻找自我和表达自我。在参加非主流行为文化过程中,青少年感受到被认同和被肯定,这会帮助他们确立自我的存在和自我价值的确证。

德国思想家舍勒称当今资本主义社会正处于一个"价值颠覆"的时代,"历史上从没有一个时代像当前这样,人人对自身这样的困惑不解","不仅是人的实际生存的转变,更是人的生存标尺的转变"。② 这种境况随全球化进程,"价值颠覆"程度在加深,而且多种文化思潮之间的交流、交锋、交融在加速,并产生了激烈博弈。当代青少年个性特点鲜明,在社会文化生活中极为活跃,在一定意义上,就是当今价值多元时代在青少年群体身上的多元化

---

① 王斌.线上集体欢腾:理解青年——网民集体行动的新视角[J].中国青年研究,2015(10):17.

② 马克斯·舍勒.资本主义的未来[M].罗悌伦,译.北京:生活·读书·新知三联书店,1997:182.

影射。他们独特的生活方式、价值观念和身份认同等,使他们急切地想要寻求能够与自身价值相适应、相匹配的诉求方式。非主流行为文化之所以在青少年群体中形成巨大的精神空间,是因为其能够表达青少年的多元价值诉求。

首先,从群体特征维度看,青少年承载了当今时代的变化和社会的转型,他们最明显的特征是个体性、个性化,其兴起具有标志性意义。他们的生活方式、社交方式、消费模式等无不展现其个性特征,青少年成为非主流行为文化的"忠实粉丝"是必然结果。其次,从时代发展维度看,当代青少年可以说是"纯正"的网络化一代,互联网的发展深刻影响了其生活、学习、工作、娱乐、交往等。网络化的青少年在社会上引发了"鲶鱼效应",使社会的价值体系、商业和文化体系都发生了重大改变。[①] 对于当代青少年群体的这些变化,社会不应该是压迫、反对,而应试着去理解、尊重和接受,进而去创造能够适合青少年的多元化价值诉求的文化或产品。最后,从行为生活维度看,由于开放的思想和社会氛围的熏陶,青少年强烈、急切地想要彰显个性和表达自我,他们崇尚"我走我的路,别人怎能管?"这样的行为生活方式,希望通过各种手段去呼吁诉求、表达意愿,并期待能够通过这些方法彰显自我、张扬个性。同时,当代青少年群体意识更加自主,独立判断事物的标准也更加多元,他们渴望与其他年龄阶段的人具有平等的选择权和表达权。因此,在青少年群体中就出现了"叛逆""非主流"色彩的行为,他们的价值诉求顺势地促进了当代青少年非主流行为文化的传播和发展。

从整体上说,青少年对于传统文化的承袭力较弱,而对文化的适应性很强,反应速度也快,特别是对流行文化更是有着很高的敏感度,因此最容易接受流行文化,最喜欢追求时尚。事实上,他们不仅是流行和时尚的追随者,也是其制造者。此外,作为个人的青少年虽然十分在意自己的个体意识,希望自己和别人是不同的,但是同时又十分在意与周围人的步调是否大致相符,以此获得安定和充实感。因此,在充斥着流行和时尚的行为文化环境中,他们还是会不自觉地顺应时尚的潮流,模仿一些被认为是流行的他人行为,参与到流行中来,从而取得周围人的认同。

---

① 樊泽民.价值多元时代的当代青年群体特征[J].人民周刊,2016(2):61.

德国哲学家雅斯贝斯认为,伙伴精神是人性,是人之所以成人的一个根本[①]。青少年个体有寻求身份认同及归宿感的渴望,非主流文化恰好能满足这一点。对于那些比自己条件好的人,普通青少年或者敬而远之,或者嗤之以鼻,而对于那些和自己处于同一水平甚至略逊于自己的人,他们却视为同类,有一种抱团取暖的意思。非主流行为文化使得青少年汇聚在一起,从和彼此的交流中寻求着认同感和归宿感。尽管青少年以自嘲为乐,但这并不代表他们觉得己不如人或者自暴自弃;相反,他们自认为带有文化创造的锐气,主动寻求并加入与自己有相同气质或思想的群体中去,以诸如人人网、微博、贴吧、豆瓣等这些社会化媒体为平台,发起各种有感召力的小组或团体,互相进行安慰、倾诉、调侃或者发泄,分享着同伴群体的羡慕、同情与认同。

综上,当代青少年非主流行为文化发生、发展的动因是复杂多元的,非上述几个要点所能阐述到位的。从大的逻辑看,多元的、开放的、包容的社会存在是其非主流行为文化产生的根本原因,现实社会存在所决定的时代精神诉求也在助力其发展。在全球化和网络化语境下,外来思想文化思潮的示范效应和溢出效应同样给予青少年非主流行为文化发展的外在动力。当然,作为非主流行为文化主体的青少年的精神发展需求以及他们所展现的生活方式、行为方式、交往方式,直接推动非主流行为文化的发生、发展,伴随他们成长而不断嬗变。

---

① 卡尔·雅斯贝斯.时代的精神状况[M].王德峰,译.上海:上海译文出版社,2003:25.

第四章 青少年非主流行为文化的效应及发展趋向

青少年非主流行为文化是社会文化系统中的重要组成部分,必然对主流文化和其他形态文化产生影响,也会直接或间接影响青少年的思想价值观念及行为方式。全面、辩证地看待青少年非主流行为文化对主流文化及青少年的影响,把握其影响机理,是对其进行正确应对的基础条件。

第一节 青少年非主流行为文化的积极效应

无论何种类型文化,必然对产生的基础及相关形式文化产生影响。一般而言,这种影响具有两重性,即积极效应和消极效应。要准确把握青少年非主流行为文化的积极效应,一是将其置于总体社会文化系统之中,对照主流文化来分析;二是就其现实指向的主体即青少年自身来考量。只有如此,才能较为全面地认识和把握其积极效应。

一、青少年非主流行为文化之于主流文化的积极意义

在我国,当代主流文化是指建立在社会主义基本经济制度基础之上的、以马克思主义为指导的、体现社会主义理想信念和价值追求的中国特色社会主义文化。中国特色社会主义文化,源自中华民族五千多年文明历史所孕育的中华优秀传统文化,熔铸于党领导人民在革命、建设、改革中创造的革命文化和社会主义先进文化,植根于中国特色社会主义伟大实践。[①] 它集中反映了我国的经济基础和根本政治制度,集中体现了社会主义文化的

---

① 习近平.决胜全面建成小康社会 夺取新时代中国特色社会主义伟大胜利:在中国共产党第十九次全国代表大会上的报告[N].人民日报,2017-10-28(01).

性质,是社会主义文化的主体和核心,居于社会总体文化体系的支配地位。

在诸多内外因素的影响下,尽管当前青少年非主流行为文化的具体形态复杂多样,但是多样化的非主流行为文化"嵌入由主流文化和其他各类型亚文化所构成的总体社会文化结构系统之中,丰富和充实着社会文化的形态和内涵"①,这无论是对社会发展还是对整个文化领域的繁荣,都有着重要的积极意义。

首先,多样化的青少年非主流行为文化是社会进步的显著标志和社会发展的必然趋势。恩格斯说:"人们自觉地或不自觉地,归根到底总是从他们阶级地位所依据的实际关系中——从他们进行生产和交换的经济关系中,获得自己的伦理观念。"②而思想文化的变化和伦理观念的变化基本相同。文化的多样化反映了社会文明的发展和历史的进步,是现阶段人们生活方式多样化的体现,也是今后相当长的历史阶段内社会发展的常态。

其次,多样化的青少年非主流行为文化促进了社会总体文化的繁荣。社会总体文化是由多种文化类型共同构成的,它们相互促进,相互彰显,相互催化,互为他者,缺一不可。任何一种文化形态如青少年非主流行为文化,因其存在而激活总体文化中多元文化创新的活力。③ 文化多样性是文化大发展和大繁荣的源泉和表征。没有差异、仅是单质性的文化是没有活力的,只能是死水微澜,最终会阻止文化的发展和创新。历史反复证明,百花齐放、百家争鸣的时代往往是文化大发展、大繁荣的时代。从我国社会文化的生态结构来看,自 20 世纪 80 年代以来,一体化的社会文化已呈现出分化的趋势。这其中有精英文化重新形成自己的格局以及大众文化的崛起这两大文化现象。④ 非主流行为文化的出现,不再甘于"次或亚""边缘"的位置,而是参与到社会主流版图重构的进程中,对主流文化形态起到了"修补"作用:一是多样化的非主流行为文化的存在拓宽了社会总体文化的外延,丰富了社会总体文化的内涵;二是非主流行为文化出现在主流文化和大众文化的断层中,弥散在两者之间的大量空白地带,以其丰富多样的形态及断裂

---

① 杜仕菊,刘林.脱嵌与再嵌:新时代中国青年亚文化的包容性重构——以社会主义核心价值观的引领为视角[J].毛泽东邓小平理论研究,2018(06):34.

② 马克思恩格斯选集:第 1 卷[M].北京:人民出版社,2012:434.

③ 马中红.青年亚文化:文化关系网中的一条鱼[J].青年探索,2016(01):74.

④ 马中红,陈霖.无法忽视的一种力量:新媒介与青年亚文化研究[M].北京:清华大学出版社,2015:162.

的渗透性,模糊了主流文化和大众文化的僵硬边界,软化了两者的相互排斥和敌视,从而弥合两者的断裂,修补社会总体文化中存在的罅隙,以避免更大的文化垮塌,起到一种文化平衡的作用,也拓展和丰富了社会总体文化。①

最后,多样化的青少年非主流行为文化增强了主流文化的发展动力。从直观的层面看,青少年非主流行为文化具有异质性,在伦理价值取向上多以另类化、小众化和偏离性为特征,这本身就是在主流文化预设的思想价值立场上对其界定和判断,也由此凸显了社会的价值分歧、争议甚至对抗。况且"个人或群体所信奉的价值是在具体的社会历史语境中建构的,它当然不是任意的,却也不是一成不变的。在这个实践意义上,价值分歧与争议本身是一个社会过程,而且是价值建构过程的一部分……"②由此来看待非主流行为文化的思想价值取向,便意味着其如何参与到社会总体文化的思想价值建构过程中。而主流文化为社会群体提供的思想价值和生活方式往往具有整齐划一性,倘若只存在一种文化形式而无其他选择,人们的思维模式和思想观念不可避免趋向僵化,人们缺乏批判性、反思性。事实上,诸多形式的非主流行为文化存在和对峙,对主流文化的统摄地位始终是重大挑战。这种存在的危机感,从另一方面增强了主流文化不断发展超越的内在动力。非主流行为文化存在着积极的、活跃的、创造性的文化成分,不仅为社会群体提供了丰盛的文化养料,也使得人们的理论视野和文化眼界不再陷入狭隘,而是在不断开阔的进程中生发包容精神和共生共进的文化立场;与此同时,其中积极的文化成分是一股驱使主流文化不断反省、调整、改变的力量,也是一股优化社会总体文化结构的力量,在偏离和抗争中,不断刺激和推动主流文化的创新,不断壮大自身力量,修补自身的罅隙,借鉴吸收非主流行为文化的优点,与非主流行为文化进行竞争,与时俱进。对于当代青少年来说,多样化的非主流行为文化能使他们居于更高的文化站位以及拥有更为开阔的文化视野,比较、审视、透析奔流不息的文化潮流,确立"为我而用""唯优是举"的文化选择的主体性取向。

---

① 马中红,陈霖.无法忽视的一种力量:新媒介与青年亚文化研究[M].北京:清华大学出版社,2015:162-164.

② 安德鲁·查德威克.互联网政治学:国家、公民与新传播技术[M].任孟山,译.北京:华夏出版社,2010:177.

二、青少年非主流行为文化对自身的积极影响

(一)显性影响:锻炼青少年的交往能力

1.促进青少年交往方式的改变

非主流行为文化的发展和网络技术的革命是交往方式变革的文化基础和物质基础,它使青少年突破以往以家庭为中心的封闭式文化交流、交往方式,并实现了以同辈群体、社会群体为主的开放式现代交往方式的转换,在探索非主流行为过程中逐步形成属于非主流行为文化的交往方式。非主流行为文化经由青少年与互联网技术的不断孕育、推动、被吸收、再创造、再推动的循环反复,使青少年的思想越来越开阔,思维的创造力也不断得到提升;它经由非主流行为文化的交往实践,给青少年创造更多的交往机会和交往经验,在日益丰富的行为文化发展过程中,封闭式的、单一的交往方式已无法满足青少年的交往需求。因此,非主流行为文化成为青少年开展社交活动、变革交往方式的助力。

2.增强青少年的交往能力

青少年是一个好奇心强烈并易于接受新鲜事物的群体,他们渴望突破自我,喜欢推陈出新,他们接受什么样的文化信息也会决定他们的交往内容和交往层次。非主流行为文化已成为校园文化的一道风景,是青少年的群体性文化圈,而它首先就要求青少年能够顺利进入非主流行为文化的交往活动并深入建立交往关系,这需要青少年不断增强交流能力、提升交流层次。具体而言,非主流行为文化下互动式、开放式、虚拟式的交往方式的变革影响着青少年的价值观念,使青少年倾向于感性化交往方式的选择。青少年可通过不同的非主流行为文化,对自身的交往方式和角色演绎进行转换,体味不同的情感。同时,在非主流行为文化活动中,不同的交往实践所运用的交往方式可相互补充、相互发展,从而提升自身的交往效能,增强交往能力。

3.丰富青少年的生活方式

进入新世纪以来,以00后为主体的青少年的思想观念和行为方式有了新的变化,"在不同的社交平台上,他们倾向于用不同的人格表达自己,从小懂得如何塑造更加讨人喜欢的形象"①;而且热衷于探索特立独行的生活方

---

① 腾讯00后研究报告[EB//OL]. http://wemedia.ifeng.com/67951860/wemedia.shtml.

式,直接明显的表现是传播和创造非主流节日文化。非主流节日文化作为一种行为文化形态,不仅改变和突破了传统节日文化大一统的格局,而且还赋予非主流节日文化新的文化内涵和时代精神元素,开创了以小群体意识塑造自己的节日生活方式的潮流,如"双11"光棍节、"三七"女生节等。青少年的节日生活方式打上深刻的差异性、独立性的精神烙印,融入主体情愫、生活趣味和体验色彩,进而表现在消费观念、服装打扮、休闲娱乐、交往方式等方面,使非主流节日相对独立于传统主流节日而相安无事,两者处于和谐共生状态。在虚拟网络空间,新兴的虚拟节日活动在商业文化造势下逐年增多和丰富,其传播范围由小众逐渐走向大众,节日开展方式不断翻新,节日时间不断延长,使虚拟节日生活方式日趋流行,形成了专属于青少年群体的虚拟节日生活方式,并成为他们成长的重要组成部分。青少年在其文化氛围下可利用微信、微博等社交媒介抢红包、网购、娱乐、交往等,使素不相识的对象借助虚拟节日平台彼此相识、相互交流、相互分享。这些新情势提供了多元的行为方式,使青少年的生活方式不再局限于主流文化所确定的框架和现实指向。他们不仅能获得群体的身份认同,还可遇到志同道合的朋友,促进情感交流,获得精神慰藉,从而丰富了自己的生活方式。

(二)深层影响:提升青少年的精神境界

1.确立青少年人生的动力方向

青少年是在我国社会主义市场经济体制不断完善、资源分配模式重新构建的变革历程中成长起来的,他们渴望实现自我,却又不知所措。升学的压力、就业的压力、青春期成长的困惑、婚恋观念的变化等等,这些都有可能使他们人生发展动力不足。也正是因为处于青春期,青少年自身成长的结构性矛盾加深了他们对人生动力方向的困惑。而青少年非主流行为文化此刻应运而生,恰是基于他们自身的需求。质言之,青少年非主流行为文化可以在深层次上缓和青少年的青春困惑,使其潜意识得到"移情"和"代偿",在行为上将其情感狂潮表征出来。虽然青少年利用非主流行为文化表达自我的情绪只是想象性地解决自身的青春困惑,但总体而言,这在一定程度上丰富了青少年的精神世界。他们敢于表现自我,追求个性,使自己处于相对独立自主的状态,让自己的困惑、负面情绪在非主流行为文化中得到释放,以更好地确立人生的动力方向。

2.深化青少年的人生价值体验

青少年非主流行为文化实现青少年的人生价值体验,具体体现在青少年的自我价值体验、精神价值体验和创造价值体验三个方面——这三方面都可以提升青少年的精神境界,使他们感受到人生的意义和乐趣所在,从而实现人生的各种可能性和价值。在自我价值体验上,青少年自我价值体验是在青少年群体中生成的。由于青少年"情绪的自我调整与控制能力的提高,情绪表达带有文饰的特点,"[①]所以,他们通过非主流行为文化实现了他们的自我价值体验,使他们获得群体认同,肯定了他们的存在,从而有某种意义上的"自我同一性"。在精神价值体验上,非主流行为文化的各种行为表征都有其特有的生成背景,更多的时候还蕴含着某种精神或想法的传达,如小清新文化表现了部分青少年独特的人文情怀,这些都促使他们获得精神价值体验并有意义地追求超越。在创造价值体验上,非主流行为文化中的各种文化符号资源创造活动,实质上是实现青少年的一种创造价值体验,他们学会不再只是索取,而是发展自己并开始创造、开始贡献。

此外,多样化非主流行为文化的存在能够满足青少年多层次、多方面的精神需要。由于青少年的精神需要涵盖求知、愉悦身心、适应社会、实现自我等内容,再加上我国正处于社会转型期,社会阶层开始出现分化趋势,不同的青少年群体类型增多,自然存在不同的精神需求。因此,某一种特定的文化是无法满足青少年群体的多样化需要的。这就需要非主流行为文化充分发挥自身优势,以满足青少年的精神需求,不断促进青少年的全面发展。

第二节　青少年非主流行为文化的消极效应

对青少年非主流行为文化消极效应的分析同样遵循上述理路,可以从社会主流文化和青少年自身进行多角度和多侧面的透视、总结。

一、青少年非主流行为文化对于主流文化的挑战

尽管多样化的青少年非主流行为文化有利于增强整个社会文化的活力,有利于激发社会群体的活力和创造力,但"又因为时代流变而出现'脱嵌'趋势,进而对主流文化甚至是社会主义核心价值观在青年群体中的传播

---

① 陈金定.青少年发展与适应问题理论与实务[M].上海:华东师范大学出版社,2009:166.

产生消解作用"①,也给我国的主流文化建设带来了挑战。

首先,非主流行为文化在一定程度上会使青少年产生思想困惑,淡化主流文化和意识形态。面对并存于同一时空的多种文化形态,部分青少年无所适从,是非难辨。他们依据自我感觉进行情绪的表达,对现实社会难以清晰地分辨,无法进行独立思考,难免有"外来就是宝"的盲从心理,尤其习惯借助网络新媒体上的庞杂文化信息决定自身行为;此外,为了追捧域外文化及其所蕴含的非主流意识形态,部分青少年的行为失去理性,在履行社会道德责任与道德义务时动力不足。例如,青少年非主流行为文化所内含的商业性、娱乐性、消费性等因素,对以意识形态为意义负载的文化存在着一定冲突:在内容、话语上对主流意识形态进行嘲讽或解构;在数量上不断吞噬主流文化份额;在市场上不断挤占主流文化的主导地盘,从而极大地冲击着主流意识形态,并弱化了其影响力。青少年在非主流文化活动中具有受动性和盲从性,因而这种冲击和弱化易得到强化,在一定意义上消解和冲淡了青少年崇高的理想信念、正确的政治认同以及对社会主义意识形态的认同。

其次,非主流行为文化的存在给非主流意识形态文化的存在提供了条件和可能。我国社会主义市场经济已然渗透到社会各个领域,市场逐利本性直接或间接地影响了人们的思想观念和行为方式的价值取向;在经济全球化浪潮的激荡下,各种域外社会文化思潮乘虚而入,必然导致我国思想文化领域乱象丛生——非马克思主义思想有所滋长,历史虚无主义文化开始沉渣泛起,青少年非主流行为文化中滋生着拜金主义、享乐主义、极端个人主义。这些与主流文化异质的文化思潮纷纷抬头,以多种方式和渠道对迎合青少年的文化趣味、偏好等,在文化的"符号诱惑"的过程中,对青少年的思想和行为产生了一定的冲击甚至破坏,长期建立起来的主导文化的价值秩序和意义感正在逐渐减退:青少年集体主义价值观在其影响下有进一步弱化的趋势;他们担当民族复兴大任的社会责任感有所消退;极端个人主义和自由主义的价值取向越来越明显,在处理个人和社会集体、国家之间的关系时,他们往往注重自我价值的实现,而对社会价值和集体利益则置之不理。这些非主流意识形态文化必然给社会总体文化系统注入不确定性,并与主流文化争夺地盘,在某种程度上影响了主流文化的正常发展。

---

①　杜仕菊,刘林.脱嵌与再嵌:新时代中国青年亚文化的包容性重构——以社会主义核心价值观的引领为视角[J].毛泽东邓小平理论研究,2018(06):34.

再次,非主流行为文化的存在给外来思想文化的伺机而入提供了便利。按照后殖民理论的观点,在世界步入现代化、全球化的今天,那些先发展起来的、在经济科技等方面占绝对优势的国家对后发的现代化国家的帝国主义行径仍然没有停止,并事实上造成了另外一种形式的殖民——文化殖民。① 对此,美国学者萨义德深刻指出:"在我们这个时代,直接的控制已经基本结束;我们将要看到,帝国主义像过去一样,在具体的政治、意识形态、经济和社会活动中,也在一般的文化领域中继续出租。"②他认为,无论是出于何种原因,如西方发达国家基于自身的经济和科技的优势力量主动对发展中国家进行有意识的文化输出和同化。尤其随着全球交往的深入发展,全球的经济、政治、文化之间的交流更密切,西方发达资本主义国家充分利用经济合作、贸易往来、人才培训、文化交流等渠道,利用影视、报刊、网络等工具,把意识形态当成国家文化软实力愈加渗透到全球各地。特别是西方资本主义国家将文化产品与核心价值观进行有机融合和高效传播,将依靠"价值观念+生活方式"的文化软实力核心内容,全方位渗透到文化产业链中的文化商品之中。文化产品是西方输出其核心价值观的有效载体,这一方式已成为西方发达国家重要的对外战略和传播策略。③ 其中越来越多的反映西方资本主义社会病症的低俗、庸俗、媚俗等非主流文化借助网络新媒体平台,逐渐渗透到青少年的生活学习之中。面对外来非主流文化,青少年群体好奇心强,思想开放前卫,极易受到诱惑,模仿并沉迷其中:从衣食起居到人际交往,从生活方式到语言表达,从商品和科技到价值和审美,无不浸染着西方文化,甚至构建特有风格的行为文化,导致他们人生观、价值观、世界观发生扭曲,导致他们在认知上是非不分,逐渐倾向西方意识形态和所谓的普世价值,或者把追求个人利益作为一切行为的出发点,热衷于"自我"以及围绕"自我"进行价值设定与价值实现。这在一定程度上不利于人们对马克思主义信仰的确立,有可能削弱社会主义主流思想文化的基础,影响主流文化的宣传教育。

① 戚万学.道德教育的文化使命[M].北京:教育科学出版社,2010:10.
② 爱德华·萨义德.文化与帝国主义[M].李琨,译.北京:生活·读书·新知三联书店,2000:454-455.
③ 周凯.核心价值观的缺失与构建传播:中国文化产业发展反思与对西方文化产业的借鉴[J].东岳论丛,2012(9):18.

二、青少年非主流行为文化对自身的消极影响

(一)交往认知的混淆:唯我性

非主流行为文化下的青少年呈唯我性,这首先体现在青少年的自我意识上。对于还处于预期社会化的青少年,他们的交往认知仍处于"分化—再认知—整合—再分化"的反复矛盾状态,因此他们的自我意识还是以"主我"为出发点,习惯以"我的视角"来感受、体验"他者世界"。这种不稳定性、多变性的意识、认知状态促使他们在自我矛盾冲突中不断地自我肯定和自我否定。

非主流行为文化往往是以生活化的实践方式通过个体或青少年非主流行为文化群体起作用,导致青少年的交往认知的窄化。因为自我本质上应是一种社会结构,产生于社会经验,但非主流行为文化产生的自我基于广阔的社会经验。面对新兴的开放互动式交流和交往人群,虽然非主流行为文化向青少年传递多元的交往诉求和大量的交往体验,但是它的自我性色彩特别浓厚,其表达及交往方式几乎都充斥着青少年的个人喜好。他们追求个性,但这种个性的张扬又往往是以个人为基础产生的;他们的行为表现大多只受"我"的思想支配,如群体交往的娱乐方式、疯狂的情感表达,都是根据"我"的意愿决定的,具有唯我性。

由于网络空间的虚拟性,青少年的自律意识以及自我调节能力要比现实生活中弱得多。在网络空间中生存,当自我觉得不会受到侵害的时候,人就会不自觉地将自己的潜意识释放出来,全然不顾后果,一味地寻求感官刺激而丧失理性思考。网络文化暴力就是在这样的背景下产生的。为了逃避现实社会的压力,青少年退回到网络的虚拟空间里,而网络虚拟空间在减轻他们压力的同时,也造就了他们冷漠的性格,终日沉浸在专属于自己的小小的满足感里,而所谓的社会责任感在他们那里消失殆尽。久而久之,青少年容易一味追求自我个性、舒适的人生态度而无视社会责任和担当。

(二)价值追求的扭曲:消费性

非主流行为文化下的青少年呈消费性,这是由非主流行为文化产生的背景决定的。从表面上看,非主流行为文化产生于改革开放后社会转型背景下,由商品文化、大众文化和新兴媒体传播不断地推动。但实质上,非主流行为文化是一种消费主义主导逻辑下的技术逻辑和商业逻辑多重驱动的商业文化行为。

青少年非主流行为文化在具体生活实践中往往体现在休闲和消费领域,这必然显示青少年非主流行为文化的消费性特征,使青少年行为方式过于追求物质化倾向,从而扭曲青少年的价值追求。在青少年的行为价值中,他们误以为只有通过体面的消费行为才能使自我存在达成一种完整性,才能更好地表达自己,这使青少年对于社会生活全部意义的表达简单化、生活的目标物欲化、人生的价值追求空虚化。每一个青少年都应从自身的角度出发寻找人生价值追求的意义所在,但非主流行为文化下的消费性纷扰了青少年的行为价值追求,给他们正确人生价值的确立带来困难,因为"从表面上看消费行为是个人行为,但从更深层的意义上说,消费心理、消费意象、消费意识、消费嗜好是一种精神文化现象"①。因此,青少年呈消费性是一种精神文化上的价值追求的扭曲。

(三)行为方式的异化:颠覆性

非主流行为文化下的青少年呈颠覆性,是指青少年通常会以反叛方式来化解矛盾,既包括理想的我和现实的我的矛盾,又包括青少年的生活方式与家庭、生活环境不一致的矛盾;他们热烈寻求志同道合的群体,从而实现认同,在行为文化上直接表现为非主流行为方式——它是青少年不断冲破范式、不断创新的反叛性结果。

非主流行为文化下青少年呈颠覆性,势必导致其行为方式的异化,具体体现在两个方面:行为目的性定位失当和行为表意性倾向明显。青少年对非主流行为文化的认知和认同程度会影响他们的行为目的,非主流行为文化下青少年呈颠覆性必然使其行为失当,如消费主义、自我中心主义都可能会冲击青少年的行为目的性。青少年深入非主流行为文化当中,不仅以其成员身份获得归属感,也能通过其为他们的行为目的带来指向。如青少年呈颠覆性会使得他们脱离原本的群体所认同的价值观,在非主流行为文化的自我中心价值观影响下,以自我为中心的思维会占据其行为目的性。另外,非主流行为文化下青少年之所以呈颠覆性,是因为他们在非主流行为文化中行为表意性倾向明显,他们在与非主流行为文化的互动中形成自己的风格,而当青少年注入强烈的情感,如过分迷恋非主流行为文化的娱乐和狂欢,停留其中而不愿回到现实当中,这同样会导致其行为方式异化。

---

① 陈正良.冲突与整合:德育环境的系统建构[M].北京:中国社会科学出版社,2005:37.

第三节　青少年非主流行为文化的发展趋向

如何科学认识和把握青少年非主流行为文化的发展趋向,这不仅需要感性经验的检视,也需要可靠的理论工具加以概括和归总,方能得出合理的说明。本研究以马克思主义相关理论为根基,借用伯明翰学派的亚文化理论展开分析和归纳,力图阐明青少年非主流行为文化的演变过程及发展趋向。

一、青少年非主流行为文化的初始形态:抵抗

青少年非主流行为文化与诸多青年亚文化类似,"抵抗"是其存在的重要的象征符号。萨拉·桑顿认为:"亚文化具有社团的特性,但这个词又有着天生的反抗性质,是一种追求与主流成人社团相异的社团。"[①]非主流行为文化的初始形态是以抵抗方式存在的,但它并不是通过激烈、极端的方式进行,而是"在想象层面上解决问题的方式"[②],采取较为温和的"协商"措施,通过风格化的方式表现在审美、休闲和消费领域上。具体而言,非主流行为文化的抵抗风格主要包括对成人行为文化的抵抗和对主流行为文化的抵抗两类。

(一)对成人行为文化的抵抗

青少年非主流行为文化对成人行为文化的抵抗主要由世代模式决定,强调年龄差异在行为文化类型差异性中的决定性,这种决定性包括代沟以及传统文化的继承问题。特别是改革开放以后,在社会分层和城乡结构不断变动和发展下,无论是教育还是生活方式,代与代之间都不可避免地产生断裂,进而直接表现在行为文化的选择和态度上。它是由青少年非主流行为文化与成人行为文化之间的代沟造成的,与世代和年龄相关。就心理发展阶段而言,青春期是每个人成长的必经阶段,亦是青少年与其父辈所拥有的共同体验,但不同的是父辈所生活的那个年代更容易被主流行为文化的

---

① GELDER K，THORNTON S. The subculture reader[M]. London:Routledge，1997:5.

② 黄晓武.文化与抵抗:伯明翰学派的青年亚文化研究[J].外国文学,2003(02):35.

统一性要求规范和整合,并内化为一种规训的、服从整体的文化形式。当代青少年面对多元行为文化的格局,阅历和人生经历的差异、成长过程中的困惑等因素,加深了他们对行为文化选择的困惑。同时,也因为青少年正处于青春期,他们寻求精神上和情感上的同步独立,急迫地想进入脱离成人的心理"断乳期",因此青少年渴求通过对成人行为文化的抵抗,和成人世界保持一定的距离,创造出属于自己的行为文化空间。总体而言,非主流行为文化是青少年预期社会化过程中所表现出的一种文化形式。

(二)对主流行为文化的抵抗

青少年非主流行为文化拥有自己特有的、标志性的文化风格,与主流行为文化相比,它处于边缘位置,不可能直接以颠覆的方式抵抗主流行为文化,而是通过其风格化的表现方式来抵抗。一方面,青少年非主流行为文化风格体现为借助主流行为文化的既有路径,以想象的问题解决方式挑战主流行为文化的主导位置。主流行为文化的主导地位是动态平衡的,是随着社会经济文化的发展以及其他形式文化的发展而不断发展的。青少年非主流行为文化主要是围绕青少年这个阶段的思想行为主题形成的,它有一定的小群体基础,确保自身不被其他文化同化或复制,因此它对主流行为文化的抵抗是通过争夺权力空间实现的。另一方面,青少年非主流行为文化风格体现为制造特定符号干扰主流行为文化的秩序,以符号化方式抵抗主流行为文化。主流行为文化有自己明确的、指向性的符码,比如仪式文化,而青少年非主流行为文化产生的小群体的互动模式,有固定的表达方式,无形中形成了对主流行为文化的抵抗。青少年非主流行为文化对主流行为文化的抵抗主要表现为它表征出主流行为文化不曾表征的新东西,突破其规范,直抵和挑战其地位。

二、青少年非主流行为文化的演变程式:风格

风格(style)原指生活或艺术表现的前后一致和要素的等级秩序,是一些内在形式和表达方式。[①] 但在亚文化理论中,风格具有特别的意涵,它是集体性的表征,是身份的认同,是仪式的抵抗;同时也是一种具体的存在,且

---

① 陈殿林.青年亚文化对大学生思想政治教育的影响机制研究[M].北京:光明日报出版社,2010:40.

是外在的、可视可辨的,是亚文化形成过程中被刻意制造出来的独特的符号系统①。在此,"风格"不仅是一个名词,也还是一个动词;它不仅有其内在的静态形式、意义,也包括其外在实现的动态表达方式。

(一)内在的静态演变

青少年非主流行为文化的内在静态演变,是从它的风格生成来看的,主要包含"拼贴""同构""表意实践"三个方面。首先,拼贴是一种即兴或改编的文化过程,客体、符号或行为由此被移植到不同的意义系统与文化背景之中,从而获得新的意味。② 如小清新文化是在当代中国语境下将西方舶来的文化形式进行转换和再次改编,使其适应青少年的行为文化需求,形成新的意义。其次,青少年非主流行为文化的拼贴是随意组成的,但同构使其内部结构有条不紊,表现的是一种气氛和契机,使青少年群体的独特价值和日常生活方式之间、以主体经验和客体传达的符号形式之间存在着"象征性吻合"。如夸张的形式展现等,可以更贴近青少年的生活、学习和交往,也因为它契合青少年非主流行为方式的娱乐性和狂欢性,所以在青少年内部流行起来。最后,表意实践是指非主流行为文化风格中固有的颠覆性成分,包含多种意义的符号实践,它是非主流行为文化内部不断静态演变的结果,故而形成自己特有的风格。具体而言,非主流行为文化对青少年的吸引力不在于它的"所指",而在于它的"能指",它的内部"能指"意义能彰显青少年所需要的表意及深层价值诉求。

(二)外在的动态衍生

青少年非主流行为文化的外在动态衍生,主要是从青少年对非主流行为文化的实践和追求的表达方式上来看的。当代青少年非主流行为文化的发展,大体上经历了"拿来"为主、"内生型"为主、"内生型和外铄型"共生三个阶段,其整个风格定位也不断调整和改变。纵观青少年非主流行为文化,其表达方式的主题风格主要包括三个方面。第一,表达了青少年追求时尚和努力发挥创造力的性格特征。这种性格特征促使青少年保持个性与时代同步,也促使青少年非主流行为文化风格呈动态性,与时俱进。第二,表达

---

① 马中红,陈霖.无法忽视的一种力量:新媒介与青年亚文化研究[M].北京:清华大学出版社,2015:186.

② 约翰・费斯克,等.关键概念:传播与文化研究辞典[M].李彬,译注.新华出版社,2004:31.

了以个人情感诉求为主题的个性化风格。在非主流行为文化活动中,其方式充斥了青少年的交友需求和交友渴望,而互动式交往方式的重新构建恰好为他们搭建平台,促成其风格。第三,表达了青少年以生命为主题的生命体验风格。在非主流行为文化中,青少年通过父亲节、感恩节等节日重温人间温情,又可以在不同的非主流文化活动中娱乐、成长、寻得生命体验。无论青少年非主流行为文化的外在风格表现为何种主题,它们都共同构成其文化空间。青少年不断追求非主流行为文化的动态风格,在本质上是对意义和生活模式认同更深的追求,在动态风格化主题中寻求交流和确立认同。

三、青少年非主流行为文化的最终趋向:收编

某种特殊类型的文化类型从自发、自在和无为升格为有"风格"的亚文化,就逃脱不了被收编的命运。[①] 收编是指支配文化通过怀柔政策抹杀非主流行为文化的抵抗性,并对其重新界定和控制的过程,即支配文化放弃以压迫式的方式对非主流行为文化进行镇压,而是通过遏制、整合、化解等缓和方式慢慢将其归为己用,具体是以主流意识形态的收编和商业文化的收编两种方式施行。收编是青少年非主流行为文化的归宿。

(一)主流意识形态的收编

社会的秩序并非固定、静止的,相反,它是矛盾、冲突的。相对主流文化而言,非主流行为文化不在其既定的秩序之中,它具有另类风格,是"他者"文化。对非主流行为文化意识形态的收编,主要是通过制造"道德恐慌"来夸大其危险性和使其重回主流社会两种方式来解决。制造道德恐慌,就要对非主流行为文化"重新界定"和"贴上标签",并通过某一情境或事件夸大它与社会利益和价值的冲突。一旦遇到文化挑战,社会就会对其大肆报道并将其归结为文化认同危机时代的到来,称其威胁主流文化的地位,由此引发社会焦虑和分歧。使非主流行为文化重回社会主流本位,就是使非主流行为文化从非常态化向常态化转变。这主要是通过两种方式实现:一种是继续将非主流行为文化视为威胁,并通过意识形态框架下的证据说明主流文化与非主流行为文化的冲突,使这种威胁变得真实;另一种则将非主流行为文化置于社会总体文化结构中,以正面措辞来描绘,强调主流文化和非主

---

① 马中红,陈霖.无法忽视的一种力量:新媒介与青年亚文化研究[M].北京:清华大学出版社,2015:187.

流行为文化之间的价值观具有一致性,主流文化运用与非主流行为文化相通的价值观来使其平常化。

(二)商业文化的收编

在伯明翰学派看来,包括青少年非主流行为文化在内的亚文化一旦被利用,就会抛开原初的独创性和对立性,走向与商业的融合并起到缓和意识形态的作用。所以赫伯迪格不无忧虑地强调:"一旦代表'亚文化'最初的创新被转化为商品,变得唾手可得时,它们就会变得'僵化'。""这预示着亚文化在一步步迫近死亡。"①商业文化是指在商业发展中,伴随着市场需求而表现出的商品流通和交易的文化现象。商业文化最大的特点在于它善于抓住新奇和时尚的亮点,懂得挖掘市场新需求。青少年群体作为商业文化的重要消费群体,一旦自发形成非主流行为文化,就会吸引到商业文化的注意。青少年群体所表现出的对抗性意义和休闲娱乐的方式很快就被商品市场"收集"起来,并通过一定象征意义的具体形式、场景,甚至是商品反向的形式来吸引青少年,使之成为撼动人心的元素,让青少年主动靠近并进行"交易"。可以说,"收集"和"交易"是商业文化完成对青少年非主流行为文化进行收编的两种具体方式。青少年非主流行为文化之所以能够被市场和商业加以整理和利用,是因为它在很大程度上还是大众文化、娱乐工业和商品消费的产物,它的风格往往体现在休闲和消费领域中。青少年非主流行为文化被商业文化收编的过程,亦是主流文化试图借助市场和商业文化来扩散其风格,使之离开原有的文化意味,从而把它纳入自身文化体系的势力范围。因此,青少年非主流行为文化的传播本质上是一个商业化的过程,也是一个"文化收编"的过程。

---

① 迪克·赫伯迪格.亚文化:风格的意义[M].陆道夫,胡疆锋,译.北京:北京大学出版社,2009:96.

第五章 青少年非主流行为
文化的有效引导

对青少年非主流行为文化进行有效引导,本质上是一项内在的精神价值建构活动,是涉及诸多要素的内在精神家园构建的系统工程。对青少年非主流行为文化的引导,既要遵循青少年非主流行为文化的发生发展规律,又要把握当代青少年思想行为特点和内在精神发展诉求,按照社会主义先进文化建设的目标要求,积极探索引导的有效策略和途径,用主流文化引领非主流行为文化发展方向,提升其文化品格,用正确的思想观点、价值准则滋养青少年的心灵,塑造青少年的价值观,满足青少年的文化价值需要,促进他们健康而全面的发展。

第一节 青少年非主流行为文化引导的目标

青少年非主流行为文化引导的目标明确与否,是引导能否行之有效开展的关键。青少年非主流行为文化引导的根本目标是满足青少年日益增长的文化需求,丰富青少年的精神世界,帮助青少年树立与社会发展相适应的价值观念、行为方式,促进他们身心和谐全面发展,培养他们成为担当民族复兴大任的时代新人。青少年非主流行为文化引导的直接目标是提升青少年行为文化的精神品位,引领青少年健康发展,促进社会总体文化的发展和繁荣。

一、引导青少年非主流行为文化的健康发展

青少年非主流行为文化与主流文化并存于同一社会文化系统中,但是它们之间文化的地位和作用并不是完全相等的,总有一种主导性的文化起支配作用。正如伊斯顿所说:"任何系统都具有一定的主导政治价值,它们

会给政治行为规范和结构排列确定基调和方向。"①历史地看,每一时期都有着占主导地位的主流文化,都有着居于次要地位的非主流文化。主流文化与非主流文化的关系尽管是错综复杂的,但在多数情况下都是可以协调并存的。在当代中国,中国特色社会主义文化居于主导地位,就要充分发挥其主导作用,引领青少年非主流行为文化的发展。

由于主流文化的统摄地位,其精神内核在长期的积淀过程中已经成熟,但这并不意味它不需要建构。随着社会结构、时代精神、人文环境的变化,与外部世界的交流沟通不断加深,主流文化必然要经历积淀后再提升的过程,从宏观性指导走向微观性指导,从而发挥现实作用,成为能动地改变世界的现实力量。主流文化的能动性体现在以其精神内核引领、整合其他形式文化思潮,确确实实地发挥引领、整合、统摄功能,并在现实生活中获得广大民众的精神响应。这些现实途径主要由上而下,从宏观指导到微观涵化,接地气,贴近现实,与青少年非主流行为文化进行接触、碰撞。只有深入到青少年的日常生活场域中去,使青少年切实体验到崇高的精神美感时,使青少年能够从每个"自我"中发现"大我"时,主流文化对青少年非主流行为文化的引领、整合功能才能得到体现,主流文化的引领角色才开始发挥作用。

与主流文化相比,青少年非主流行为文化的精神建构更为迫切。这是因为青少年非主流行为文化建构直面的是"唯我至上"和"拒绝崇高"的价值取向。这两种价值取向根本上产生于社会现实基础的不良生态——文化的工具性得到了负面的放大,文化的价值性被无限遮蔽,社会文化活动中局部的人际关系和人文精神已经发生扭曲。

青少年非主流行为文化价值取向的多样化是社会发展多样化的必然反映。就离散度而言,青少年非主流行为文化远高于主流文化。非主流行为文化尚未形成自己成熟的文化内核,具体表现在青少年的意愿判断和行为方向经常南辕北辙,文化行为无法保持必要的延续性,青少年群体往往囿于高度的独立性和差异性,分歧大于共性。青少年非主流行为文化的离散性表明,"唯我至上"和"拒绝崇高"的价值取向虽然获得了某种程度的认同,但远没有发展为其文化内核的绝对趋势。然而,在这个价值取向的掩护和装点下,媚俗、庸俗、低俗的信息正在蔓延确是不争的事实。客观、审慎地评价

---

① 戴维·伊斯顿.政治生活的系统分析[M].王浦劬,译.北京:华夏出版社,1999:232.

多元共存的文化现象,既需要有正确的文化立场和文化理论,也需要科学的评价方法。汤一介先生曾经倡导过一种从"他者"反观自身的文化研究方法。该方法的核心要点为:以"相互参照"为核心,重视从"他者"反观自身的文化研究。该方法论对如何引导青少年非主流行为文化有启发,开阔了引导的思路。这要求具备世界视野与历史深度,既能由内向外观察世界变迁,又能从外往内观察文化世界的变迁。就目前现状而言,需要一种"内外兼修"的因应引导策略:所谓"内"指的是整合和构建青少年非主流行为文化的精神内核,而"外"则是指青少年非主流行为文化圈外的主流文化引领其发展。打造青少年非主流文化主体格局和建构青少年非主流行为文化的精神内核,并非一朝一夕能实现的,而是要立足于社会总体文化结构的优化,从内外双向对青少年非主流行为文化进行塑造、整合。

一是主流文化对青少年非主流行为文化的同化收编作用。有学者指出,"社会主流文化关爱、支持、鼓励和培养顺应或体现其要求的青年文化,批评和遏制偏离主导价值观念和具有反叛倾向的青年文化,但也有选择地加以收编"[①]。我国主流文化依赖其核心地位的主导作用,运用多种形式和手段对社会文化及其价值进行再生产,生成一种集体的文化意识用以规范和制约其他形式文化的发展。其中倡导和培育社会主义核心价值观,将核心价值观的要求渗透到青少年的思想行为中,确保其思想行为符合主流文化的期待和要求,这种作用就称为主流文化对青少年非主流行为文化的同化收编作用。该同化收编作用的方向是从主流社会指向青少年的生活世界,同化动力来自主流文化在进入青少年生活世界后逐渐发展的主导能力。青少年接受的同化作用效果则取决于主流文化体系采取的同化手段,取决于青少年对不同文化理念的认识深度,其主观认同态度、认同环境以及认同过程的作用也不可忽视。当然,主流文化在发挥引领、整合功能的同时还要主动适应。主流文化既要引领青少年非主流行为文化的发展方向,又要主动适应非主流行为文化的发展。主流文化的倡导者对青少年非主流行为文化现象持何种态度,直接影响主流文化与非主流文化的交融结果。

二是青少年非主流行为文化对主流文化的认同作用。由于受主流文化的整合和规范影响,青少年非主流行为文化内部不断调整要素和改变结构,以适应和符合主流文化的发展方向,这就是"对主流文化的认同作用"。这

①　陆玉林.当代中国青年文化研究[M].北京:人民出版社,2009:1.

种作用力的方向是从青少年生活世界指向现实社会,认同原动力来自青少年进入主流社会视野的积极性。青少年非主流行为文化在创新和流行的驱动下,对不同文化资源的需求日益增长,其中对主流文化的阐释、摹写、再编也是其维系自身存在与发展的重要方式。非主流行为文化主动选择进入主流文化视野,在文化创造中产生了与主流文化价值观一致的取向,寻找一条与社会主流话语的有效对接路径,完成自我合法性论证,这是非主流行为文化主动融入主流文化的动力。基于建构自身主体性的需要和信息共享的需要,青少年群体重新评介自身行为与主流文化的关系,确立合理的群体价值观,形成共同体的新秩序,不断通过其他形式文化的互动与结合,形成与主流文化相呼应的发展趋势。该过程是青少年非主流行为文化对主流文化的认同过程,从根本上确保了青少年非主流行为文化的健康发展。

从社会总体文化系统环境来看,我国主流文化仍然可能与青少年非主流行为文化存在某种程度上的冲突与摩擦,这是客观矛盾所决定的。但是,主流文化以其主导思想价值标准,居于文化的领导地位,发挥着主体性引领作用,客观上抑制了青少年非主流行为文化所衍生的分散和消解主流文化向心力、凝聚力的副作用,并引导其嵌入主流文化系统,两者良性互动发展。

二、提升青少年内在精神需求的积极品质

文化是人的生存和发展方式,文化的终极目标无不指向人——为人的发展提供精神支撑和依托。对青少年非主流行为文化的引导,从根本上来说,是使青少年非主流行为文化成为"化人""育人"的精神载体。应注意引导青少年非主流行为文化从以下三个方面促进青少年成长:

一是帮助青少年在非主流行为文化中积极感受生命体验过程,关注内心的真实感受,并提倡真实的生活方式。非主流行为文化的发展壮大源于青少年不满足现有社会文化的约束,反感现代社会无处不在的诸多规则、规范的铁笼,向往不受约束的自由。这是青少年对真实生命体验的追求表征,充分展示了最本初的思想,表达了最真实的体验,激活了内心的情愫。这种原始的生命体验是人之本质的最直接的显露,而不是受到现有社会主导文化的宰制而异化的人的思想意愿。青少年天生反感主流文化的一本正经、高高在上的风格,他们喜欢并敢于真实地去生活,去表达真实的感受,对生命意义的体悟他们也是身体力行,通过非主流行为文化活动还原对真实生活和社会的强烈感受。心理学的"创造性自我"理论也认为,个体不是被动

接受遗传和环境的塑造,而是会创造性地自由运用环境所提供的素材,依照自己独特的方式加以组合,从而形成独一无二的自己。[①] 这种文化表达趋向其实是文化发展的自然回归,是文化作为生存方式凝结的最初意义。马克思在《1844 年哲学经济学手稿》中论述人的意义探寻的时候,就认为文化是一种"实践",是一个群体或阶级的独特的"生活方式",生活的物质和社会组织通过它而表达自身意义。引导青少年运用非主流行为文化表达自己群体的生活方式、表达自身文化意义和立场是应有之义。

二是帮助青少年在非主流行为文化中获得认同,形成良好的人际关系。社会心理学家埃里克森(Erikson)将人的生命历程分为八个阶段,每个阶段都有特定的自我认同(self-identity)的发展目标与发展困境。[②] 青少年阶段需要发展的是自我观念与自我肯定。从社会心理上看,躁动不安的青少年之所以要对主流文化进行抵抗和反叛,是因为他们实际上想获得社会的承认,也就是解决他们的"认同危机",即回答"我是谁""我在何处""我何去何从"等问题。"认同是对自己在社会中的某种地位、形象和角色以及与他人关系的性质的接受程度。"[③]一般而言,个体是通过他人的认同来达到肯定自我认同的,个体对自己的了解是通过他人对自己的看法来获得的。人际交往、文化交往是青少年进行自我认同的重要途径,青少年非主流行为文化的互动性等特点正符合他们强烈的人际交往需求,从而满足了他们寻求自我认同的需求。青少年在行为文化中进行的人际交往,就是青少年生存方式的根基所在。对于青少年而言,在非主流行为文化群体中,青少年更多地看重同伴群体的评价,通过他人的认同来达到自我的认同。引导青少年通过非主流行为文化活动相互交流,以一种新的交往交流方式获得同辈群体的"身份证",获得自己的群体归属感和自我的认同。当代青少年群体借助文化形式在"线下""线上"寻求自我认同,是当代社会化的新形态,有助于形成全面良好的人际关系。

三是帮助青少年在非主流行为文化中展现个性、追求人格独立。文化气质或文化风格对青少年群体而言是一种重要的群体标志,它赋予该群体

---

① 许燕.人格心理学导论[M].北京:中国人民大学出版社,2017:113.

② 雷雳.发展心理学[M].3 版.北京:中国人民大学出版社,2017:212.

③ 王宁.消费与认同:对消费社会学一个分析框架的探索[J].社会学研究,2001(1):5.

强有力的有效性和一致性,联系着特定的群体并决定这一群体的表达基调。青少年非主流行为文化实践"以自由为伦理价值的核心,包含着以分享抵制垄断,以游戏对抗功利,以狂欢颠覆秩序,以多元拆解权威等诸多方面的冲突"①。青少年借助这个群体特有的文化资源符号,明显带有对个人日常生活的感情宣泄和对叙事碎片化的特征,作为这个群体所特有的情感表达方式,反映了群体共有的感情、态度和文化,明显不同于传统表达风格。个性化符号表达系统展示青少年非主流行为文化独特的风格和气质,同时引导青少年在生活态度上追求个性解放、人格独立。青少年在非主流行为文化活动中坚持个性解放,对传统和权威进行解构,用特有的风格和态度表现自我的个性。他们标榜人格独立,认为只要摆脱了成人的束缚就意味着人格上的独立,甚至恶作剧地摆出对抗的姿态,对于主流社会的规则和规定常常反其道而行之,而禁止的行为却偏要突破和尝试。在新媒体这个话语权力相对平等、表达权力相对广泛的时代,青少年的文化选择、文化参与和文化表达更加自主和自由,取决于自身的态度与选择,远离社会结构的权威性的压力,这充分体现了当代青少年的精神自主和个性独立。

第二节　青少年非主流行为文化引导的原则

青少年非主流行为文化的发生发展具有始于交往、终于交往这一根本特性,只有基于这个特性把握青少年精神发展诉求的实际,探寻其中机理,才能遵循正确的原则进行有效引导。

一、扎根生活世界原则

现代交往理论认为,交往者属于生活世界,而且生活世界是交往参与者理解过程的背景。因此,人与世界的关系属于生活关系,人在世界中展开其思想与言行,展示其生命与人生历程。"生活就是那种对作为生活整体的善的寻求。"②青少年的成长来自个体真实的生活实践,来自生活实践中的人

---

① 陈霖.新媒介时代青年亚文化的伦理冲突及其建设性资源[J].青年探索,2013(06):13.

② 麦金太尔.德性之后[M].龚群,戴扬毅,等译.北京:中国社会科学出版社,1995:20.

与人的多维的交往和文化活动,而不是纯粹等待灌输的思想价值的"收容器",从而把青少年的成长置于个体真实的日常生活世界之中,在人与人的交流对话中,让他们在自我发现与发现自我的过程中获得思想道德及文化认知,启迪思想文化思维和文化行为。个体的成长和发展寓于生活之中,美好的生活状态将会激活和形塑个体在社会中生存的各方面积极潜能。从这个角度来看,立足于生活交往,才有可能为青少年敞开一个可能的成长生活世界,开辟一条合乎主流思想文化的成长之路。

1.生活世界的基本内涵

"生活世界"是20世纪初现象学运动的奠基人胡塞尔率先提出的哲学概念,源于当代对以理性为基础的"科学世界"的反思与批判。胡塞尔所提的"生活世界"的核心要义为:科学世界的滥觞遮蔽了人们生存于其中的自在世界,致使人类的精神无家可归、意义丧失。所以他提出要实现理性向生活世界的回归,开出了"回归生活世界"的药方,确立了生活世界的理念。在胡塞尔那里,生活世界是一个直观的、相对的、主观的世界,生活世界不是孤立的自我的产物,而是交互主体性的产物。胡塞尔指出:"无论如何,在我之内,在我的先验还原了的纯粹的意识生活领域之内,我所经验到的世界连同他人在内,按照经验的意义,可以说,并不是我个人综合的产物,而只是一个外在于我的世界,一个交互主体性的世界,是为每个人在此存在着的世界,是每个人都能理解其客观对象(Objekten)的世界。"①胡塞尔的后继者海德格尔对"生活世界"的关注体现在"此在"思想中,他认为人的存在即"此在","此在"的本质就是共在。"此在世界是共同世界。'在之中'就是与他人共同存在。"②只有人才有世界,世界即指"此在"与存在者整体的关系。人和世界的关系不是机械的组合关系,而是人有机地融合于世界之中,生活于世界之中,海德格尔的"生活世界"是日常共在的世界。

本研究的理论支撑提供者哈贝马斯则有不同的视域,他认为:"生活世界类似发言者和听众所遇到的先验的地方,在这种地方,他们可以相互提出要求,就是说,他们的表达与世界(客观世界、社会世界或者主观世界)相适应,并且在这里,他们可以批判和证实这些运用要求,排除意见不一致,取得

---

① 胡塞尔.生活世界现象学[M].倪梁康,张廷国,译.上海:上海译文出版社,2002:153.

② 海德格尔.存在与时间[M].陈嘉映,王庆节,译.北京:生活·读书·新知三联书店,1987:146.

意见一致。"①哈贝马斯理解的生活世界是依靠语言交往的背景所构成的，语言交往的结构就是生活世界的结构；而且生活世界是一种总体化的力量，个体和交互主体的生活历史一同交织于生活世界，既受此种力量的制约，又参与生活世界的总体化。

简言之，无论是海德格尔存在主义的"日常共在的世界"，还是哈贝马斯的日常交往的世界，均把"生活世界"等同于"日常生活世界"，就是"处于有组织的社会活动和自觉的精神活动之外的个体的日常生活，即每个人都在从事的衣食住行、饮食男女、婚丧嫁娶、言谈交往等自在的、重复性的日常生活"。② 这样的生活世界是与体制或系统（各种社会制度和组织）相对的私人和公共空间，诸如政治、经济、教育等有组织的、自觉的非日常生活并不涵盖在他们的生活世界视野之内。

再来观照马克思主义理论。马克思虽然没有明确地提出过"生活世界"概念，但他对于生活世界认识的深刻性超越了上述思维方式。马克思把现实世界看作"人生活于其中、与人发生着千丝万缕的联系、对人有价值和意义的价值世界或意义世界"③，其唯物史观中的现实世界即是与生活世界同一话语。在马克思看来，生活世界是"属人"的世界，具体而又现实，是自然界不断生成为人的过程和人要成为"人"的自我生成过程的历史的、具体的统一。生活世界的本性在于其"生活性"，它随着人的生活实践的展开、深化和扩张而不断改变自身的历史自然过程，从而向人不断地显现和敞开，向人而生成。马克思的生活世界是物质生活与精神生活相统一的世界，涵盖人的一切活动：物质的和精神的、日常的和非日常的、理想的和现实的等等。人不仅按照任何一种尺度来构建生活世界，而且也按照人的"内在尺度"来塑造生活世界。马克思认为实践和交往是生活世界的根本属性，"人的现实世界不是给予的世界，而是经人自己的活动参与创造的世界……在这种活动中，人以物的方式从事活动，换来的则是物以人的方式的存在。实践活动不仅创造了人和人的方式的存在，也创造了人的生活世界和对象世界"④。

---

① ［德］哈贝马斯.交往行动理论：第 2 卷［M］.洪佩郁，蔺青，译.重庆：重庆出版社，1994：174

② 衣俊卿.回归生活世界的文化哲学［M］.哈尔滨：黑龙江人民出版社，2000：63.

③ 李文阁.回归现实生活世界［M］.北京：中国社会科学文献出版社，2002：123.

④ 高清海.高清海哲学文存：第 1 卷［M］.长春：吉林人民出版社，1997：136-137.

世界本来就是互为对象的无数存在着的聚集,人通过使自己的生命力量"对象化"、使对象"人化"从而获得"类属性",从而与世界共生为一个体现着人的本质的生活世界。

综合上述各家观点可知,所谓生活世界是指人们生活于其中的现实的、具体的、通过经验能被感知到的世界。我们生活在这个世界中,我们身体的存在方式是与这个世界相适应的。生活世界的核心内涵有:其一,生活世界是一个动态的、活生生的人本世界,是属于人的、极具感性色彩的现实生活场景;其二,生活世界是一个日常的、可触摸的世界,是一个能为人们所理解、把握的世界,而不是单向度的、符号化的观念或理论世界。此外,生活世界是主体的创造之物,是一个开放的、多向度的、主体间共有的世界。

2.生活世界的主要特征

文化本是源于生活中,提炼、升华于生活中,而不是脱离生活,所以生活世界是文化存在的基础。文化既是人类存在、社会生活实践过程中的本体论规定,也只能通过人的生活实践展现出来,具有与现实生活不可剥离的特性。文化是处于现实的交往关系之中的世界,文化存在于直接的、具体的人的交往实践中。文化的意义及本质,唯有在生活过程中才能真正把握。文化是在生活中赋予生活以意义的精神性的存在。正是有了文化,才使得个体以生存为基础但又不止于生存,人按社会规范去行动但又并不止于被动的约束和强制,感受到的不只是异化和无奈,而是精神上的充盈、实现自我和成就自我的感觉。文化不仅在其特有的意义上使生活成为生活,而且使生活变得更好。文化活动是通向美好生活的基本途径。文化活动是为了人更好地生活和更好地存在,文化价值是构成人的美好生活价值系统中的重要因素,而不是人的丰富完整的生活就是为了某一种既定的文化。

首先,生活世界是先于个体文化活动的背景,也是文化交往行为得以发生的意义背景。文化是生活中的文化,文化在生活世界之中;文化离不开生活,生活是文化的沃土。生活作为文化的"基础事实"是和文化融为一体的,脱离了生活,文化是无源之水,并将变成僵死的条文和抽象的原则。文化活动及发展也只有扎根于生活之中才有意义,才会产生情感和信念;付诸文化实践,转化为文化行为,生活的过程就是文化创造的过程。

其次,在生活世界中进行活动和交往在某种意义上是人的理性表达和理想追求。行为文化不是个体自我单独表演的产物,而是多元主体在交往活动中相互影响、相互制约、相互构建的与生活世界共生的产物。一方面,多元主体在交往活动中共同建构着生活世界的意义、发展方向；另一方面，交往主体在交往实践中改变着自身。在交往中，每一个主体都具有自己的文化价值取向，但在共在中又相互建构着自身和他人的思想价值。

最后，生活世界是关系性的存在。生活世界是多元复杂的关系，它反映的是在社会生产和社会生活中人们所形成的一种交往关系、权益关系和道德关系，反映了人的社会生产和社会生活的基本方面和基本要求。正是人的社会生产和社会生活才有文化的内容，才有文化的要求。个体正是在生活过程中逐渐赋予自身以文化的。生活世界的各领域和各环节都具有"属人"性，都是人的生活，都具有文化的意义。只有从生活世界的视域分析和把握文化，才能把文化作为在生活世界中生成的、由人的生成活动所表现出来的、通过自己的活动自我生成的实践品质。必须自己在生活中感受、感悟文化的脉搏，反思自己的行为，追求自己的文化理想，进而在自身的生成和发展过程中生成自己的文化品质。既无法设想生活之外的文化，也无法想象能够在生活之外创造文化。"只有生活本身才能为自己制定法则。在生活之上或之外，不再可能有什么了。"①

3.生活世界对青少年非主流行为文化的意义

其一，生活世界构成了青少年交往行为的须臾不可少的背景。人与人之间的交往是在生活世界中发生的，生活世界也是青少年生活在其中并且不断发生交往行为的场所。生活世界对青少年来说，首先是一个先在的、已然的、既成的世界。面对所处生活世界的境域，青少年是无法选择、无法拒绝的。现实个体面对既定存在的认同、接受和顺从，不仅影响、塑造着个体的生活习惯、日常情趣，而且形成常识、价值观念，制约着其行为方式，这是既成的生活世界对个体潜移默化地影响使然。青少年日常交往实践无法脱离的基本背景就是生活世界，同时日常交往又在建构生活世界。青少年在交往的过程中必须有一个进行的场所与背景，生活世界为他们的交往行为提供了绝对性的界限，使他们不可能走出其生活世界的境域。正是在这种可信赖的熟悉的背景中，青少年之间的相互理解才是可能的。"在一定方式下，生活世界，即交往参与者所属的生活世界始终是现实的，但是这种生活

---

① 涂尔干.道德教育[M].陈光金，沈杰，朱谐汉，译.上海：上海人民出版社，2006：38.

世界构成了一种现实的活动的背景。"①哈贝马斯认为,生活世界是指人类在文化的传递上、社会秩序的构成上以及人类互相沟通的过程中所需要的"资源"达成这些活动的世界。他认为人就是现实生活世界中的人,人在生活世界中即已被给予了人之为交往主体的一切。这被给予的一切既不必先行抛开,也不可能先行抛开。"交往者属于生活世界,而且生活世界是交往参与者理解过程的背景。"②青少年与世界的关系是生活关系,青少年在世界中展开其思想与言行,展示其生命与人生历程。

其二,青少年只有在生活世界中不断地进行社会交往与实践,才能形成其稳定的道德品质和文化品位。脱离人与人之间的社会交往和社会关系,脱离人的生活世界,无所谓言行一致,也不存在彼此的利益关系问题,就无所谓价值了。人们彼此的利益关系只有在人们的交往中、在人们的生活世界中产生和改变。

其三,生活世界是青少年非主流行为文化引导的依据。一方面,不同的生活方式、生存状态和生活理想,要求有不同的思想文化教育与之相适应,从而使生活世界制约着思想文化教育对可能的生活方式、生存状态的追求。另一方面,生活世界中的物质文化、精神文化资源等为思想文化教育奠定了基础。思想文化教育不可能在真空中建构青少年的可能生活,青少年的现实生活空间为思想文化教育提供了丰富的素材。青少年的文化行为和文化品位的养成与体现,发生在每个具有偶然性的真实生活情境中,充分吸收了生活世界的直观性、本真性和体验性,对生活中所遭遇到、体会到的社会性、道德性问题有所思、有所感,形成自己的思想文化判断力。青少年的思想文化教育不能与世隔绝,健康的人格只有在生活中、在共同体中才能塑造起来。因此,只有把青少年思想文化教育还给生活世界,才能把生活世界还给青少年,也才能确证青少年的主体性。生活世界是先于个人理解活动的文化背景,也是交往行为成为可能的意义背景。青少年非主流行为文化以生活世界为其存在之基,就意味着青少年非主流行为文化的目的和内容来源于现实的生活世界。他们的思想文化教育要回到现实中来,从现实出发,贴

---

① 哈贝马斯.交往行动理论:第 2 卷[M].洪佩郁,蔺青,译.重庆:重庆出版社,1994:171.

② 哈贝马斯.交往行动理论:第 2 卷[M].洪佩郁,蔺青,译.重庆:重庆出版社,1994:371.

近真实的生活,贴近青少年真实的思想文化诉求,并在此基础上提升青少年的文化品位和境界。青少年思想文化教育必须保持可能生活与日常生活间的必要张力,以日常生活为根,不断地创造一种美好的可能生活,把生活世界作为其探寻的起点和基础。

生活世界只有建立在主体间的相互交流的基础上才是真正的生活世界。因此,对青少年非主流行为文化的引导要基于一种主体间平等互换的对话语境,从而真正达到心与心的互动和交流,主体间相互影响、相互学习,构建体验升华氛围,体现对于青少年的价值引导作用和发展性目标,要对他们的未来生活肩负起神圣的职责与使命,提升其生活质量与生命价值。

二、坚持以人为本原则

以人为本是现代教育理论与实践的核心理念,包含对人的需要、人的发展的尊重和关怀。这是基于人首先是现实的人,是具有理性、自我观念和自我意识的人,表现为社会性、能动性、创造性,是包含自然属性、社会属性和文化属性的实际活动着的发展的人。对青少年非主流行为文化进行引导同样是以人为出发点,也以人为归宿点的;离开了人,就失去了存在的本体性意义和超越性价值。

(一)以人为本的逻辑前提

首先,人是有意识的、有目的、可塑造的存在物。人的生命活动之所以区别于动物,是因为"他的生命活动是有意识的","正是由于这一点,人才是类存在物,或者说,正因为人是类存在物,他才是有意识的存在物"[1]。现实的人不仅是生物性的自然存在物,也是有意识的精神存在物。正因为人是有意识的精神存在物,人才可能现实地成为实际活动着的、实践创新的主体,才能进行自由自觉的活动。人的自我意识是意识的核心,是人作为主体的本质内涵,也是人从事自主性、能动性、创造性活动的必要前提。有自我意识的人才能进行自我反省、自我改造、自我完善及自我超越。

其次,人还是社会的存在物。个体的人正是在与他人交往中确认自己,通过他人反观自身,人只能是社会的人。人在社会合作中生存,人在社会环境中发展,人在社会交往中提高。所以,"人是最名副其实的政治动物,不仅

---

① 马克思恩格斯选集:第 1 卷[M].北京:人民出版社,2012:46.

是一种合群的动物,而且是只有在社会中才能独立的动物"①。因此,任何个人不可能脱离和他人的关系、脱离社会而孤立地成为现实的人,人创造并构成着社会,个人的存在和发展与社会的存在与发展是须臾不可分离的。人的活动无论是在什么条件和形式下进行,无论具有什么样的结构,都不能视为是脱离社会关系和社会生活的。个人的活动尽管形式多样且复杂,但总是包括在总体社会关系系统之中。在社会关系系统之外,人的活动是根本不存在的。人是社会的人,只有处在社会关系中,才能生产作为人的人;也只有在人们交互作用、彼此联系的社会关系中,人身上的天赋、潜能、素质、力量才能按人的方式得到实现。人的本质是一切社会关系的总和,个体始终是社会系统的个体,不可能脱离社会关系而孤立、抽象地存在。因此,人的社会实践活动不可能脱离人与人之间的交往而单独存在,它始终是一种社会性的交往及对象化活动。人是目的。对人的本真理解的偏离必然导致在青少年非主流行为文化引导中对人的忽视。把人理解为现实的人、总体的人、发展的人,引导青少年非主流行为文化回归人的生活世界,把文化建构在对生活世界真实的人的理解之上,其思想文化教育就不会脱离人的生活、脱离人。

最后,人的存在和发展方式是不断超越的。"占有性"存在和"共生性"存在是人的两种基本生存和发展方式,是个体对于外部世界以及自身所采取的两种不同的人生态度和价值取向,它们在一定程度上决定着现实的个体和社会生活的关系结构。在占有性生存和发展方式中,个体采取的是利己主义的人生态度和价值取向,人与外部世界之间是占有和被占有的关系,表现出的是一种个体占有性的主体性,他人或他物都是客体,都是为我服务的。在这种占有性生存和发展方式中,个体与外部世界的关系是:"我"的强力控制它们和将其持久地据为己有。而共生性生存和发展方式则与之相反:共生意味着人和世界是一种共在共赢关系,在这种生存方式中,人能够创造性地发挥他的能力,并且与世界融合。人与人之间是一种共生分享关系,"我"把他人视为一种与"我"一样的主体性存在,在处理"我"与"你"的关系时,遵循的是人道主义的伦理规范,而不是纯理性的技术原则。随着人类社会进入一个交往对话的时代,原子式的占有性生存和发展方式正在逐步丧失其存在的合理性,"共生""共在"逐步成为人的一种新型的生存和发展

---

① 马克思恩格斯选集:第2卷[M].北京:人民出版社,2012:2.

方式。共生性的存在是对原子式存在的超越,它立足于整体主义,超越利己或他者的取向,着眼于人的发展。

(二)以人为本的基本内涵

全面贯彻以人为本的思想,强调对人本身的尊重、对人主体性地位的重视及对人的价值和意义的肯定。

其一,对人主体性地位的重视。人作为世界上唯一能够进行自我创造、自我生成、自我完善、自我发展的能动的存在物,创造了自己的全部生活和整个历史,并且通过自由自觉、千姿百态的创造活动,获得在人的世界和社会中的主体地位,成为人的世界和社会的根本、主体。对人本身的尊重,强调人是人的世界和社会的主体,人不是机器,不是被奴役、被宰制的对象或工具,而拥有独立的人格和尊严。有主体性的人是自尊、自立、自强、自律的人,对自己的人生价值有清醒的认识,有高昂的入世精神,自我意识高度觉醒,自己是自己的主人。这样,人有自我教育、自我批判、自我发展、自我完善的能力,能够施展才华。有主体性的人对自身而言,不仅要生存,而且要发展;对他人、对社会而言,不仅能适应,而且积极努力,做出贡献。有主体性的人是大写的人,对主体性的呼唤就是对真正人的呼唤。贯彻以人为本的原则就是要千方百计地弘扬人的主体性,唤醒人的自我意识,充分发挥人的能动作用。

其二,对人的价值和意义的肯定。人作为人格主体的本质内涵之一,就在于人是创造价值、生成意义的,人的价值和意义不是与生俱来的,而是由人有目的的活动创造的。坚持以人为本的原则就是要在肯定和重视人的价值和意义存在的同时,想方设法地为人能够创造更大价值、生成更大意义创造条件。既要尊重人的生命,让人的生命价值高于一切;也要尊重人的利益、权利,让人行使自己的权利和获取正当利益;还要尊重人的个性,让人的个性得到健康培养与塑造;更要尊重人的自由,让人始终能保持强烈的自主意识和自主能力。这些内容都是理解人、尊重人的具体表现。

以人为本的内涵是引导青少年非主流行为文化的核心理念,体现了尊重人、积极发挥人的积极主动性、促进人的发展的理念。

(三)以人为本的现实指向

以人为本,即完整地、全面地关照人、发展人、提升人,体现对人的生存状况的关注,对人的尊严、对符合人性的生活条件的肯定,高度重视人的生理与心理、物质满足与精神享用、理性完善与情感升华、阶段性成长与持续性发展的均衡与协调统一的追求。

第一,青少年非主流行为文化要引导个体的生存方式。个人的发展水平和状况如何,不仅与他们生产什么、怎样生产相一致,而且与他们的交往实践形态有着密切的关系。在现今开放、包容、多元的境遇下,青少年思想文化教育在培养和发展其主体性品质的基础上,还应引导他们实现从个体占有性生存和发展方式向共生性生存和发展方式的根本转变,将培养具有类意识和自由个性的"世界历史性的个人"作为神圣使命和价值追求。"人终于成为自己社会结合的主人,从而也就成为自然界的主人,成为自己本身的主人——自由的人"①,要引导青少年的社会特性和个性品质全面、自由而充分发展。

第二,青少年非主流行为文化要关注个体生命的完整性。个体生命是完整性的存在,是复杂的整体,有各个方面的需要、感觉、认知、情感、体验和意志。但是,个体生命的各部分并不是独自存在的,而是共存在一个生命体内,以完整的生命形式共同活动。生命的各个部分相互影响,共同发展。马克思曾经说过:"人以一种全面的方式,也就是说,作为一个完整的人,占有自己全面的本质。"②换句话说,一个人只有当他的生命是全面的、完整的,他才能占有自己全部的本质,成为一个具有健全人格的人。青少年非主流行为文化应关注个体生命的完整性存在,将个体看作生命与生命的交往与沟通的过程。它关注的不仅仅是青少年的生存所需要的生活知识和技能,其最根本之处是满足他们的身心发展需要,促进人的价值生命实现。一个完整的人的生成与成长过程,是个体的生命潜能多方位彰显、丰富的过程。因此,青少年思想文化教育更要关注其情感的陶冶、交往意识的培养以及生活意义和生命质量的提升。青少年思想文化教育直接关注个体生命的价值形态,谋求个体生命的内在和谐,谋求个体在世界之中的合理、幸福的生活。青少年思想文化教育旨在增进个体身心的和谐与德性的完满生成,并最终指向个体生命鲜活的道德生活实践,把个体引向德性的生活,引向美好的生活。

第三,青少年非主流行为文化要关注个体主体性。青少年非主流行为文化要关注个体生命的主体性存在,个体生命的主体性存在具体表现为个

---

① 马克思恩格斯选集:第3卷[M].北京:人民出版社,2012:443.

② 马克思恩格斯全集:第42卷[M].北京:人民出版社,1985:443.

体生命发展的独立自主性、积极能动性和创造超越性。人是对象性的存在，对自然界、外部感性世界必然具有依赖性，但人不是消极地依赖自然界、外部感性世界，而是在与自然界、外部感性世界的联系中处于主体地位，并按照自己的目的、力量、需要来掌握自然界、外部感性世界，依靠自己生命的力量来保证自己的生存和发展，从而自主地掌握和支配自己的命运。在教育过程中，这种个体主体性表现为：个体既是教育活动的对象，更是教育活动的主体。从这个意义上来说，青少年思想文化教育的一个重要目标就是通过对个体自我教育和自主发展活动的价值引导、科学组织和有效规范，把个体培养为具有独立自主意识的、能够积极地进行自我教育和自主发展的主体。同时，青少年文化教育还要树立超越性的基本理念，帮助个体生命实现从未完成、不完善的实然存在状态向建构完满的精神世界这一存在状态转化，不断引导他们从当下实然"是其所是"的生命存在状态向未来应然"是其所应是"的生命存在状态提升，实现个体生命对当下存在状态和发展水平的超越。这是思想文化教育赋予人以现实的规定性，是为了否定这种规定性，超越这种规定性。一切现实的规定性只能是规定人的现在，不是要去决定他的未来。

第四，青少年非主流行为文化要关注个体独特性。在多元社会中，人类的生命意识在凸显，教育观应从机械论转向生命论，因而必须从远离青少年生命世界的格局中走出来，回归青少年的真实的生活，关注青少年的生命世界。关注青少年的生命，实质是关注个人的生命经历、经验、感受和体验。每个青少年的生命都是独特的，这种独特性是以其独特的遗传因素与环境相互作用，并通过其经历与经验感受生活、感受他人、感受世界的，也是基于他的生命感受、他的自我经验来理解生活、理解他人、理解世界的。事实上，每个个体都拥有一个特殊的、独一无二的世界，每个个体的生命境遇都是不同的。差异性是人的生命存在的客观事实。因此，青少年非主流行为文化要尊重受教育者的个性特点和成长规律，使个体生命的发展呈现出丰富多样的统一。

人是一种生成性的存在，而不是纯然被规定的对象，个体文化自信的生成来自个体的生活实践。青少年非主流行为文化要关注现实生活中生动的个体，不应该把人抽象化和模式化，看作没有个性的模糊的人，而应该尊重个体差异，深入每个人的现实生活层面，关注每个人的生存、发展和完善。对青少年非主流行为文化的引导意味着不是先验设计，不是纯然的灌输，而是立足于其个体真实的生活实践,来自生活实践中人与人的活生生的交往,在活生生的交往实践中,在人与人的交流对话中,让个体在发现与发现自我的过程中获得价值自觉。

总之,青少年非主流行为文化倡导以人为本的核心理念,强调青少年是自己存在和发展的内在根据和理由,其核心和支点是在关注人和尊重人的前提下建设人本身,使青少年在自己存在的生命长河以及生命意义中,把握自己的主体地位和历史使命,获得生存发展的价值和方向上的确定性和满足感。

三、树立价值自觉原则

全球化交往日益频繁和虚拟交往不断翻新是这个时代的明显特征,在此背景下,各种思想与文化的交流、交融、交锋愈加深入,各种价值观念和社会思潮纷繁复杂,引发青少年多元的价值选择困惑。当代青少年在这样一个完全开放的时代环境中,不得不以空前多元的视角来审视各种文化和思想,多种价值观的冲击使他们在自我价值与社会价值、传统价值与现代价值的对立统一中徘徊,在多元的价值观选择中摇摆不定。帮助青少年把握主流意识形态,建构符合中国社会发展趋势、代表中国社会前进方向的价值认同和价值共识,就成为引导青少年非主流行为文化的核心内容。

其一,社会主义核心价值观反映了全民族共同的价值追求,体现了社会总体文化的先进性和发展方向。社会主流文化就是在一定的历史时期内在社会中占据主导地位的文化,其对社会和经济的健康发展具有重要价值。我国社会主流文化是以马克思主义理论为指导的,其主导地位和价值引领功能是由其经济基础和政治基础所决定的,因而主流文化在社会意识形态领域发挥其主导作用,引领其他文化的发展。价值观是文化的核心要素,从根本上讲,引导青少年非主流行为文化,要从价值观这个根本,加强文化引导和文化整合。正如习近平所强调的那样:"青年的价值取向决定了未来整个社会的价值取向,而青年又处在价值观形成和确立的时期,抓好这一时期的价值观养成十分重要。""这就像穿衣服扣扣子一样,如果第一粒扣子扣错了,剩余的扣子都会扣错。人生的扣子从一开始就要扣好。"①青少年如果

---

① 习近平.青年要自觉践行社会主义核心价值观:在北京大学师生座谈会上的讲话[N].人民日报,2014-05-05(02).

在价值观念上处于不一致的状况,那么很难形成一个成长的社会共同体。经过文化的熏陶后,青少年会在社会生活的主要方面形成大体一致的价值观念。只有经过文化熏陶形成价值观念上的一致,才会与社会结构和社会行为相协调,才会有共同的社会生活。整体而言,任何细小的文化行为活动,都能够改变社会阅历不深的青少年的世界观和人生观,甚至影响他们终生。青少年非主流行为文化的无序甚至野蛮发展与先进文化的发展需求之间形成了某种张力,为了平衡张力,需要在青少年非主流行为文化中充分发挥社会主义核心价值观的价值导向功能,以更好地把握非主流行为文化发展的性质和方向。"文以载道""寓教于文"是人类文明中最行之有效的"以文化人",顾名思义,就是要用文化活动和文化作品来承载和体现价值观念。先进文化借助非主流行为文化既有形式,又有温度和正气,紧扣时代主题,充分发挥社会主义核心价值观的文化统摄作用,让青少年从文化活动中感受到真善美,进而达到以文化人的效果,从而使青少年在接受各种文化信息后能够将其逐渐内化为感同身受的认知范式,进而升华为自觉遵从的内在精神价值。在多元化的社会环境中,"社会主义核心价值观是当代中国精神的集中体现,凝结着全体人民共同的价值追求"①。实质上,树立价值自觉,就是树立社会主义核心价值观的自觉和自信。

其二,社会主义核心价值观与青少年非主流行为文化之间具有某种契合性。社会主义核心价值观是社会主义核心价值体系的精髓、根本体现和本质追求,是基于历史实践与现实国情的整体性把握,是在坚持和贯彻马克思主义的基本立场、基本观点和基本方法过程中,不断进行实践创新和理论创新的马克思主义中国化的最新成果,包含着国家、社会和个人三个层面价值导向的根本所指。积极发挥社会主义核心价值观对青少年非主流行为文化的指导和引领作用,首先要厘清两者之间的关系。社会主义核心价值观与青少年非主流行为文化之间不是只有矛盾产生的张力,也存在较高程度的契合性。这种契合性为社会主义核心价值观的有效引领提供了契机。由于核心价值观"就是一种德,既是个人的德,也是一种大德,就是国家的德、

---

① 习近平.决胜全面建成小康社会 夺取新时代中国特色社会主义伟大胜利:在中国共产党第十九次全国代表大会上的报告[N].人民日报,2017-10-28(01).

社会的德"①,而且青少年非主流行为文化中积极的价值取向和审美追求与社会主义核心价值观并不相悖,譬如青少年小清新文化中的唯美主义审美观、提倡友善的价值观、对爱和梦想的积极追求等都是社会主流文化中的积极元素。借鉴和吸收青少年非主流行为文化丰富多样的风格样式和话语资源,可以极大增强社会主义核心价值观有效引领的渗透力;借鉴非主流行为文化交互参与的行为模式,可以提升社会主义核心价值观有效引领的亲和力;借鉴非主流行为文化传播的唯美体验式风格,可以增强社会主义核心价值观有效引领的吸引力。然而,随着资本的介入,青少年非主流行为文化会在生产、传播和消费上为市场所左右,会受拜金主义、享乐主义等思潮的影响而产生对主导价值观的疏远与偏离。目前价值引领的缺位导致非主流行为文化无序发展,为了更好地引导非主流行为文化良性发展,必须有先进的价值内核引领。

其三,社会主义核心价值观帮助青少年确立正确的价值取向。有学者指出:"个人或群体所信奉的价值是在具体的社会历史语境中建构的,它当然不是任意的,却也不是一成不变的。在这个实践意义上,价值分歧与争议本身是一个社会过程,而且是价值建构过程的一部分⋯⋯"②这本身往往意味着主流文化的价值取向对其的界定,也由此凸显了社会的价值分歧、争议甚至对抗。青少年非主流行为文化如果纯粹注重自我、娱乐取向,在伦理价值取向上以另类、少数和偏离为特征,其生命周期注定短暂;只有充分融入主流道德文化和核心价值观,才能在未来发展中充满生机。尼尔·波兹曼在《娱乐至死》中严肃论道:"如果文化生活被重新定义为娱乐的周而复始,如果严肃的公众对话变成了幼稚的婴儿语言⋯⋯那么这个民族就会发现自己危在旦夕,文化灭亡的命运就在劫难逃。"③由此来看,青少年非主流行为文化价值取向的引导和确立,是要帮助青少年参与社会总体文化建设及其价值建构的过程,而不是游离于社会文化系统之外;应通过培育和弘扬社会主义核心价值观,使青少年群体明确价值目标,遵循价值准则,确立价值取向。

---

① 习近平.青年要自觉践行社会主义核心价值观:在北京大学师生座谈会上的讲话[N].人民日报,2014-05-05(02).

② 郑少翀.价值多元主义审视[J].伦理学研究,2007(3):92.

③ 尼尔·波兹曼.娱乐至死[M].章艳,译.桂林:广西师范大学出版社,2004:18.

总之,必须在全社会达成共识,坚持把价值自觉放在首位,坚持社会主义核心价值观对青少年非主流行为文化的价值导向作用,营造有利于青少年成长的良好社会环境。这是功在千秋、利在万代的系统工程。

第三节　青少年非主流行为文化引导的路径

如何有效引导青少年非主流行为文化是本研究的落脚点和归宿点。这必须基于引导的目标,遵循引导的原则,把握非主流行为文化的性质和特点,从宏观和微观两个层面探索引导路径;既要"治疗和治理"并重,又要提升青少年非主流行为文化的品位和境界,促进青少年健康成长。

一、加强核心价值观引领,确立文化精神之魂

每个时代都有每个时代的精神,每个时代都有每个时代的价值观念。"人类社会发展的历史表明,对一个民族、一个国家来说,最持久、最深层的力量是全社会共同认可的核心价值观。核心价值观,承载着一个民族、一个国家的精神追求,体现着一个社会评判是非曲直的价值标准。"[①]在当代中国,以社会主义核心价值观为指导的主流文化在社会文化结构中居于主导地位,对其他形式文化起支配作用。青少年时期是一个人价值观形成和确立的重要时期,而且青少年的"价值取向决定了未来整个社会的价值取向"[②],所以说,价值观养成教育始终是青少年思想文化教育的重要内容和重要目标。对青少年非主流行为文化进行引导,首要的是加强社会主义核心价值观的引领,确立其发展方向。

主流文化与青少年非主流行为文化构成对立统一的关系。主流文化作为一个社会、一个时代被倡导的、起着主要影响的文化,是汇集整个社会多元化价值的一元主导的文化体系;而青少年非主流行为文化是特定社会存在的反映的一种文化类型,是多元化社会价值体系的构成要素。从主流文化的地位和性质来说,批判青少年非主流行为文化,或对其合理性内容进行

---

① 习近平.青年要自觉践行社会主义核心价值观:在北京大学师生座谈会上的讲话[N].人民日报,2014-05-05(02).

② 习近平谈治国理政[M].北京:外文出版社,2014:172.

吸收,甚至将青少年非主流行为文化整合到社会文化结构之中。从现实来看,青少年非主流行为文化明显具有脱离于主流社会文化整体结构的趋势,甚至对立于主流文化而自发发展。因此,应当以社会主义核心价值观为引领,进一步加强社会主义文化建设,以符合国情的教育引导对策调控青少年非主流行为文化,整合、协调其与主流文化的价值冲突,进而使其与以社会主义核心价值观为代表的主流文化形成良性互构,最终将其嵌于社会文化结构整体之中。

第一,以社会主义核心价值观引领健康社会心态和社会环境的营造。社会心态是人们面临诸多困境和挑战的一种主体反映和心理活动,具有多样性特征,外部环境差异可能导致不同主体对不同客体或同一客体产生的反映不同。我国正处于社会转型的关键时期,开放多元的社会环境复杂多变,充满诸多不确定性和社会风险。风险和挑战多发的情境有可能激发青少年的应激性心理和行为反应。鉴于社会心态形成过程的特殊性和青少年群体的特殊性,应当辩证看待青少年心理和行为的异质性和多样性:不仅要确定各类社会心态相对于特定语境和个体的合理性,而且要营造积极健康的社会心态。因此,可从两个方面着手:一方面,通过鼓励积极健康的生活方式间接影响社会心态的生成和变化。个体心态很大程度上取决于生活方式,且两者呈强正相关性,积极健康的生活方式促使积极健康心态的生成,这离不开核心价值观对个人的正面塑造作用。此外,社会越发展,文明越进步,群体性社会愈加重视通过社会集约化的途径构建积极健康的生活方式,而现代性带来的种种不良症候也启示人们追求积极健康和可持续的生活方式,这对青少年营造积极健康的心态具有现实意义。另一方面,直接以社会主义核心价值观对社会心态加以正面引导。虽然生活方式对社会心态具有极大的影响力,但社会心态也具有相对独立性,具有自身固有的产生和演变的逻辑。由此,必须重视以弘扬和培育社会主义核心价值观为着力点,正确引导社会心态,使其朝积极健康的方向发展。与此同时,我们也应当注意到这个客观事实:尽管中国特色社会主义已经进入新时代,我国社会主要矛盾已经转化为人民日益增长的美好生活需要和不平衡不充分的发展之间的矛盾,青少年具有自我发展的社会基础和环境优势,但社会利益结构的固化和分层化趋势仍然显著,青少年的发展机会和成长空间被压缩。在双重社会环境下,新时代青少年抗压能力的差异化易导致个体发展境遇差异化,进而易于生成以相对剥夺感为特征的社会心态。由此,以社会主义核心价值观为引领引导青少年群体生成积极健康的社会心态,构建公正合理的社会运行机制进而为青年提供广阔的发展机会和成长空间十分必要。

第二,以社会主义核心价值观引领多元思想文化教育的融合。有学者指出:"文化通过价值观悄无声息、潜移默化地影响人们的思想观念、行为规范乃至生活方式,是构成并促进道德教育的精神资源和动因。"[①]主流文化的理想目标,与非主流行为文化内容多样以及价值无序的状态之间容易产生矛盾,进而产生价值引领的需求,形成价值引领的张力。同时,新时代青少年的成长环境具有特殊性,以传统方法开展主流文化教育已经难以适应青少年的新需求,且难以激发青少年的认同感。而青少年非主流行为文化因其新颖而自由的非主流元素,对新时代青少年具有吸引力和感召力,其情感方式和沟通形式易于获得青少年的认同,进而使得他们生成青少年非主流行为文化的群体性意识,其中包含共同的思想观念、价值标准、兴趣爱好等。其一,以传统、现实、情感为切入点,将社会主义核心价值观融入青少年非主流行为文化中。社会主义核心价值观决定了社会主义文化的前进方向和发展选择,对青少年非主流行为文化的内容构成要素有直接或间接的指向性。就内容层面而言,社会主义核心价值观可以通过传统文化元素的融入、现实题材的选取以及真实情感的代入等三个方面加以渗透,形塑思想性与艺术性兼具的青少年非主流行为文化。其二,注重体验感与教育性相结合,加强社会主义核心价值观对青少年非主流行为文化的教育引领。青少年非主流行为文化通过设计构造出唯美的视觉体验、走心的情感体验、趣缘的社交体验,这些体验感设计对青少年群体具有极强的吸引力。对今天置身于网络开放环境,并深受"体验为王"等互联网思维影响的青少年群体来说,他们更愿意以自己的主观感受和直接体验来决定接受或排斥、认同或淡漠、遵循或放弃某种思想文化信息。因此,对青少年群体的价值引导要采取更为鲜活的方式,关注以弹幕视频、分享网站为代表的青少年喜闻乐见的新媒体应用,引导网游设计融入青春奋斗、红色文化等积极元素,让青少年在游戏过程中体验超越自我的正能量。

青少年非主流行为文化对主流文化具有重要价值,通过以社会主义核心价值观为代表的主流文化对青少年非主流行为文化加以引导,鼓励和支持青少年非主流行为文化发展积极健康的文化内容,将促进青少年非主流

---

① 戚万学.道德教育的文化使命[M].北京:教育科学出版社,2010:17.

行为文化中的有益文化因子产生积极的反作用。由此,应加强多元文化教育的融合,尤其是要坚持社会主义核心价值观的正确引领和指导,提高青少年群体对非主流行为文化的鉴别力和审视力,弥合青少年非主流行为文化与主流文化之间的区隔。

第三,以社会主义核心价值观引领网络空间生态的净化。网络空间是新时代青少年非主流行为文化生成、传播和重塑的重要场域,对青少年非主流行为文化的形塑作用显著。因此,通过净化网络空间生态引导青少年非主流行为文化嵌于社会文化结构十分必要。网络空间汇聚了复杂多元的思想意识和价值观念,除了主流文化,还充斥着各种亚文化形态,网络亚文化将直接或间接地对现实的社会秩序产生影响。青少年群体是网络空间的主要活动主体,一方面,青少年群体可以获得丰富的网络资源带来的学习机会;另一方面,网络空间也逐渐成为青少年群体日常生活的重要场域,对青少年群体具有潜移默化的涵化作用。由此,在保障青少年基本信息知情权的前提下,应以社会主义核心价值观为引领,净化网络社会生态,强化媒体监管,建立健全网络管理规范和法律,进而使网络空间形成积极健康的文化和价值氛围。一是在法律制定方面,需要完善相关的法规制度,让青少年非主流行为文化在法治的轨道上进行发展,明令禁止任何歪曲历史、诋毁历史革命人物的文化活动。除了法律上的严控,还可以通过会谈协商、决策咨询等弹性的管控方式来治理青少年非主流行为文化空间。由于资本进入青少年非主流行为文化产业,因而不能只是单一的强制性管控。商业逻辑不再局限于借用、占有、嵌入亚文化的被动状态,相反,它可以主动激发、形塑青少年文化,这是一种互动共生的关系。二是在技术管制方面,充分利用网络技术,对网络不良信息进行审核、隔绝和清除。此外,相关管理部门、教育机构、研究人员、网站业界人员应形成共同研究探讨的机制,定期专门就相关问题开展研讨与合作。在充分保障私人信息不被泄露的前提下,充分尊重青少年网民意见,基于网络实名制,对网络空间中的不良行为进行实时监测和及时处理。作为与现实社会相对应的网络空间,同样以社会主义核心价值观为引领,倡导自由、平等、公正和法治的价值取向,营造一个清朗有序的网络活动空间。

第四,以社会主义核心价值观引领青少年非主流行为文化嵌于社会文化结构的总体进程中。青少年非主流行为文化与社会主义核心价值观存在着相互补充的关系。非主流行为文化与社会主义核心价值观不是单纯的对立矛盾关系,非主流行为文化内含的某些积极因素可以为社会主义核心价值观的有效引领提供借鉴,二者互动形成价值引领的驱动力。缺乏社会主义核心价值观的指导和引领,青少年群体将失去正确的前进方向;而缺乏青少年非主流行为文化等亚文化多样化的文化形态,社会主义核心价值观将失去部分现实的土壤并将趋于空洞化,两者的相互作用共同推动社会文化结构的动态调适。社会主义核心价值观强调整体与部分的统一性,不仅关注社会整体,而且重视社会个体这一内在特性,很大程度上满足了新时代青少年群体寻求社会主流文化认可和承认的新需求,有助于非主流行为文化"再嵌"于社会文化结构整体之中。其次要转变传播形式和话语风格,以社会文化主体可接受的方式培育和弘扬社会主义核心价值观,通过良性互动实现对青少年非主流行为文化的正确引领。在新媒体时代,要充分运用多元化的媒体渠道进行宣传和引导,提高社会主义核心价值观传播的有效性。在话语风格上,在充分坚持和遵循社会主义核心价值观内在要求的基础上,逐步建构和提升其亲和性和通俗性,以多样化的话语风格迎合不同社会文化主体的关切点。对于青少年群体,必须体现社会主义核心价值观的关怀,不断运用新形式和新方法与青少年非主流行为文化进行良性互动,逐渐弥合与非主流行为文化之间的分歧,最终实现青少年非主流行为文化"再嵌"于社会文化结构中的阶段性目的。

在新媒体时代,信息流动空前快速,传播空前便利,民族风格、传统文化以及红色文化等元素不断进入当代青少年非主流行为文化的意义场域。一方面,青少年非主流行为文化出现了主动融合主流价值观的优质内容,并积极向主流价值观靠拢;另一方面,非主流行为文化的发展也伴随着恶搞低俗、语言污染、网络成瘾等负面问题,面临发展的文化伦理困境。这就需要跳出原罪的应对模式,坚持社会主义核心价值观的主导意识形态地位不动摇。青少年非主流行为文化作为社会文化结构的重要组成部分,虽然与主流文化包括社会主义核心价值观之间存在部分异质性观点,但是其中也蕴含了新时代青少年群体谋求自我自由全面发展的新诉求。为此,通过充分发挥社会主流文化特别是社会主义核心价值观的包容性,对青少年非主流文化进行正确合理的引导,形成价值共识,既有利于新时代青少年群体形成多元而理性的思维方式和价值观念,也有利于主流文化特别是社会主义核心价值观的广泛传播并进一步确立文化自信。新时代的青少年非主流行为文化面对文化多元和开放的背景,应该在新的技术条件和新的社会发展阶段找准自身的角色定位,在社会主义核心价值观的引领下,在与各类文化形态的互动中重构外部关系,实现自身的健康发展。

二、重视人文关怀的融通,培养积极的精神品质

文化本身是人文的融通,对青少年非主流行为文化的引导,要彰显人文关怀是应有之义。人文关怀是人对"人本身"的一种价值关怀,人文关怀是社会文明进步的标志,是思想文化教育的本真之意。人文关怀发端于西方的人文主义传统,尽管在不同形态的社会和不同的发展阶段对其解读有差异,但均以肯定人性和人的价值为核心,强调"对人的尊严与符合人性的生活条件的肯定和对人类解放与自由的追求"[①]。事实上,人文关怀既是一种精神范式,又是一种实践操作模式,包含着对人的物质和精神世界的双重关怀。这就要求在各种对象关系中,确定人的主体性,开展对人的价值关怀,引导关怀对象不断地反观自己,自觉反思存在的价值及生命的意义,"更加关注人的生存和发展状态,对人的主体地位的尊重和生命存在的关爱,促成人的生命发展和提升人的生命价值"[②]。简言之,人文关怀的核心是以人为本,就是肯定人的尊严价值,尊重人的主体地位,关注人的生存及思想状态,满足人的合理需求,关怀人的价值追求,以人的方式去关照其生活的各个方面,最终达到现实关怀和终极关怀的统一,实现人的自由全面发展。

(一)人文关怀的情理交融

第一,充分尊重青少年的情感需求,加强对青少年非主流行为文化的引导。青少年群体不仅是一种物质性的存在,同时也是一种精神性的存在,尤其精神性需求是他们进行一切社会活动的主观基础,因而关注他们的物质生活状态,满足他们的物质和精神的合理需求,成为人文关怀的重要内容。这要求教育由"文本"走向"人本",彰显人文关怀。充满人文关怀的教育方式会令青少年认为更为贴近自身,贴近现实,更加易于悦纳。情感是思想文化教育引导的驱动力、感染力和催化力,"感人心者,莫先乎情",情感是关心人、理解人、凝聚人的要素,是沟通心灵的桥梁和打开心扉的钥匙,更是建立人与人、人与自然、人与社会之间和谐关系的基础。青少年非主流行为文化在交往中存在,不容忽视的是交往中人与人的情感交流。在其教育引导过

---

① 俞吾金.人文关怀:马克思哲学的另一个维度[N].光明日报,2001-02-06(B04).

② 邱伟光.思想政治教育人文关怀的育人机理探析[J].思想理论教育,2009(19):30.

程中,教育者要将人文情感与意识形态内容有机融合起来,用感召、激励的情感话语向青少年传递蕴含积极情感的力量,寓理于情,以情动人,实现主体间情感的共鸣、经验的分享、智慧的交融。对青少年非主流行为文化的引导本身是一种内在思想情感的对话交流,只有思想情感认同,使青少年自觉接受先进思想文化,才能够赢得青少年的信任和依赖,满足青少年的内心精神世界诉求,解决其思想困惑。

第二,重视主体间的对话及对话渠道,加强对青少年非主流行为文化的引导。主体在采取交往行动时,必须通过语言和对话与他人的行动保持协调一致。语言与对话是促成交往成功的决定性因素。正如哈贝马斯所言:"如果我们将社会行动转化为有效规范的行动,则行动理论必定同带来交互行为的那些规范相关。由于规范最初是以象征的形式设定的,它就近似于是从语言交往的条件下导出行动体系。只要行动的界限是由语言的界限界定,语言的结构就规定交互行动的渠道。"①对青少年非主流行为文化进行引导,就是要在说理的话语中融入情感,将真情、真理融为一体,建立情理交融的话语体系。寓情于理,以理服人。"行动来自于背景性信念,我们必须如此采取并协调行动,以便在日常生活中做得一切顺利。传达文化上的理所当然之事,靠的是语言。"②更重要的是,人的内心世界也是交往视域的指向,因而要关注青少年内心世界的话语素材,选择具有疏导性的话语,以真正走进青少年的内心世界。"每一个人的内心世界都有一套话语体系,具有内在规律性,并形成一定的话语机制。"③在主体意识日益增强的当下,对青少年非主流行为文化的引导实质上是教育者和青少年之间相互交往、相互沟通、相互交流、相互作用的对话过程,教育者和青少年在交往中达成信任、认可,并获得思想观念、价值意识等方面的共识,以这种"共识"疏导青少年的思想、心理和观念的认识问题,唤醒青少年精神文化的认知和认同。

(二)培养青少年的积极心理品质

积极的心理品质是指"个体在先天潜能和环境教育交互作用的基础上

---

① 德特勒夫·霍斯特.哈贝马斯[M].鲁路,译.北京:中国人民大学出版社,2010:50.
② 德特勒夫·霍斯特.哈贝马斯[M].鲁路,译.北京:中国人民大学出版社,2010:4.
③ 邱仁富.思想政治教育话语论[M].上海:上海交通大学出版社,2013:183.

形成的相对稳定的正向心理特质"。[①] 它包含"比较持久的、积极的情绪和体验,包括高兴、兴趣、自豪和爱等积极的主观体验,如幸福感、满意感、快乐感,建构未来的乐观主义态度和对生活的忠诚"[②]。积极的心理品质涵盖有效的行动能力、塑造的信心、积极的人际联系、良好的社会道德、关心奉献感激等等。积极的心理品质是个体成长和社会进步的重要文化资本。因此,着手培养青少年积极的心理品质,是引导青少年非主流行为文化的重要路径。

1.培养青少年积极的情感体验

个体的情感体验是个体心理活动的重要内容。培育青少年积极的心理品质要注重增强青少年的自我情绪和情感体验。根据积极的不同标准,人的积极情绪、情感体验主要分为感官愉悦和心理享受。与感官愉悦相比较,心理享受更利于个体积极心理品质的形成。个体在心理享受的同时能体会到更多的感官愉悦,而感官愉悦的增加又有助于心理享受的形成。这二者之间是相互联系、密不可分,并在一定条件可以相互转化。一般而言,拥有积极的情感体验是一种情绪自主的表现,有情绪自主的青少年表现为更强的主动性、对自己的决定和活动的责任感[③]。这样,青少年群体具有积极健康的主体意识、较强的交际能力和良好的人际关系,在关注自我的同时,也会关注他人、关注社会。在非主流行为文化弥散的时空中,青少年过度沉醉于非主流行为文化,并表现出多变性、隐蔽性和非理性等特征,导致他们自我中心观念强化、交往方式异化等,这无疑不利于积极情感体验的生成。运用心理疏导方式培育青少年积极的人文情怀,首先要培养健康的人格。

因此,按照积极心理学的创始人马丁·塞里格曼所提出科学的原则和方法来激发积极情感体验,培养个体积极的心理素质、对幸福的感受等。青少年培养自身积极的情感体验,首先要培养自己的积极思维。心理学研究发现,人们在遇到事情时常常会用两种不同的思维去看待问题:用积极的思维方式分析与解决问题,能够让个体更快乐,对未来充满希望;反之,用消极的思维方式看待问题,则会使个体产生消极情绪,阻碍其身心健康发展。因

① 王新波.中国中小学生积极心理品质数据库建设新进展[J].中国特殊教育,2010(4):90.

② 钱同舟.论人文关怀与积极心理品质的塑造[J].河南工业大学学报,2008(3):61.

③ 雷雳.发展心理学[M].3版.北京:中国人民大学出版社,2017:213.

此,当遭遇挫折与磨难时,青少年要发掘自己的积极潜能,形成积极的思维观念,多往积极、乐观的方面去思考问题,学会辩证地看待问题,用积极乐观的心态分析和评价各种问题,选择积极的方式方法解决问题,进而在挫折中获得快乐与成功。当青少年群体沉溺于非主流行为文化时,要学会体验沉浸、忘我的益处,结合现实生活,参与真实的生命体验。享受生命,愉悦生活,使青少年体会正常和健康生活中积极的情感和情绪。

其次,青少年要学会自我调适,在遇到压力与困难或负面情绪较多时,要学会合理转移自己的注意力及正确调节情绪的方法,合理宣泄自己的负面情绪,使自己的心情得到放松与疏导,进而获得良好的情绪体验。青少年也可以根据自身的性格特点,适当参加文体、竞赛等团体活动,在各项集体活动中加强情感体验,缓解自己的心理压力,使自己开心与放松,以促进自身积极心理品质的养成。青少年要学会将视线转移到比个人更广阔、更有活力的现实中去。例如,通过参与社会团体、运动组织等得到幸福感和生命归属感,通过亲身体验探寻自己的精神世界,培养积极、进取、向上的生活态度,培育自主性、独立性和创造性。

同时,引导青少年对自身道德行为进行评价和判断,通过对事物之间的价值分析,使他们建立起与群体价值取向和谐平衡的参照系,以避免过度沉溺于非主流行为文化的"温柔乡"而失去自己的道德观念和社会责任意识,从而促进其人格系统逐渐完善。

2.增强青少年积极的自我适应能力

青少年期是自我意识发展的关键时期,其主要任务是埃里克森所言的自我同一性的建立[1]。这种自我同一性主要表现为积极的自我适应能力,即个体为了在社会中更好地生存,在生理、心理及行为上进行各种积极适应性的改变,进而与社会达到和谐的一种适应能力,即个体根据社会环境的变化,能及时、快速调节自身适应周围环境的能力。积极的自我适应能力对于适应社会具有重要意义,并体现在学习、人际交往、社会实践等多个方面。

首先,青少年要与同伴建立和谐的人际关系。青少年心理健康的程度最体现在其人际关系方面,拥有良好的人际关系能促进个体积极品质的形成。"同伴能够帮助青少年调节自己的情绪、提供情感支持和安全感、提供

---

① 何先友.青少年发展与教育心理学[M].2 版.北京:高等教育出版社,2016:267.

自信和认可,也有助于青少年的自我表白和自我探索。"①因此,青少年在与他人交往时,要学会正确看待、赞赏他人,汲取别人的优点,学会真诚、宽容地对待他人,并在交往中做到相互尊重,学会微笑地对待他人,为人际交往创造友好温馨的氛围,增强自我的积极适应能力。同时,青少年要学会换位思考,遇到事情时要多为别人着想。在沟通时学会倾听、体谅他人,学会站在他人的角度去考虑问题,从而促进内在的自信、宽容、勇敢等积极心理品质的养成。

其次,青少年要正确认识压力。青少年在成长的道路上时刻面临着压力与挑战,如学习压力、情感压力、就业压力、社会压力等。若缺乏恰当的心理疏导,青少年则会容易产生自卑、猜疑、孤独等不良心理。因此,青少年要学会正确认识挫折与压力,学会辩证地看待问题,提高自身的抗挫折能力,用乐观的心态面对困难,科学正确地分析挫折及压力产生的原因,不断学习新技能,增强社会适应性,促进自身健康成长。青少年还要学会释放压力,适当地调节自己的情绪,如学会向自己的家人、朋友等倾诉烦恼,多参加各种体育活动、社团活动或者外出旅游、唱歌、跳舞等,通过愉悦的方式缓解身心的压力,树立积极的人生态度,增强自我的适应能力,从容勇敢地面对挫折,进而促使自身积极心理品质的形成。

3.培养青少年自我的积极潜力

积极心理学认为,人生来就具有积极的潜力,人在进化的过程中,积极潜能的发育已成为一种自动化机制,但是其力量的发挥和起作用仍需要在现实中重视与培养。自我的积极潜力是一种心理资本,"是指个体在成长和发展过程中所表现出来的一种积极的心理状态,具体表现为自我效能(自信)、希望、乐观(积极归因)、韧性(心理弹性)四个方面"②。青少年积极心理品质培养的重要目标是挖掘他们的积极潜力,在他们相信自身具有积极潜力并欣赏自身的前提下,发挥主观能动性,付诸行动去培养和实现这种潜能,从而达成积极心理品质的自我建构。

团体活动是挖掘青少年积极潜力的有效方式。团队内在的归属感与凝聚力具有其他形式的活动无法比拟的优势,这是因为青少年在团队中既可

---

① 雷雳.发展心理学[M].3 版.北京:中国人民大学出版社,2017:215.

② LUTHANS F, YOUSSESF C M, AVOLIO B J. Psychological capital:developing the human competitive edge [M].Oxford, UK:Oxford University Press,2007:5.

以进行纵向的自我对照,又可以与他人进行横向对比,从而发现自己的长处与不足;同时团队中其他成员的客观评价、支持与鼓励也是青少年发展积极潜力的重要助力。

第一,强化团队心理辅导。团队辅导是青少年心理健康教育的重要部分,青少年在团队互动、交往、观察中学习、体验、认识自我、探索自我、挑战自我,互助互利,发展与体验人与人之间的交往,发展良好的适应性。可以针对不同层面的青少年开展不同主题和目的的心理辅导,这是更具实效性的团体活动的形式。

第二,组建针对培养多种积极心理品质的辅导团队。团体心理辅导也是在一定的话语情境中进行的一种群体心理辅导,它充分利用团体中的人际交互作用,促使个体的人在交往中观察、学习、体验、反思,实现自我认知,激发受助需求,自觉接受思想引导,从而促进思维方式、行为习惯等心理和行为要素的改变。团体心理辅导专业性要求较高,可以针对不同群体的心理困扰,如学业发展、情绪和人际关系障碍、社会心态和突发事件的危机管理等问题,设计有针对性的团体辅导方案,借鉴心理学相关理论和心理疏导艺术,借助必要的辅导工具,更好地疏导青少年的思想和心理问题。基于培养青少年积极品质、挖掘青少年潜力的角度,应组建多样化的针对培养不同积极品质的辅导团队,注重实操,在团队活动中发掘每一个青少年的潜能,让其看到自身的闪光点,以培养积极品质为根本出发点。

第三,开展丰富多彩的团体竞技活动。竞技式的活动本身就可以激发人的潜能。团体竞技活动与个人竞技不同,在发掘自身能力的同时可以增强青少年的团队精神,体验互助协作,凝集共同的智慧与能力,在活动中充分发掘团队成员的潜能。

4.培养青少年和谐健康的积极人格

青少年期是个体人格健全成熟的重要时期。人格是在遗传与环境的交互作用下,个体所具有的典型而独特的心理品质组合系统。[①] 人格主要指个体在行为上的内部倾向,它表现为个体适应环境时在情绪、需要、态度、价值观等方面的总和及形成的具有特色的身心组织。当下处于社会转型时期,多元文化价值激荡,青少年的人生观、价值观、世界观还未完全形成,其人格的发展受诸多因素的影响而不够完善。青少年群体在人际交往、情感

---

① 许燕.人格心理学导论[M].北京:中国人民大学出版社,2017:4

交流、择业竞争时表现出较强的逆反心理和不自信等,必然承受着多样化、高层次的现实需求和社会供给不足之间矛盾的困扰。在非主流行为文化充斥的独特环境下,青少年部分群体容易出现人际交往障碍、情绪异常、社会适应困难等问题,呈现出多样性、变动性等鲜明的特征,极易以自我为中心、缺乏责任意识等。因此,必须积极开展心理疏导,帮助青少年舒缓内心冲突,培养健康人格,这样才能够培育青少年积极的人文情怀。

意大利学者认为,"人不是按照由基因图谱规定的固定路径来发展自己的,人格主要是在人与社会文化环境的交互作用所形成的一个复杂的因果活动过程中得到发展,内在因素、外部行为、社会文化环境三者是交互作用的"①。这说明,除了自身的生理状况会影响人的心理品质外,个体后天的社会活动、社会关系等都会影响人心理品质的形成及其积极与否。要提高青少年的心理承受能力,对其开展系统的心理疏导,就要拓展心理疏导渠道,做到社会、学校、家庭和网络相结合,"四位一体"合力帮助青少年调节不良认知、改变消极情绪和行为,塑造能够融入社会,心理、生理和价值观能够达到统一的和谐的健康人格。

第一,在社会方面,和谐的社会环境有助于青少年健康人际关系的形成。当代青少年群体为寻求舒适、追求个性,大多沉浸在自己封闭的世界中无法自拔,开展心理疏导要求社会为青少年提供良好的心理疏导平台及轻松愉悦的环境,使其敞开心扉,正确看待人际交往,不能绝对地排斥群体之间交往的冲突。和谐社会环境离不开有效的社会教育,社会教育是影响个人身心发展的一切社会生活,也指一切增强人们的社会意识、技能及改变人们价值观念和行为方式的教育活动。②

第二,在学校方面,学校是青少年成长的第二个社会,校园紧张的学习氛围容易使青少年产生无形的竞争压力。学校仅仅重视成绩容易使青少年缺乏自信,形成人格障碍。加强学校对青少年的心理疏导,应针对不同性格特征的青少年群体制订灵活多样的心理辅导方案,运用心理技术进行心理疏导,引导他们树立积极向上的生活和学习态度。

第三,在家庭方面,个体的情感模式和表达方式与遗传、教育方法、家庭环境等密切相关,并在青少年时期打下基础。父母是教育子女的第一任教

---

① 郑雪.积极心理学[M].北京:北京师范大学出版社,2014.:216-217.

② 顾明远.中国教育的文化基础[M].太原:山西教育出版社,2003:4.

师,家庭教育不得当容易使青少年产生各种人格障碍。譬如,非主流行为文化本身具有边缘性等特征,如处理不当,青少年极易形成边缘型人格障碍。相反,"父母鼓励青少年表达意见的家庭,能够更好地应对消极情绪"①。和谐的家庭环境有助于青少年主动敞开心扉,主动表达自身情感和现实需求,意识到一味沉迷于自我成一统的虚幻世界,并不能完全满足其高层次的情感需求,无助于养成良好的生活习惯、提升其人际交往能力。当代青少年需要的是表达自我情感,展现自我个性,需要群体的理解、支持以及家庭稳定、融洽与和谐的主导气氛,这样有助于青少年的情绪和情感培养、学会关心他人,关注社会,有助于他们提高社会交往能力和培养人文情怀。所以,健康和谐的家庭情感氛围能够为青少年的健康成长提供良好的环境。

第四,在网络信息方面,网络新媒介的迅猛发展,给青少年群体带来极为便捷的零距离的互动式交往。"一种新的媒介技术总是激发特定的亚文化意指实践,锚定它们的存在方式和成长空间。"②所以要充分利用网络新媒介的全方位、互动性强等特性和优势,在网络媒介上对青少年群体进行心理疏导,易于他们心理上的悦纳,干预效果明显增强。

第五,依靠主体的自我意识构建健康人格。当代青少年群体由于认知能力、意识水平以及社会环境对其所造成的影响和压力,表现出过度沉溺非主流行为文化。他们追求以自我为中心,寻求情感表达和慰藉、集体归属感和集体认同感,长此以往容易产生思想行为方式异化,并只专注于自身的发展而缺乏社会情怀和责任意识。因此,青少年必须寻找自我心理疏导的方式,培养和谐健康人格。对话交流可以促成主体间真正的理解,平等的对话交流能够让青少年敞开心扉,表达自己的思想和观点,教育者可以在倾听中感受青少年的心境,寻找适合的切入点进行心理疏导。在触动心灵的对话交流中,青少年能产生一种对自身思想和行为的反思,自觉接受思想引导,从而进行自觉、自发的思想和心理重构而实现心理疏导。

马克思认为:"人的本质不是单个人所固有的抽象物,在其现实性上,它是一切社会关系的总和。"③人作为一种社会性动物,都生活在一定的社会

---

① 雷雳.发展心理学[M].3 版.北京:中国人民大学出版社,2017:215.

② 马中红,陈霖.无法忽视的另一种力量:新媒介与青年亚文化研究[M].北京:清华大学出版社,2015:100.

③ 马克思恩格斯全集:第 1 卷[M].北京:人民出版社,2002:56.

环境中,是社会系统中最基本的要素。每一个体都要与社会中的他人发生千丝万缕的关系,形成各种社会关系和社会互动,而良性的社会互动对于人形成积极的心理品质具有十分重要的影响。事实上,"一个人的人格养成是成长各个阶段所受教育和所处环境的方方面面的叠加和融和"①。所以说,影响青少年心理品质形成的有诸多方面的因素,除了学校与家庭外,还包括广泛、积极的社会支持系统如理性、平和、积极向上的社会环境,党的十九大报告也指出"加强社会心理服务体系建设,培育自尊自信、理性平和、积极向上的社会心态"②,这对于培育青少年的积极心理品质具有重要的启示作用。如此说来,社会环境对于青少年积极心理品质的影响是方方面面的。社会大环境的复杂性对于青少年积极心理品质的影响具有广泛性和无意识性,往往是最容易被忽视的。积极和谐的社会氛围是心理品质朝着积极方向发展的土壤,正因为如此,培养青少年积极心理品质需要包容、开放、积极的社会力量的支持。此外,学校和社会应当为青少年提供更多的公益实践平台,如举办非营利性的公益活动和志愿服务活动,使青少年在服务社会实践中培养社会责任意识;还可以建立公益性的心理健康咨询机构,切实关注青少年心理健康问题,对学业、生活困难的青少年给予更多社会支持,使他们感受社会无处不在的温暖和关怀。

三、构建校园的意义之网,厚植文化的精神底蕴

在现代社会中,学校无疑是一个社会化的场所,因此社会的结构和意识形态必然反映在学校的方方面面。而校园是当代青少年成长、成才即学习、生活、交往最重要的甚至无可替代的场域,对他们影响至深的校园文化的品位和文化精神无疑至关重要。马克斯·韦伯认为"人是悬在由他自己所编织的意义之网中的动物"③,这意指文化是人自己编织的"意义之网"。若使"意义之网"的文化真正有价值,须构建优良的校园文化氛围,培养青少年的文化选择和文化品位,这在一定意义上决定青少年非主流行为文化发展的趋向。

---

① 李政涛,文娟.凝聚"系统教育力"[N].光明日报,2017-11-14(13).

② 习近平.决胜全面建成小康社会　夺取新时代中国特色社会主义伟大胜利[N].人民日报,2017-10-28(03).

③ 克利福德·格尔茨.文化的解释[M].韩莉,译.南京:译林出版社,2014:5.

校园文化是学校各种文化环境和精神氛围凝结成的价值系统,是一种意义的生成和维系机制;作为一种意义结构,体现了文化结构与其成员之间的一种人性化的和谐关系。由此可见,"某一个单一之物不能被称为存在之物,在此之前,总有单个要素的一个整体关联在最严格的必然性关系中被预先给予。认识不再定位于一个隐藏于单一之物中的本质,而是定位于那个高于一切的统摄性的体系,这个体系通过功能关系的网结将一切都拉进一个严格的关联"①。当代青少年非主流行为文化作为一种文化现象,也属于校园文化的一种独特风景,比较客观地体现了部分青少年群体的精神面貌和价值观念。而先进的校园文化往往融合了一所学校的历史传承、办学传统、学科优势、人文特点以及时代元素,构筑了既承载着深厚的历史传统与渊源,又洋溢着具有鲜明的时代气息、个性鲜明、品位高雅的校园精神氛围,这种独特的文化氛围构成了校园精神。校园精神可以充实青少年的精神生活,陶冶其情操,因此,面对非主流行为文化愈演愈烈的境况,优化校园文化环境,编织校园"意义之网"应是必要的因应之策。

(一)构建符合青少年特点的校园物质文化

任何一种文化都是由外在的物质载体以及由其所承载的思想精神内涵构成的。物质文化是文化的外显部分,也是文化构成中最为醒目、最为直观的因素。物质文化作为校园文化的重要组成部分,在构造设计上要能直观地展现青少年的特点和时代精神,能吸引青少年关注和欣赏,也极易被他们接受和传播。因此,校园物质文化建设要凸显青少年的精神风貌、创新能力和审美能力,最大限度地体现出青少年的青春活力和生命力,激发他们大胆追求美好事物和崇高精神的激情和愿望。

1.培育青少年雅正的审美观是校园物质文化建设的重要目标

一般而言,物质文化的外延较为广泛,包括学校图书馆、教学楼、体育馆、雕塑、宣传橱窗以及雕塑、纪念物、绿化景观等校园内与青少年校园生活密切相关的物质设施。校园物质文化不仅仅是物质形态的文化成果,也承载着学校的文化理念和人文精神,还要能彰显青少年的文化审美精神。从课程论角度看,校园物质文化构成一种教育的"情境",因为它属于"与学校

---

① 罗姆巴赫.作为生活结构的世界[M].张祥龙,朱锦良,译.上海:上海书店出版社,2009:4.

教育相关的、影响课程开发的要素"①,在这个意义上,校园文化建设当属一门物质形态的思想文化价值课程。校园物质文化渗透着审美精神和价值理念,其实是一门隐蔽课程,它以一种自然而然的状态,潜移默化地对青少年思想价值观念形成持续不断的影响。图书馆、体育馆、学生活动中心、学生礼堂、活动室、广播站、网络中心等场馆设施的建设,应该按照审美的规律来设计和创造。青少年身处雅致的校园物质环境中,欣赏、体悟物质环境的自然和谐之美,在心灵愉悦中悄然强化和升华道德情感。审美化的校园物质文化环境是无声的教科书,会在无形之中影响青少年的一言一行,塑造他们的雅正审美精神和正确思想文化价值,实现环境育人的目的。

2.彰显青少年高尚的文化品位是校园物质文化建设的应有之义

包括楼宇、场馆、道路、雕塑以及绿化景观等在内的校园物质设施和物质文化景观,是一所学校几十年甚至百年积淀形成的,代表该学校特有的精神风格,彰显其历史传统和文化特色。这就需要每所学校结合自己的特点进行精心设计,赋予校园内的楼、馆、路、亭等青少年学习、生活、休闲场所以及花草树木等绿化景观以特定文化内涵。同时,校园景观布局不仅要有文化色彩,也要有时代特色以吸引青少年注意力。因此,校园中一砖一石、一草一木、一路一桥的设计和建设要能展示出校园精神风貌,彰显出古典与现代交融的特色,满足青少年求新求变的文化需求。近些年来,校园涂鸦文化、寝室文化设计等体现青少年特点的文化颇为流行,成为校园富有青少年文化特点的物质文化景观。为了满足青少年的这些文化需求,学校一般通过涂鸦墙、寝室文化艺术节等方式,满足青少年自我表达的需要,鼓励他们自由想象、大胆创造。对于青少年群体存在的厕所文化、课桌文化、小广告文化等非主流行为文化要进行正确引导,也要为各式各样创新创意作品创设合适的文化载体。

(二)提升校园精神文化的内涵

校园文化不仅仅有显性的客观的物质存在,也有隐性的精神存在。其隐性的精神存在意指校园的精神文化。校园精神文化是校园文化的深层结构,它是一所校园精神的精髓所在,通常由校训、校歌、校风、学风、教风等多维层面展现。校园精神文化可以从青少年的衣着打扮、休闲娱乐、人际交往、时尚生活和日常话语等外显层次表现出来,折射出青少年内在的思想诉

---

① 杨明全.课程论[M].北京:中国人民大学出版社,2016:230.

求、个性特征、价值观念和审美精神,凸显和承载了青少年群体的文化理念。精神文化是校园文化的灵魂所在,校园文化建设要取得显著效果,须在加强校园精神文化建设上下功夫,不断提升校园精神文化的内涵。

1.以主流文化为指导,提升校园精神文化建设内涵

我国学校是社会主义性质的学校,校园文化建设是在社会主流文化占据主导地位的情况下进行的,须臾不得脱离主流文化的指导和形塑。如果校园文化建设脱离社会主流文化,就失去了正确的发展方向,在实践中也必将被时代洪流淘汰。不可否认的是,当下校园文化中存在一些"灰色"的文化样式,其承载的文化理念、价值追求与主流文化存在某种程度的偏离。校园文化建设非常重要的一项使命就是用主导的意识形态影响和改造青少年非主流行为文化,帮助他们树立和主流价值观念一致的精神价值追求。因此,必须坚持正确的指导思想,坚持用社会主义价值观来引领校园文化建设,用马克思主义中国化最新的理论成果,尤其用习近平新时代中国特色社会主义思想科学武装青少年的头脑,唱响主旋律,确保校园文化能够站在社会主义文化的前沿。新时代的学校应该坚持立德树人的根本任务,围绕实现中华民族伟大复兴的中国梦这一根本目标,通过举办报告会、座谈会、图片展、签名活动、观影、歌曲演唱大赛、中华经典诵读大赛等形式,用社会主义核心价值观教育青少年,引领青少年非主流行为文化发展,使社会主义核心价值观融入青少年的学习生活和精神世界。所以青少年主流行为文化是以社会主义核心价值观为精神之魂,共同引领整个校园文化的氛围。学校的行为文化环境建设需立足于校园文化建设的物质文化、制度文化和精神文化三个层面,使校园设施、校园管理及校训、校风等都融入主流文化精髓和社会主义核心价值观,让当代青少年置身于美好的校园文化环境,感受良好的行为氛围。

要将主流文化融入校园文化建设:第一,要加强理论学习,在主流文化的认知上下功夫。把马克思主义理论特别是习近平新时代中国特色社会主义思想作为青少年政治理论学习的重要内容,通过集中学习、自主学习、体验式学习等方式,使广大青少年了解主流文化,做到主流文化"五进"。通过校报、校园网、校园广播以及微信、微博等网络新媒体,大力宣传主流文化,占领思想文化阵地。第二,广泛开展主题教育活动,在社会主义主流文化的培育上下功夫。如以班级为单位,开展培育和践行社会主义核心价值观的思想大讨论,组织爱国主义及国情教育影片展播,开展主题团日活动,成立

学生社团、理论宣讲团等方式,提升青少年的思想政治素养。第三,把正确思想转化为自觉行动,在主流文化的践行上下功夫。通过开展系列志愿服务以及其他活动,将正确的思想转化为自觉的行动。在青少年中开展校徽、校旗等校园标志物的设计活动,也是一项既丰富青少年的文化生活,又能构建校园文化建设宣传符号系统、增强校园主流文化吸引力的活动。这不仅可以凝练了学校精神文化,更从精神文化层面彰显了青少年的精神风貌,树立了师生共同追求的价值理念。

2.开展中华优秀传统文化教育,提升青少年的文化认同感

当代青少年在非主流行为文化"娱乐"功能作用下,表现出对中华优秀传统文化的冷漠态度,他们宁愿沉浸在非主流行为文化的感性愉悦和享受之中,却不愿意花时间学习、了解中华优秀传统文化。他们热衷于洋节文化,忽视中国传统节日,而且这些节日的文化精神内涵也被解构,在一定程度上沦为"消费狂欢节",文化气息消减。这极易产生低俗和媚外心理,影响共同的文化认同感。

习近平指出:"中华优秀传统文化是中华民族的精神命脉,是涵养社会主义核心价值观的重要源泉,也是我们在世界文化激荡中站稳脚跟的坚实根基。"[①]中华优秀传统文化凝结着中华民族在历史长河中所创造的核心思想理念、中华传统和中华人文精神[②],集中反映了对人生、对社会、对自然的根本看法,是中华民族五千多年生生不息的精神家园。中华优秀传统文化能够直接影响青少年的文化心理、思想意识、价值观和民族性格。在青少年中开展中华优秀传统文化教育,能够提升校园精神文化建设的内涵和品质,促进优秀文化传承和创新。学校要整合资源,形成全方位培养体系以及相关评价和激励机制,把加强青少年传统文化教育作为一项战略任务落实到位。中华优秀传统文化作为文化教育的独特载体,不仅要被纳入学校教育,还要注意通过相应的形式和途径,如经典古诗文诵读、中华民歌传唱、中华成语大赛、汉字听写大赛、书法大赛等发挥对青少年的教育熏陶作用。积极推进中华优秀传统文化教育,用优秀传统文化滋养青少年,坚持贴近青少年

① 习近平.坚持以人民为中心的创作导向 创作更多无愧于时代的优秀作品[N].人民日报,2014-10-16(01).

② 关于实施中华优秀传统文化传承发展工程的意见[N].人民日报,2017-1-26(06).

生活,在落细落小落实上下功夫。通过中华优秀传统文化教育,"注重文化熏陶和实践养成,把跨越时空的思想理念、价值标准、审美风范转化为人们的精神追求和行为习惯"①,让青少年"知书明理,修身立德",提高文化修养,在文化潜移默化的影响中拥有"先天下之忧而忧,后天下之乐而乐"的宽广胸怀,培养"富贵不能淫,贫贱不能移,威武不能屈"的道德操守,感受"会当凌绝顶,一览众山小"的人生境界。

3.加强青少年的审美教育,提高青少年的艺术审美能力

在当代大众文化、商业文化的影响和作用下,青少年行为文化中出现了媚俗化的审美倾向。青少年繁重的课业压力和择业压力使他们将主要精力放了学业上,这在一定程度上制约了审美素质的提高。因此,提高青少年审美能力是校园文化建设不能回避的问题。审美教育,即通过对个体进行美的感知、教育与熏陶,进行心灵、行为的教育,使其认识理解什么是美,怎样欣赏美、追求美和享受美。"坚持以美育人、以文化人,提高学生审美和人文素养"②。审美教育将高雅艺术引入青少年的生活,以提升他们的审美能力,为他们正确地认识非主流行为文化的不良影响、进行多元文化选择提供依据。加强青少年审美教育,"要坚持立德树人,扎根时代生活,遵循美育特点,弘扬中华美育精神"③,在精神文化层面影响青少年,培养青少年的审美能力。学校可以通过开设音乐、文学、剪纸、戏剧等各类文化或艺术类选修课程,举办各种绘画、雕塑、书法、舞蹈等展演等形式,将艺术带到青少年的身边,对他们进行美的熏陶,使他们具有较高的艺术欣赏能力。在大力普及先进文化、高雅文化的同时,学校也要在青少年的日常教育中进行文化引领,教会他们如何进行文化的价值鉴别,引导青少年在形形色色的青年流行文化中,选择那些具有思想性和艺术性、雅俗共赏的文化产品进行欣赏和消费。

(三)注重文化载体建设

文化载体建设是推动校园文化创新的着力点。优化校园文化的行为环

---

① 关于实施中华优秀传统文化传承发展工程的意见[N].人民日报,2017-1-26(06).

② 习近平.坚持中国特色社会主义教育发展道路 培养德智体美劳全面发展的社会主义建设者和接班人[N].人民日报,2018-09-11(01).

③ 习近平.做好美育工作弘扬中华美育精神 让祖国青年一代身心都健康成长[N].人民日报,2018-08-31(01).

境离不开有效载体的开发,当代青少年正是借助多元行为文化载体获取思想价值的感悟和认同。文化载体是指以各种物化的和精神的形式来承载、传播校园文化的媒介和传播工具,它是校园文化得以形成与发展的重要途径与手段。根据形态上的差异,校园文化载体可以分为活动载体、网络载体等。校园文化载体贴近青少年成长的实际,适应学校育人根本目标的要求,是青少年是否能够接受和认可某种文化形式的重要影响因素。当前,青少年文化需求呈现日趋扩大化、高尚化和多样化趋势。各种时尚文化、大众文化以及外来文化借助网络新媒介等文化载体,在青少年中迅速传播。根据当代青少年的特点、行为方式,因时制宜地选择载体,实现校园行为文化活动载体、传媒或网络载体的有机融合,取长补短,实现载体间的良性互动。所以,学校在不断丰富青少年文化活动的同时,尤其要加强活动载体和网络载体建设,使校园文化具体化、人性化、系统化。

1.创新以文化活动为中心的活动载体建设

文化活动是适应青少年成长的感性载体,是校园文化建设的生命力所在。文化活动是将无形、抽象的文化概念转化成有形的、现实存在的重要媒介,属于动态的文化载体。因此,校园青少年文化活动的策划和实施要充分尊重和体现他们的特点,结合他们成长发展的实际,开展具有青少年特色的文化活动。根据 95 后、00 后青少年拒绝单纯说教的特点,要贴近实际、贴近生活、贴近学生,彰显时代气息和青春色彩,围绕教育主题,开展开学典礼、奖学金颁奖典礼和毕业典礼等典礼活动。通过典礼仪式教育,调动学生的积极性,活跃典礼精神气氛,实现时代主题和传承校园精神相结合,促进校园文化发展创新,提高育人效果。开展活动文化载体建设要做到:一是协同发展专业类文化活动与思想提升类文化活动,使思想理论素养增强与专业文化素质提升协同进步。理论素养和专业知识就像车之两轮,鸟之两翼,同等重要。青少年在学习各种专业文化知识、参与专业类竞赛以及实践实习活动的同时,通过班会、团会、读书报告会以及征文比赛、演讲比赛、知识竞赛等多种形式,坚定马克思主义信仰,增强道路自信、理论自信、制度自信和文化自信。二是将读书活动与文化热点问题进行有机融合。读书是提高青少年思想境界和文化修养的必由之路。通过读书活动,"传递真善美,传递向上向善的价值观,引导人们增强道德判断力和道德荣誉感,向往和追求讲道德、尊道德、守道德的生活"①。同时注重以青少年喜闻乐见的形式,从他们感兴趣的文化活动、文化现象以及想了解的社会热点话题入手,引导青少年形成正确的文化审美和文化消费观念。三是将文化活动开展的空间向度与时间维度相结合。校园文化活动不可能完全局限于某一场域、某一发展阶段。在空间向度上,校园文化活动应该遍及校园生活、学习、交往的每一区域,尤其是通过网络空间,利用微信、微博等媒介,实现从立体空间向度对青少年实施全面的文化覆盖,让所有的青少年都能有机会组织和参加文化活动,成为校园文化建设的主人,从而形成生机勃勃的校园建设局面。在时间维度上,要紧紧抓住青少年开学典礼、毕业典礼、军训、第二课堂、社会实践、实习以及清明、端午、中秋、国庆等重大活动、重大事件和重大节庆日契机,组织开展各种主题鲜明、形式新颖的文化教育活动。

2.强化以网络为中心的虚拟文化载体建设

随着信息技术的迅猛发展,网络日益成为青少年学习和交流的新平台,青少年聚集、交流、沟通的方式发生了巨大的变化。青少年"接受文化的影响的方式已经由平面走向立体、由静态变为动态。文化传播的方式也由单一传递转为积极的、双向的、多向的交流","接受文化的渠道更多的是隐含在众多文化知识和现代科技信息之中"②。网络文化载体的广泛使用,打破了"控制式"的文化影响,青少年接受文化的浸染以及接受文化的程度等都呈现出难以预期的复杂性、多变性,引起了社会的质疑、焦虑乃至道德恐慌。因此,学校要加强网络载体建设,用先进的思想文化占领青少年网络文化的主阵地,建设青少年喜闻乐见的网络文化,最大限度地把青少年吸引到主流文化活动中来。学校要主动适应网络化发展需要,依托网络载体,打造集时政新闻、学生教育和服务娱乐为一体的校园网络文化阵地,以设置多种多样的服务栏目为依托,以青少年喜闻乐见的内容和栏目为基础,占领网络的思想文化阵地,弘扬主旋律,使青少年能够通过网络随时随地受主流文化的影响,引领青少年树立正确的世界观、人生观和价值观,促进他们成长成才。

要加强网络文化载体的建设,一是弘扬主旋律,将中国特色社会主义文

---

① 习近平.坚持以人民为中心的创作导向　创作更多无愧于时代的优秀作品[N].人民日报,2014-10-16(01).

② 陈丽娟.关于拓展青年文化建设载体的几点思考[J].青岛行政学院学报,2009(5):68.

化融入网络文化建设,宣传党和国家的政策理论,传播先进的思想理念,倡导文明的生活方式,为青少年提供更多、更好的精神文化食粮。通过构建丰富多彩的德育专题以及先进人物事迹栏目,精心打造红色阵地,发挥时代楷模的先锋模范作用,弘扬社会主旋律,弘扬爱国爱校的时代精神,用先进的思想文化占领网络文化主阵地。二是开展丰富多彩的网络文化活动,融思想性、知识性、趣味性、服务性等于一体。办好网上党校、网上团校,发挥好QQ群、微信公众号、微博等网络媒体的互动功能,多用微信、微博、视频、游戏、动漫等青少年喜闻乐见的时尚形式开展活动,加强与青少年的沟通与交流,及时掌握青少年的思想动态,满足他们的文化需要。建设迎新专题、运动会专题、重大节日专题、新生军训专题、毕业生就业专题等各类网站,为青少年提供贴心服务。三是运用技术、行政和法律手段,加强对网络载体的管理。完善各项网络媒体制度,规范网络行为,净化校园网络文化环境,有效防范错误和腐朽的信息在校园内传播,使各种有害信息以及负面影响能够远离青少年,真正实现网络文化和谐发展。

校园文化在发展中不断创新,在创新中不断发展,应坚持一元主导、包容多样的校园行为文化,吸收其他样式文化的精髓,鼓励创新发展,以优化和提升校园文化的品位和层次。深入推进校园主流文化,应借鉴非主流行为文化的行为主题、交往方式、资源获取和利用创新等,利用非主流行为文化的新形式、新方法、新观念,创新校园主流文化建设的路径,以更易于接近当代青少年的方式,增强校园文化的吸引力、凝聚力和感召力。

四、营造清朗的媒介环境,全面提升媒介素养

互联网如此深刻地嵌入了青少年的日常生活中,成为他们身心的有机组成部分,构成了他们的"第二人生",与现实世界中的"第一人生"互相交织,前者的影响力和支配性在一定程度上甚至超越了后者。从这个意义上说,网络媒介环境成为青少年交往的重要场域。毋庸讳言,由于青少年长时间滞留在网络上,有各种压力需要释放,加之网络流行文化反规制性、流动性、混杂性的特性,难免出现所谓的"玩物丧志""娱乐至死""三俗""脑残"等文化现象。与此相对的是,网络上的海量信息、网络亲密关系中的孤独感、新技术便利产生的技术依赖等构成青少年成长的新挑战。因此,要引导青少年非主流行为文化,须双管齐下,既要加强媒介环境的治理,又要提升青少年的媒介素养。二者并行不悖,相互促进。

(一)加强媒介环境治理,营造清朗的媒介环境

青少年非主流行为文化的健康、积极发展离不开媒介环境的建设。特别是外生型非主流行为文化在很大程度上取决于媒介对它的舆论营造和形象塑造,甚至其与主流行为文化的冲突,也与媒介的渲染和造势夸大脱不了干系。再者,"媒介技术的更新与年轻人的反叛,具有同构的关系"①。所以,营造良好的行为文化氛围必须深化媒介环境活动,明确媒介的公共责任,引导正能量的社会文化发展。具体可从以下两方面着手:

1.增强媒介的主体责任

首先,提高媒介的社会责任意识。媒介是各种社会信息传播和分享的中介,有必要发挥自身的教育功能。但在经济利益的驱使下,部分媒介成为商家的营销噱头,在媒介的渲染下,非主流行为文化被蒙上娱乐化、肤浅化、庸俗化、消费化色彩。媒介提高社会责任意识,需注意三个方面:一是清晰自身的定位。作为媒体工作者和传播者,要守正创新,认清自己的社会责任感,坚守道德规范,做合格的传媒人。二是提升思想高度。既不要传播肤浅的信息流,也不应为文化蓄势而随便编造信息内容。三是重视受众的反馈。媒介要注重非主流行为文化信息的传播对当代青少年的影响,应从当代青少年的评判来改进自身的不足。

其次,强化正确的媒介舆论导向。社会中一度充斥着 95 后、00 后自私自利、物质化,"一代不如一代"等负面言论,这些言论对于青年一代心理品质的发展是非常不利也是极不负责任的。这些以偏概全的言论放大了少数青少年的缺点,却完全忽略了大部分青少年群体具有的积极品质:思维敏捷、勇于创新、善于交往等。社会应当更具包容性,看到当今青少年身上的希望与闪光之处。正确的舆论导向是提升媒介公信力的关键,也是强化媒介公共责任的必要手段。媒介作为社会公共平台,在非主流行为文化发展和引导中担负着重要的责任——通过强化媒介的舆论导向实现。目前,非主流行为文化舆论导向主要存在两个方面的不足:一是以商家宣传为主的非主流行为文化认知的舆论导向,具有商业化特征;二是以媒介报道为主的非主流行为文化传播的舆论导向,具有肤浅化态势。因此,强化媒介对非主流行为文化的舆论导向,信息传播要经过主管机构审核,要有理有据、真实

① 马中红,陈霖.无法忽视的另一种力量:新媒介与青年亚文化研究[M].北京:清华大学出版社,2015:103.

可靠,不要为了经济利益而随意制造关于非主流行为文化的话题,使当代青少年认知到非主流行为文化的消极影响及实质的危害。

2.全面规范媒介的监管

随着网络媒介的迅速发展,其传播内容之繁多、分类之庞杂、应用之广泛不仅使不良信息的活动加剧,特别在非主流行为文化中,商家可能为了经济利益,借助网络媒介监管漏洞扩大营销,进一步放大了网络媒介的负面影响。要是知道,所有技术都是在早已存在的社会关系和文化形式之内进行,各种决定最终都是政治上的和经济上的[①]。因此,行政主管部门对媒介的管理不能缺位或失位,应落实媒介监管的相关政策,建立健全媒介管理机制。

首先,健全监管法规,明确主体责任。媒介信息传播的产业部门、文化部门及相关的工作人员之所以缺乏媒介人应有的责任意识,是因为在市场经济体制下利益比责任更容易占上风。规范媒介监管,健全政府管理机制,就要健全法规,明确责任,它包括媒介行业自律的规定、媒介传播过程各个环节的立法、违法的相关处置等。特别在非主流行为文化传播过程中,媒介信息传播者更应以监管者、责任人的身份投入媒介安全管理活动中。

其次,树立信息意识,传播正能量。在当今互联网大数据时代,信息传播的速度超乎寻常,论坛、微博、微信公众号甚至更具私密性的朋友圈无时无刻不在传播着各种信息。大众媒体有责任也有义务进行客观公正的报道,揭露社会中的阴暗的一面,但是公众网络平台一度被各种负面新闻刷屏,并且附有很多虚实不明或危言耸听的评论。研究表明,人们在仅阅读这些负面消息的同时即引发心理的"替代性创伤",短暂地进入创伤应激状态,进而产生社会信任危机。政府对于非主流行为文化相关信息的传播应严格把关,做好信息管理,即对信息的来源进行核实、信息的内容进行鉴定、传播的内容进行筛选、传播的结果进行评估。政府要促使媒介发挥正确舆论信息导向作用,不要妖魔化非主流行为文化,同时应禁止色情传播、网络诈骗、黑客攻击等行为,为当代青少年营造一个健康有序的非主流行为网络环境。青少年处于人生观、价值观的发展阶段,还没有真正步入社会,这些负能量会造成青少年对社会产生恐慌、焦虑以及人与人之间的不信任感。大众媒

---

① 哈罗德·伊尼斯.传播的偏向[M].何道宽,译.北京:中国人民大学出版社,2003:5.

体应当注意宣传积极社会信息,弘扬社会正能量,构建积极向上的网络氛围。

最后,打造清朗的网络文化空间。随着网络的发展,必须承认这样一个事实:虚拟空间将作为现实生活的延伸而长久地存在。可我们也应该看到,尽管虚拟空间为我们提供了很多在现实生活里不可能拥有的机会,可我们不能就此沉溺其中,因为虚拟体验无论多么美好,仍然不能取代现实经历。所以,我们应该弄清虚拟与现实之间的界限,用辩证的眼光看待网络文化,进而能够顺利地实现两种生活之间的转换,在宣泄自我的同时又不会迷失自我。对于现代"陌生人"社会,由于各种社会及心理原因,人与人之间的交流越来越少,而网络正好可以弥补这一缺失,让真实生活中人际关系变得更加紧密。从此种层面上来说,如何以一种合理而有度的方式将虚拟空间和现实生活联系起来是网络文化建设者需要重点考虑的一个问题。对于政府来说,必须依照相关法律法规,设置必要的信息关卡以控制和消除不良信息的传播,根据网站提供的关于非主流行为文化信息的内容,将不同的网站划为相应的等级。此外,还要积极主动地对网络文化建设的发展方向进行引导。宣传部门或文化工作者要树立起互联网是信息和舆论的集中地的意识,按照社会主义核心价值观的要求去规范网络空间,让互联网充分发挥宣传社会主义先进文化的作用,为青少年精神生活的健康发展提供良好的环境。

(二)强化媒介素养培养,提升媒介行为的主体性

以媒介为基础的媒介文化对当代青少年的影响是双重的:积极影响和消极影响并存。面对媒介文化环境的影响和挑战,不但要从外在路径着手,如构建和倡导符合主流价值观的健康的媒介文化,倡导媒介文明,构筑高端的行为文化运行平台,还应从内在路径入手,围绕媒介使用者即青少年,积极培养他们的媒介素养,使他们养成文明的媒介交往习惯,从而引导青少年非主流行为文化的价值取向。基于我国媒介体制、媒介普及程度和发展水平等条件,特别是考虑到青少年媒介素养教育的目标,可从下列几方面来培养和提高青少年的媒介素养:

首先,加强媒介技术和应用层面的综合能力培养,培养青少年对媒介信息辨别力。媒介素质(media literacy),通常称为媒介素养。其实,媒介素养本身就是一个随着媒介技术进步及其所带来的社会问题而不断演变的概念。关于"媒介素养"的定义,现在为较多人所认同的是1992年美国媒介素养研究中心所下的定义:媒介素养是人们面对媒介各种信息时的选择能力、理解能力、质疑能力、评价能力、创造和制作能力以及思辨的反应能力。其中,媒介素养不仅包括接受媒介产品的能力,而且包括用独立的、批判的眼光对待媒介内容和建设性地利用媒介的能力[1]。事实上,媒介素养不局限于上述所列举的内容,除了能力维度外,还应包括伦理道德层面的内容。在当代,由于网络媒介的地位及影响是其他媒介所不可企及,在此所论及的媒介素质主要是指网络媒介素质。

媒介素养虽然涵盖面对媒介信息时的多方面的能力要求,也内在要求媒介信息为个人生活、社会发展所应用的能力[2]。倘若具备较高的媒介素养,青少年个人在网络媒介上自由地生活、学习、娱乐和交往时便拥有了无形的强有力的保障和护身符。为此,可从三个维度着手:一是帮助青少年了解媒介形式尤其是网络的特性和网络媒介内容的制作过程。这主要是通过网络媒介素养课程教育形式来实现的;也可以利用网络媒介本身承载海量信息的优势,开设相关栏目和板块,引导青少年学习和掌握媒介技术及其应用方面的知识。二是培养青少年良好的接触和使用网络媒介的习惯,使他们对接触媒介的量和度有自觉的意识和掌握,清醒而理性地认识到网络媒介给自己带来的"快感"和"满足"是有前提的和有限的,不能毫无节制地沉迷于网络而不能自拔。三是培养青少年对媒介的批判性思维。批判性思维可使青少年理解媒介信息,区分现实和媒介对现实的再现,认识到媒介语言是媒介工作者对现实的理解和加工,并通过受众的解读进行再创作的结果;也可使他们了解各类媒介信息对现实的不同程度的再创作,认识不同媒介信息携带的符号和价值观的表现形式及程度,理解媒介对不同文化、不同社会集团和不同社会角色的描述有特定的立场和视角,其根本在于媒介代表特定社会阶层和社会阶级的利益。所以,青少年在媒介编码和自身解码的过程中,应注重区分媒介事实和现实,清醒地认识到各种思潮和文化传播受到各自利益群体的影响和控制,敢于用怀疑的态度面对纷繁复杂的网络文化,进一步提高个人辨别真假信息的能力,守住自身正确的价值观。

其次,强化青少年的网络道德和责任感,使其自觉传播非主流行为文化

---

① 李琨.媒介素质教育与中国[J].国际新闻界,2003(5):6.

② 王倩,张立杰."微时代"高校思想政治教育载体的发展与创新[J].高等教育研究,2012(2):230.

中的正能量。海量的不良网络信息是网络的副产品,对青少年世界观、人生观和价值观的形成以及人文情怀的培育产生了消极影响。针对这一客观现实,一方面,要积极引导青少年践行网络媒介伦理,特别是提高对低俗的非主流行为文化的免疫力使其具有网络"慎独"精神,自觉抵抗不良信息的诱惑,自觉远离不良的行为文化,决不能成为负面媒介信息的制造者和传播者。另一方面,青少年应有高度的社会责任感,开阔视野,了解网络媒介作为社会结构产生和发展的历史、政治、经济和社会条件,了解大多数媒介的赞助者与媒介之间的经济和控制关系,了解网络商业广告与媒介消费行为、大众文化的关系,了解政府对媒介的管制和管理,媒介法规、政策及其与媒介运行的关系。这样真正成为优秀的网络文化传播者,创造有意义的网络行为文化,传播释放其行为文化中的正能量。强化当代青少年的道德自律,除了学校层面的综合教育措施有针对性的培养教育外,还要利用网络媒介正面舆论引导其网络媒介行为自律,使其理性、审慎地对待网络文化传播,提高对媒介传播的价值判断能力。

最后,重视良好网络媒介生态环境的构建。网络媒介作为虚拟平台,具有开放性、灵活性,为当代青少年提供了公共交流、交往和自由表达意愿的平台,为他们的社会生活提供了更多的便利。然而,凡事均有两面性。网络媒介的便利化不可避免地导致部分青少年群体长期沉醉于其中,甚至不能自拔:他们习惯在不同的网络空间注册不同的账号,通过多个身份进行活动,并且热衷于在网络空间开疆辟土、圈地自封,建立属于自己的文化空间;通过技术性屏障与其他文化类型进行区隔,从而导致不同社会文化类型之间的不可沟通性,甚至出现"同代代沟"现象;每天耗费大量时间与在线的同辈或同好交往沟通,现实生活中面对面交往的频度降低,"低头族"随处可见,对社会参与度造成很大影响;在处理虚拟世界与现实世界交汇时会产生价值观的偏差,不愿意承担相应的社会责任。数据表明,每天使用社交网络时间越长,青少年对社会热点事件的冷漠感和同理心水平越低。因此,深入了解和理性包容青少年网络非主流行为文化,是引导青少年健康成长的前提条件。既要客观地面对互联网技术对整个社会环境和青少年生活环境引发的巨大变化,不能以有色眼镜妖魔化青少年的网络流行文化实践;又应该重视网络生态环境对青少年网络流行文化的影响,加强网络管理和网络安全,防止网络欺骗、网络谣言、网络暴力、网络色情等有害信息损害青少年身心健康。因此,一方面,国家应该制定保护青少年的法律法规,加强对青少年的保护,避免他们遭受网络不良信息的侵害;另一方面,学校、家庭和媒体都要加强对青少年的思想文化教育,积极引导,加强青少年媒介素养和人文情怀的培养,使其养成关注家事、国事、天下事的时代责任意识,并在健康的网络媒介环境中成长。

总之,正确地使用互联网,可以拓宽青少年的求真、求善、求美的途径,帮助青少年开阔眼界,缓解现实生活中的压力,形成自己的社交网络朋友圈,充分地表达自己的意见主张;而互联网的不当使用,也会带来许多问题,比如以自我为中心、与现实社会脱节、沉迷于网络游戏、传播低俗信息、参与制造和分享网络谣言等。我们理应因势利导,积极引导,鼓励青少年在参与非主流行为活动的同时,发挥他们的活力和创造性,创造条件将这股创造欲望导向有利于社会进步的发展方向。

当代青少年非主流行为文化兴起是深层次的、复杂的、内外因素交织影响的结果,其中与青少年由于价值观的偏差而产生文化品位和文化价值的偏向不无关系。因此,面对当代青少年非主流行为文化造成的消极影响,必须坚持人本主义精神,树立辨证综合治理的思维,审慎构建全方位的引导策略,通过推进主流意识教育、整合社会文化力量、运用人文关怀等方式,引导其树立正确的人生观和价值观,培育其积极的文化素养、人文情怀和健康人格,以促进其在文化价值多元的背景下健康成长、成才。

结 语

　　现代社会学、心理学、文化学等有关理论都清晰阐明,青少年的历史发生、现实状况和对青少年认识的多样性,青少年是被社会建构出来的,而作为特定年龄群体的他们自身也参与着这种建构。在变动不居的当代社会境遇中,充满着变动性、差异性、多元性和不确定性,当代青少年的生活方式、价值观念、行为模式的多样性反映这一时代的底色。因此,分析青少年和青少年文化问题就不能不充分虑及特定时代的经济、政治、社会文化对青少年的要求和设定,也要充分考虑青少年如何回应这些要求和设定,他们所面临的问题以及应对的方法也充满变动性和多样性。如此说来,青少年非主流行为文化既是他们主动选择的结果,也是适应社会现实和社会要求所致。无论是主动选择还是适应,从这个意义上说,青少年非主流行为文化是青少年与社会共同构建的,都是青少年某种"本质"的使然。

　　青少年非主流行为文化与其身心变化和社会化过程有密切关系,但终究是青少年在社会的、公共领域的文化实践。青少年非主流行为文化与他们的生物性、认知性、社会性特质相关,更取决于青少年与特定时代的经济、政治和社会文化的互动过程。这种"互动过程"蕴含着深刻的交往实践性。基于此,本研究的策略如下:一是将青少年非主流行为文化问题置于交往理论的分析框架上,视青少年非主流行为文化是生存于现代交往实践之中,随着现代交往实践的发展而不断更迭嬗变,衍生出的新的行为文化形式与形态,如网络虚拟交往。同时,青少年非主流行为文化的发展丰富和深化了现代交往的内涵和形式,凸显了现代交往之于个体的自由而全面发展以及社会全面发展的必要性和重要性。二是将青少年非主流行为文化问题置于现代性语境中解读。在现实的社会结构关系中,由于占主导的意识形态话语具有权威性、指导性和指向性,由此,研判青少年文化问题中的价值性,辨识青少年文化问题所包含的社会需要和成长需要,均由主流文化的价值立场来决定的,与主流社会价值标准的亲疏远近决定了青少年文化问题的合法性程度。需要指出的是,主流文化的立场和视角固然对青少年非主流行为文化发展影响至关重要,但是专业研究者、其他领域关注者所构成的不同而又交叉重叠的话语立场对其影响也不可估量,他们通过塑造青少年非主流行为文化的正面价值形象,建构社会对其的认可和认同。

从当下研究定式和研究范式来看,研究青少年文化问题,主要从亚文化的角度理解,所谓青少年非主流行为文化问题,大多可以归结为与主导文化不相一致的青少年亚文化。这种学术体系和学术话语来自官方意识形态和主流文化,并以此建构青少年非主流行为文化,而青少年在社会主导话语体系中处于"失踪""失声""失语"的状态。很显然,若持青少年中心论,视青少年为主体去看社会问题,则会得出完全不同的学术话语和研究方法。这是因为青少年非主流行为文化的实践者不是反思自身思想行为的研究者,而研究者是青少年非主流行为文化的"他者",很难深刻理解和把握青少年文化创造和参与文化实践之极乐。但在网络新媒体时代,境况完全不同,青少年可以建构自己的青少年文化话语,让自我呈现或界定自我成为自我成长的一部分。

青少年文化研究视域的开放、思维的转换以及范式的变革,将使未来的研究不再囿于归属在主流意识形态认同范畴内的部分青少年群体,更多的青少年边缘群体将进入主流研究者视域。青少年与主流的关系,青少年与社会主流文化的关系,青少年自身的话语体系将成为重要的研究路径。青少年非主流行为文化研究的意义不仅在于通过青少年自己的声音了解他们,还在于通过青少年文化问题和青少年眼光看社会,这应该是青少年非主流行为文化研究的应有之义。

从总结和反思的角度看,本研究的特点和不足同样明显。囿于笔者的学科背景和研究惯性,本研究基于马克思主义理论学科范式,整体结构和内容体系过于追求理论分析和逻辑演绎,而问题意识不够突出,实证分析偏少,几乎没有运用第一手的、直接的数据或资料支撑有关观点;对青少年非主流行为文化与其他社会文化和社会活动的互动关系关注不够充分,相对忽视了从青少年心理发展和内在精神诉求以及社会化过程来把握,致使当代青少年缺席或不在场,没有青少年自己的声音,所以对青少年非主流行为文化问题的理解有明显的本质主义倾向,理论研究的先验性突出。研究过程中虽然能够运用文化学、传播学、社会学等有关理论和方法阐析青少年非主流行为文化现象及本质,研究认识展现了一定的思辨性,但失之于抽象化和概括化,理论分析的清晰性未能充分展现;由于研究的前沿意识不够敏锐,对于信息网络技术和新媒体的崛起以及由此给当代青少年交往观念、交往手段、交往范围和交往内容带来的革命性变化理解不透彻,因此研究过程未能结合这一新的社会发展趋势和交往变革深入探讨,研究有一定的滞后性,从而导致本研究目的难以充分彰显,也在一定程度上削弱了本研究的现实解释力和实践指向意义。鉴于此,在后续研究中,应顶层设计新的学科范式,加强实证研究取向,保持敏锐的前沿意识,进行必要而又充分的调查,获取第一手资料和数据,用以说明和佐证相关观点,确保研究成果既有学术的现实关怀维度和回应现实能力,又能对日益繁重的青少年工作实践有借鉴和参考意义,以期引导当代青少年健康成长、成才。

参考文献

一、著作类

[1]马克思恩格斯选集:第 1-4 卷[M].北京:人民出版社,2012

[2]马克思恩格斯全集:第 3 卷[M].北京:人民出版社,1985.

[3]马克思恩格斯文集:第 1 卷[M].北京:人民出版社,2009.

[4]马克思恩格斯全集:第 30 卷[M].北京:人民出版社,1995.

[5]马克思.1844 年经济学哲学手稿[M].北京:人民出版社,2000.

[6]哈贝马斯.交往与社会进化[M].张博树,译.重庆:重庆出版社,1989:6.

[7]哈贝马斯.交往行为理论:第 1 卷[M].曹卫东,译.上海:上海人民出版社,2004.

[8]哈贝马斯.交往行动理论:第 1 卷[M].洪佩郁,蔺青,译.重庆:重庆出版社,1994.

[9]韩红.交往的合理化与现代性重建:哈贝马斯交往行动理论的深层解读[M].北京:人民出版社,2005.

[10]马中红,陈霖.无法忽视的另一种力量:新媒介与青年亚文化研究[M].北京:清华大学出版社,2015.

[11]陶东风,胡疆锋.亚文化读本[M].北京:北京大学出版社,2011.

[12]陶东风.大众文化教程[M].桂林:广西师范大学出版社,2008.

[13]胡疆锋.伯明翰学派青年亚文化理论研究[M].北京:中国社会科学出版社,2012.

[14]陆玉林.当代中国青年文化研究[M].北京:中国人民大学出版社,2009.

[15]曾一果.恶搞:反叛与颠覆[M].苏州:苏州大学出版社,2012.

[16]易前良.王凌菲.御宅:二次元世界的迷狂[M].苏州:苏州大学出版

社,2012.

[17]马中红,邱天娇.COSPLAY:戏剧化的青春[M].苏州:苏州大学出版社,2012.

[18]陈霖.迷族:被神召唤的尘粒[M].苏州:苏州大学出版社,2012.

[19]鲍鲲.网游:狂欢与蛊惑[M].苏州:苏州大学出版社,2012.

[20]陈一.拍客:炫目与自恋[M].苏州:苏州大学出版社,2012.

[21]顾亦周.黑客:比特世界的幽灵[M].苏州:苏州大学出版社,2012.

[22]本书编写组.青年文化:理论与实践[M].北京:中国青年出版社,2007.

[23]戚万学.道德教育的文化使命[M].北京:教育科学出版社,2010.

[24]胡疆锋.中国当代青年亚文化:表征与透视[M].北京:中国电影出版社,2016.

[25]陶东风.粉丝文化读本[M].北京:北京大学出版社,2009.

[26]姚纪纲.交往的世界:当代交往理论探索[M].北京:人民出版社,2002.

[27]任平.交往实践的哲学:全球化语境中的哲学视域[M].昆明:云南出版社,2003.

[28]北京青少年研究所,北京青少年教育与发展研究中心.青少年研究[M].北京:北京理工大学出版社,2011.

[29]贾明.现代语境中的大众文化[M].上海:上海人民出版社,2007.

[30]蔡骐.大众传播时代的青少年亚文化[M].长沙:岳麓书社,2011.

[31]陈殿林.青年亚文化对大学生思想政治教育的影响机制研究[M].北京:光明日报出版社,2010.

[32]何先友.青少年发展与教育心理学[M].2 版.北京:高等教育出版社,2016.

[33]许燕.人格心理学导论[M].北京:中国人民大学出版社,2017.

[34]雷雳.发展心理学[M].3 版.北京:中国人民大学出版社,2017.

[35]李友梅,肖瑛,黄晓春.社会认同:一种结构视野的分析[M].上海:上海人民出社,2007.

[36]刘顺厚.青年学生社会主义核心价值观的培育和践行:基于多元文化的视角[M].上海:复旦大学出版社,2015.

[37]郭湛.主体性哲学:人的存在及其意义[M].北京:中国人民大学出

版社,2011.

[38]王晓东.西方哲学主体间性理论批判:一种形态学视野[M].北京:中国社会科学出版社,2004.

[39]高鸿.数字化时代主体间性问题研究[M].上海:上海社会科学院出版社,2008.

[40]陈正良.冲突与整合:德育环境的系统建构[M].北京:中国社会科学出版社,2005.

[41]罗铜,王中忱.消费文化读本[M].北京:中国社会科学出版社,2003.

[42]衣俊卿.回归生活世界的交化哲学[M].哈尔滨:黑龙江人民出版社,2000.

[43]杨立英,曾盛聪.全球化、网络化境遇与社会主义意识形态建设研究[M].北京:人民出版社,2006.

[44]杭孝平.传播学概论[M].北京:中国书籍出版社,2012.

[45]樊葵.媒介崇拜论:现代人与大众媒介的异态关系[M].北京:中国传媒大学出版社,2008.

[46]李文阁.回归现实生活世界[M].北京:中国社会科学文献出版社,2002.

[47]高清海.高清海哲学文存:第 1 卷[M].长春:吉林人民出版社,1997.

[48]郭玉锦,王欢.网络社会学[M].北京:中国人民大学出版社,2005.

[49]万美容.青年学概论[M].北京:中国人民大学出版社,2016.

[50]郑雪.积极心理学[M].北京:北京师范大学出版社,2014.

[51]金盛华.社会心理学[M].北京:高等教育出版社,2010.

[52]迪克·赫伯迪格.亚文化:风格的意义[M].陆道夫,胡疆锋,译.北京:北京大学出版社,2009.

[53]安迪·班尼特,基思·哈恩-哈里斯.亚文化之后:对于当代青年文化的批判研究[M].中国青年政治学院青年文化译介小组,译.北京:中国青年出版社,2012.

[54][美]约翰·费斯克,等.关键概念:传播与文化研究辞典[M].李彬,译注.北京:新华出版社,2004.

[55]迈克·费瑟斯通.消费主义与后现代主义[M].刘精明,译.南京:译

林出版社,2000.

[56]安东尼·吉登斯.现代性的后果[M].田禾,译.南京:译林出版社,2000.

[57]安东尼·吉登斯.现代性与自我认同:现代晚期的自我与社会[M].赵旭东,等译.北京:生活·读书·新知三联书店,1998.

[58]约翰·费克斯.理解大众文化[M].北京:中央编译出版社,2006.

[59]埃里克·埃里克森.同一性:青少年与危机[M].孙名之,译.杭州:浙江教育出版社,1998.

[60]朱迪斯·巴特勒.性别麻烦[M].宋素凤,译.上海:上海三联书店,2009.

[61]斯图尔特·霍尔.表征:文化表象与意指实践[M].徐亮,陆兴华,译.北京:商务印书馆,2005.

[62]尼克·斯蒂文森.认识媒介文化[M].王文斌,译.北京:商务印书馆,2001.

[63]让·波德里亚.消费社会[M].刘成富,全志钢,译.南京:南京大学出版社,2000.

[64]丹尼斯·麦奎尔.受众分析[M].刘燕南,李颖,杨振荣,译.北京:中国人民大学出版社,2006.

[65]麦金太尔.德性之后[M].龚群,戴扬毅,等译.北京:中国社会科学出版社,1995.

[66]胡塞尔.生活世界现象学[M].倪梁康,张廷国,译.上海:上海译文出版社,2002.

[67]海德格尔.存在与时间[M].陈嘉映,王庆节,译.北京:生活·读书·新知三联书店,1987:146.

[68]涂尔干.道德教育[M].陈光金,沈杰,朱谐汉,译.上海:上海人民出版社,2006.

[69]尼尔·波兹曼.娱乐至死[M].章艳,译.桂林:广西师范大学出版社,2004.

[70]德特勒夫·霍斯特.哈贝马斯[M].鲁路,译.北京:中国人民大学出版社,2010.

[71]罗姆巴赫:作为生活结构的世界[M].张祥龙,朱锦良,译.上海:上海书店出版社,2009.

[72]安德鲁·查德威克.互联网政治学:国家、公民与新传播技术[M].任孟山,译.北京:华夏出版社,2010.

[73]爱德华·萨义德.文化与帝国主义[M].李琨,译.北京:生活·读书·新知三联书店,2000.

[74]马克斯·舍勒.资本主义的未来[M].罗悌伦,译.北京:三联书店,1997.

[75]伯尼斯·马丁.当代社会文化的流变[M].李中泽,译.沈阳:辽宁人民出版社,1998.

[76]迈克尔·布雷克.越轨青年文化比较[M].岳西宽,张谦,等译.北京:北京理工大学出版社,1989.

[77]道格拉斯·凯尔纳.媒体文化:介于现代与后现代之间的文化研究、认同性与政治[M].丁宁,译.北京:商务印书馆,2004.

[78]戴维·斯沃茨.文化与权力:布尔迪厄的社会学[M].陶东风,译.上海:上海译文出版社,2006.

[79]哈罗德·伊尼斯.传播的偏向[M].何道宽,译.北京:中国人民大学出版社,2003.

[80]梁展.全球化话语[C].上海:上海三联书店,2002.

[81]李惠斌.全球化与公民社会论文集[C].桂林:广西师范大学出版社,2003.

[82]Ramie,L.,Wellman,13.(2012)Networked:The New Social Operating System.Cambridge:MIT Press.

[83]Philippe Aries,Centuries of Childhood:a Social History of Family Life,translated from French,by Robert Baldick,New York:Random HouseInc,1962,p.29.

[84]Luthans F,Youssesf CM,Avolio B J.Psychological capital:Developing the humancompetitiveedge[M].Oxford,UK:Oxford Universitv Press,2007.

[85]A.C.Besley,2003,Hybridizedand Globalized:Youth Culturesinthe Postmodern Era,Review of Education,Pedagogy,and Cultural Studies,Vol.25(2).

[86]马歇尔·麦克卢汉.理解媒介:论人的延伸[M].何道宽,译.北京:商务印书馆,2004.

[87]托马斯·弗兰克.酷的征服:商业文化、反主流文化与嬉皮消费主义的兴起[M].朱珊,等译.南京:南京大学出版社,2007.

[88]让·波德里亚.消费社会[M].刘成富,译.南京:南京大学出版社,2007.

[89]包亚明.文化资本与社会炼金术:布尔迪厄访谈录[M].上海:上海人民出版社,1997.

[90]RAYMOND G M.行为矫正:原理与方法[M].石林,等译.北京:中国轻工业出版社,2004.

[91]克利福德·格尔茨.文化的解释[M].韩莉,译.南京:译林出版社,2014.

二、学术论文类

[1]马中红.商业逻辑与青年亚文化[J].青年研究,2010(8).

[2]马中红.新媒介与青年亚文化转向[J].文艺研究,2010(12).

[3]马中红.在破坏中建构:"小时代"的亚文化语言[J].文化纵横,2013(05).

[4]马中红.2015年青年亚文化研究的前沿景观[J].青年学报,2016(03).

[5]马中红.国内网络青年亚文化研究现状及反思[J].青年探索,2011(4).

[6]马中红,邱天娇.身份认同:Cosplay亚文化的实践意义[J].青年研究,2011(05).

[7]陆玉林.当代中国青年的文化认同问题[J].当代青年研究,2012(5).

[8]陆扬.从亚文化到后亚文化[J].辽宁大学学报,2012(1).

[9]马中红.西方后亚文化研究的理论走向[J].国外社会科学,2010(1).

[10]吴学兵,吴海云.大学生非主流行为文化的本质意蕴[J].渤海大学学报,2012(6).

[11]曾一果.新媒体与当代恶搞文化的"社会政治"[J].浙江传媒学院学报,2012(6).

[12]陆玉林.现代性境域中青年问题的理路[J].中国青年政治学院学报,2012(5).

[13]田杰.关于青年研究代际更替问题的几点思考[J].中国青年政治

学院学报,2012(1).

[14]马中红.脱逸:青年亚文化的美学趣味[J].探索与争鸣,2013(06).

[15]马中红.2012年中国青年亚文化研究论略[J].青年探索,2013
(06).

[16]马中红.青年亚文化:文化关系中的一条鱼[J].青年探索,2016
(01).

[17]吴海云,吴学兵.大学生非主流症候群特征探究[J].沈阳农业大学
学报(社会科学版),2013(2).

[18]戴昀,吴学兵.快乐主义理论视角下青少年网瘾问题分析[J].当代
青年研究,2014(1).

[19]叶彩虹.当代青少年网络越轨现象探微[J].南阳理工学院学报,
2015(1).

[20]陈霖.新媒介时代青年亚文化的伦理冲突及其建设性资源[J].青
年探索,2013(06).

[21]邱伟光.思想政治教育人文关怀的育人机理探析[J].思想理论教
育,2009(19).

[22]哈贝马斯.交往与生产[J].哲学译丛,1992(6).

[23]李琨.媒介素质教育与中国[J].国际新闻界,2003(5).

[24]杜仕菊,刘林.脱嵌与再嵌:新时代中国青年亚文化的包容性重
构——以社会主义核心价值观的引领为视角[J].毛泽东邓小平理论研究,
2018(06).

[25]赖牡丹,吴学兵.中国梦与大学生道德文化建设研究[J].沈阳农业
大学学报(社会科学版),2013(5).

[26]黄晓武.文化与抵抗:伯明翰学派的青年亚文化研究[J].外国文
学,2003(02).

[27]邹诗鹏.作为亚文化以及社会情绪的"佛系"现象[J].探索与争鸣,
2018(04).

[28]肖峰.技术哲学视野中的青年及其认知特征[J].中国青年研究,
2013(09).

[29]张娜.熟悉的陌生人:青年群体网络人际关系的一种类型[J].中国
青年研究,2015(4).

[30]王斌.线上集体欢腾:理解青年——网民集体行动的新视角[J].中

国青年研究,2015(10).

[31]樊泽民.价值多元时代的当代青年群体特征[J].人民周刊,2016(2).

[32]刘胜枝.冲突与共融:Cosplay活动的文化性与商业性探析[J].中国青年研究,2006(03).

[33]易前良.异托邦:御宅族群中的互动与交往[J].浙江传媒学院学报,2013(02).

[34]张乐,常晓梦."杀马特"现象的社会学解读[J].中国青年研究,2014(04).

[35]刘黎黎."小清新"风格的亚文化解读[J].艺术百家,2013(07).

[36]张戈,刘建华.大学生网络亚文化的群体价值冲突[J].当代青年研究,2016(1).

[37]杜丹.网络涂鸦中的身体重塑与"怪诞"狂欢[J].青年研究,2015(5).

[38]赖牡丹,吴学兵,余思新.大学生道德文化建设的价值初探[J].佳木斯大学社会科学学报,2013(4).

[39]陆道夫.英国伯明翰学派文化研究特质论[J].学术论坛,2003(6).

[40]陈秋燕,吴学兵.全球化思潮之于大学生虚拟社交:基于网络境遇中的影响探析[J].长春理工大学学报(社会科学版),2013(9).

[41]滕威."杀马特":另一种穷人的困境[J].文艺理论与批评,2016(05).

[42]吴小英.青年研究的代际更替及现状解析[J].青年研究,2012(4,5).

[43]陈秋燕,吴学兵.网络伦理视域下的大学生虚拟社交构想[J].佳木斯大学社会科学学报,2013(5).

[44]王宁.消费与认同:对消费社会学一个分析框架的探索[J].社会学研究,2001(1).

[45]钱同舟.论人文关怀与积极心理品质的塑造[J].河南工业大学学报,2008(3).

三、学位论文类

[1]吴海云.当代大学生非主流行为文化研究[D].赣州:江西理工大学,2010.

[2]胡疆锋.亚文化的风格抵抗与收编:伯明翰学派青年亚文化理论研究[D].北京:首都师范大学,2007.

[3]成璐.校园非主流文化对大学生思想政治教育影响的对策研究[D].秦皇岛:燕山大学,2012.

[4]李春晓.非主流文化对大学生思想道德素质影响研究[D].杭州:杭州电子科技大学,2010.

[5]鲁兰.非主流文化对当代大学生的影响问题研究[D].太原:太原理工大学,2010.

[6]乔丽华.论新媒体环境下青少年亚文化及其价值意义[D].新乡:河南师范大学,2010.

[7].王锐.多元文化视阈下当代青少年的价值观教育研究[D].上海:华东师范大学,2011.

[8]蒋思捷.当前中国公民教育中的媒介责任研究[D].长沙:湖南师范大学,2014.

[9]田聪.新媒介对青少年价值观的影响及引导研究[D].长沙:中南大学,2012.

[10]李单单.当代青少年治愈系文化及"治愈"策略研究[D].漳州:闽南师范大学,2018.

[11]刘黎黎."小清新"风格的文化解读[D].南京:南京艺术学院,2014.

[12]许炫然.当代中国青年文化现状分析与构建路径研究[D].长春:东北师范大学,2014.

[13]化麦子.都市青年的身份焦虑与网络亚文化的抵抗逻辑:关于网络"小清新"亚文化的研究[D].广州:暨南大学,2015.

[14]陈彦萱.风格·抵抗·收编:新媒体环境下的小清新亚文化研究[D].广州:暨南大学,2015.

[15]孙余余.人的虚拟生存与思想政治教育创新研究[D].济南:山东师范大学,2011.

[16]许易.Cosplay的流行及其对青少年的影响[D].昆明:云南师范大学,2008.

[17]王贵宇.我宅故我在:校园"御宅族"亚文化研究[D].哈尔滨:黑龙江大学,2012.

[18]刘龙真."小清新"的艺术形态与群体考察[D].福州:福建师范大

学,2012.

[19]王蓓蓓.网络恶搞:中国当代青年亚文化的重要表征[D].西安:陕西师范大学,2011.

[20]叶彩虹.当代大学生非主流节日文化研究[D].漳州:闽南师范大学,2016.

[21]闫艳.交往视域中的思想政治教育研究[D].天津:天津师范大学,2008.

[22]刘静玉."杀马特"现象的文化解读[D].银川:宁夏大学,2016.

四、报纸类

[1]习近平.决胜全面建成小康社会　夺取新时代中国特色社会主义伟大胜利:在中国共产党第十九次全国代表大会上的报告[N].人民日报,2017-10-28(01).

[2]习近平.青年要自觉践行社会主义核心价值观:在北京大学师生座谈会上的讲话[N].人民日报,2014-05-05(02).

[3]习近平.坚持以人民为中心的创作导向　创作更多无愧于时代的优秀作品[N].人民日报,2014-10-16(01).

[4]习近平.坚持中国特色社会主义教育发展道路　培养德智体美劳全面发展的社会主义建设者和接班人[N].人民日报,2018-09-11(01).

[5]习近平.做好美育工作　弘扬中华美育精神　让祖国青年一代身心都健康成长[N].人民日报,2018-08-31(01).

[6]关于实施中华优秀传统文化传承发展工程的意见[N].人民日报,2017-01-26(06).

[7]马中红.从亚文化到"后亚文化"[N].中国社会科学报,2010-11-16("域外"版).

[8]俞吾金.人文关怀:马克思哲学的另一个维度[N].光明日报,2001-02-06(B04).

[9]钟轩理.不畏浮云遮望眼:经济全球化趋势不可阻挡[N].人民日报,2018-10-12(02).

五、其他文献类

[1]腾讯 00 后研究报告 [EB/OL]. http://wemedia. ifeng. com/

67951860/wemedia.shtml.

[2]2018 年第 42 次中国互联网络发展状况统计报告[EB/OL].http://sh.qihoo.com/pc/9055fd7930f0c207f？cota＝1＆sign＝360_e39369d1＆refer_scene＝so_3

[3]青少年上网集中于休闲　缺少正确网络消费观[EB/OL].http://edu.gmw.cn/2018-07/13/content_29838264.htm.

后　记

本书系笔者主持的教育部人文社会科学研究一般项目"交往理论视阈下青少年'非主流'行为文化研究"(项目编号:12YJA710074)的结题成果。从某种意义上说,本书也是对该项目研究较为系统的总结及反思。

本书得以成稿付梓远不是原初的预想结果,其间颇有周折。本人所承当的教育部项目最初设想以系列论文形式完成,然而在研究过程中,随着研讨材料的不断丰富,我对"青少年非主流行为文化"这个论域产生了新的思考,对"交往"与"青少年非主流行为文化"之间的关系有了新的理解,研究思路也因之进一步开阔和通畅,研究内容愈益得到扩充。

近几年我指导的思想政治教育专业研究生也参与到该项目研究当中,先后有相关学术论文发表,如《快乐主义理论视角下青少年网瘾问题分析》(戴昀)、《当代青少年网络越轨现象探微》(叶彩虹)、《全球化思潮之于大学生虚拟社交基于网络境遇中的影响探析》(陈秋燕)、《网络伦理视域下的大学生虚拟社交构想》(陈秋燕)、《大学生虚拟社交素养的培养路径探析》(陈秋燕)等。不但如此,她们还围绕本研究项目开发和提炼了毕业论文选题,如《大学生虚拟社交文化研究》(陈秋燕,2014)、《当代大学生非主流节日文化研究》(叶彩虹,2016)、《当代青少年治愈系文化及"治愈"策略研究》(李单单,2018),并圆满地完成了毕业论文及其答辩。这些同学的论文成果给予我一定的启示,促使我的研究和认识逐步系统化。基于上述诸多变化,我逐渐改变原初的想法,决定变更项目结题形式,用学术著作替代系列论文,以更系统、全面地展现研究认识。经过必要的程序,本人变更结题形式的诉求得到上级主管部门的同意。虽然撰写书稿的过程并非一帆风顺,但本书终于姗姗面世了。

本书之所以能顺利出版,也得益于爱人吴海云女士的贡献。作为课题组成员,她全身心参与了课题研究的全过程,不仅出色、有效地完成了资料收集和整理工作,帮助我减轻了资料准备的负担,还撰写和发表了项目阶段性学术论文;在书稿统稿和校对过程中,极为细致和专注,显著降低了本书的错漏和瑕疵。承蒙闽南师范大学原科技处韩小彬老师的大力支持,协助我顺利完成了课题的结项工作。本书的出版也得到闽南师范大学马克思主义学院领导的关心以及中共福建省委教育工委重点马克思主义学院建设项目的鼎力支持。衷心感谢本书所直接引用或间接参考的文献作者,他们的理论见解给我的前期研究带来了深刻启迪,使得本书的阐释和论证更有说服力。

跬步虽小,足以致千里之遥。愿以此书为读者提供探讨当代青少年亚文化研究的崭新视角和一孔之见,期待该领域研究和发展渐入佳境。限于笔者学识和视野,本书的不足显而易见,敬请读者批评指正。

作者
2019 年 5 月